正睿咨询管理书系

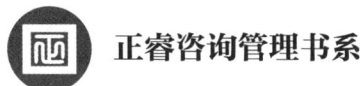

Design Profit
设计利润

企业年度经营计划制订与实施
The Formulation and Implementation of Enterprise Annual Business Plan

金 涛 ◎ 著

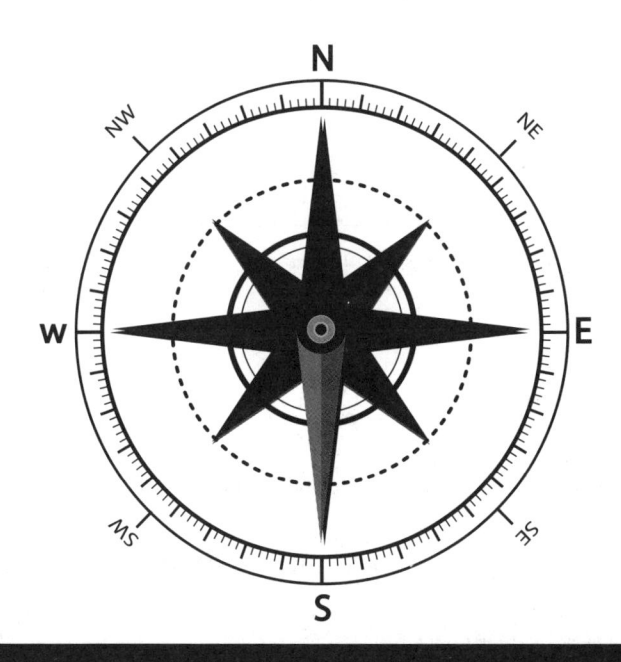

战略落地抓手，企业经营指南
全面解读企业年度经营计划与全面预算方案的制订和实施

企业管理出版社
ENTERPRISE MANAGEMENT PUBLISHING HOUSE

图书在版编目（CIP）数据

设计利润：企业年度经营计划制订与实施 / 金涛著 . —北京：企业管理出版社 , 2020.11
ISBN 978-7-5164-2264-9

Ⅰ.①设… Ⅱ.①金… Ⅲ.①企业经营管理 Ⅳ.① F272.3

中国版本图书馆 CIP 数据核字 (2020) 第 196751 号

书　　名：	设计利润：企业年度经营计划制订与实施
作　　者：	金　涛
责任编辑：	侯春霞
书　　号：	ISBN 978-7-5164-2264-9
出版发行：	企业管理出版社
地　　址：	北京市海淀区紫竹院南路 17 号　　邮编：100048
网　　址：	http://www.emph.cn
电　　话：	发行部（010）68701816　　编辑部（010）68420309
电子信箱：	zhaoxq13@163.com
印　　刷：	河北宝昌佳彩印刷有限公司
经　　销：	新华书店
规　　格：	710 毫米 × 1000 毫米　　16 开本　　17.5 印张　　285 千字
版　　次：	2020 年 12 月第 1 版　　2020 年 12 月第 1 次印刷
定　　价：	68.00 元

版权所有　　翻印必究　　印装有误　　负责调换

序　言

飞越"乌卡"（VUCA）丛林的航线

20世纪90年代，美国军方提出了"乌卡"（VUCA）一词，它是Volatility（不稳定性）、Uncertainty（不确定性）、Complexity（复杂性）和Ambiguity（模糊性）的首字母组成的。商场如战场，今天，VUCA被商业界广泛使用，用来形容企业的经营环境。

站在2020年的时代关口，回望来时路，我们庆幸度过了一个长达40多年的稳步发展时期。在此期间，从国家到企业，经济高速增长，预期目标清晰。尤其是过去的20年，绝大部分企业对未来的世界都有很强的方向感。

由于庞大的国内市场和狂飙突进的全球化，企业经营战略的试错空间大，调整成本低，很多企业一度对业务战略与经营计划并不重视。

2020年是很多企业的转折点，首先是新冠肺炎疫情打断了过往稳定增长的状态。新冠肺炎疫情全球肆虐，影响范围之广，在人类历史上百年不遇。其次是若干大国的关系由合作走向全面竞争乃至冲突，企业外部环境出现了极大的不确定性。加之数字化技术迅猛发展，其对传统经营管理模式的重塑指日可待。这些都让VUCA时代再次重现，并预计将持续数年之久，这相当于在无数企业前方形成了一片笼罩着迷雾的丛林。

第一，企业间稳定的供应链被切断重组，长期以来形成的稳定运营体系遭到了巨大冲击。人们发现，企业的经营环境并非固若金汤，而是脆弱易变的。大家难免要想：在不可预知的"黑天鹅"面前，制订年度经营计划还有必要吗？

第二，几十年来，经济首次被按下了暂停键。即便是最早战胜了疫情的中国，经济的再次腾飞也需要一个较长的过程。未来的预期首次出现了显著的不确定性。到底该如何确定下一年的目标？相信这是很多人都曾有过的疑问。

第三，新冠肺炎疫情叠加中美贸易战、科技战，引起国际关系风云变幻，让未来的经营环境变得比以往任何时候都要复杂。人们不禁会想：如此复杂的经营环境，在某种程度上已经超出了传统分析模型的适用范围，企业做的年度经营计划会不会成为一厢情愿的憧憬？

第四，新技术的发展模糊了传统产业的边界。5G通信、物联网、大数据、云计算、区块链、人工智能技术正被各行各业加速应用。许多行业不是在被颠覆，就是在被整合的路上。在价值链被重构的时代，人们不得不思考：年度经营计划的边界在哪里？商业模式和业务蓝图是否也应当成为计划的内容？

当目光局限在内部，我们会发现制订精准的年度经营计划已经力不从心。所以，我们必须将目光放得更长远，以战略视角来规划经营活动，以五年视野来审视一年路线，将年度经营计划视作一年期的"小战略"，通过提高战略敏捷力来提升年度经营计划的确定性。这就是本书第一章的主旨。如果说传统的年度经营计划是在丛林中寻找被野草掩埋的那条生命通道，那么基于战略敏捷力的年度经营计划就是在丛林上空设计一条穿越林海的航线。

这条航线的基础数据源于对丛林全貌的勘测，即经营环境分析。我们需要通过"卫星云图"来预测气候的变化，我们也需要少量的"地面部队"来摸清林子里面有什么。这是本书第二章的内容，本书在这部分提供了详细的宏观环境分析框架、中观环境分析模型和微观环境分析方法，对战略分析的经典工具进行了大胆创新和实践验证，使它们能更有效地应用于新时代的战略和经营规划。

这条航线的总体路径规划源于对战略方向的把控，并受制于气候条件，即年度经营的总目标和关键策略。这是本书第三章的内容，本书在这部分提供了严谨的目标预测和分析模型，倡导一种理念：经营目标的制定应该建立在科学分析的基础上，杜绝拍脑袋式决策。

这条航线的节点规划源于上一步的总体路径规划，并受制于地面条件。越是辽阔的天空，航线越不可能是平直线段。在年度经营计划中，节点规划就是各部门的行动方案，它由总目标和关键策略分解而来。这是本书第四章的内容，本书在这部分提供了目标分解的逻辑，以确保总目标的实现。

这条航线的补给计划源于每个节点的功能和行动方案，即企业的全面预算。

这是本书第五章的内容，本书在这部分提供了全面预算的标准编制方法和实用编制指南，并将经济学关于交易成本的理念引入资源配置规划中，从一开始就确立了资源利用效率与战略价值相结合的资源配置观念，兼顾了短期收益与长期发展。

这条航线的运营系统主要是包括"地面雷达监控系统"在内的一系列"设备"和组织机构，即年度经营计划的实施系统。这是本书第六章的内容，本书在这部分提供了全方位的实施保障机制建设原理和具体方法，以便大家掌握根本规律与操作工具之间的内在关系。

在这历史的交汇点上向前看，中国国民经济和社会发展第十四个五年规划（简称"十四五"规划）即将迎来开局之年。于国家而言，这是实现第二个百年奋斗目标的起步规划；于企业而言，这是赢得下一个时代的关键。这个时代与以往的任何时代都不同，它将是专业选手的时代，企业经营将成为一项真正的专业活动，企业竞争将成为专业选手之间的PK。我们相信，在国家对"十四五"期间的大局进行研判的基础上，企业也将制定属于自己的五年战略规划，而年度经营计划就是战略规划落地的抓手，是恢宏画卷变成美丽河山的关键。

为了让年度经营计划能更加科学有效地承接战略规划，我们分析总结了数十个行业的不同规模企业在年度经营计划制订过程中的具体做法，提出了"目标＝资源×策略"的经营计划制订理念，突破了以往制订年度经营计划常用的"分解法"和"汇总法"对思维的限制，开发出了以策略设计为导向的"分析法"，使得本书的年度经营计划制订框架可以适用于各个阶段、各种规模的企业。

当走过不平凡的2020年后，回望历史，我们会发现，改变历史的并不全是疫情，而是经济发展的规律。经过40多年高速稳定的发展，量变必然带来质变：新技术的涌现是长期研发结出的果实，新的商业模式变革早已在酝酿之中，产业重组、行业洗牌从未停止。面对时代的巨潮，企业必须因时而变，在战略、经营、管理方面打造出系统优势，走出一条独具特色的发展之路。

孙子兵法云："谋定而后动，知止而有得"，企业的经营计划如同军事上的作战计划，唯有总揽全局、统筹规划，才能实现"未战而庙算胜"。

金 涛

2020年10月

目　录

第一章　企业年度经营计划的基本知识 ················ 1
第一节　年度经营计划编制的基本原则 ············ 1
一、平衡性原则 ························ 2
二、系统性原则 ························ 3
三、协同性原则 ························ 4
四、聚焦性原则 ························ 5
五、经济性原则 ························ 5
六、对等性原则 ························ 6
第二节　年度经营计划与企业战略管理的关系 ········ 8
一、企业战略及其层级 ···················· 9
二、年度经营计划与发展战略 ················ 9
三、年度经营计划与竞争战略 ··············· 11
四、年度经营计划与职能战略 ··············· 11
第三节　年度经营计划编制的基本思路 ············ 12
一、分解法 ·························· 12
二、汇总法 ·························· 14
三、分析法 ·························· 15

第二章　经营环境分析 ························· 18
第一节　宏观（战略）环境分析 ················ 18
一、PEST 模型介绍 ····················· 18
二、重大突发事件影响分析 ················· 25
第二节　中观（行业）环境分析 ················ 28

- 一、行业集中度分析 ········· 28
- 二、行业关键成功要素（KSF）分析 ········· 30
- 三、竞争分析 ········· 31
- 四、目标市场与用户分析 ········· 46

第三节　微观（企业）环境分析 ········· 56
- 一、经营复盘 ········· 56
- 二、利益相关方分析 ········· 70
- 三、企业竞争力分析 ········· 76
- 四、资源盘点与分析 ········· 87

第四节　经营分析工具与分析成果 ········· 97
- 一、SWOT 分析 ········· 97
- 二、发展战略盘点与调整 ········· 99
- 三、年度总结报告 ········· 100
- 四、经营改善项目管理 ········· 101

第三章　集团/公司/SBU 经营计划 ········· 105

第一节　经营目标的制定 ········· 105
- 一、产品结构与生命周期分析 ········· 105
- 二、盈亏平衡分析 ········· 110
- 三、战略目标分解 ········· 114
- 四、市场需求预测 ········· 114
- 五、企业经营目标的制定 ········· 116

第二节　绘制年度经营战略地图 ········· 117

第三节　公司组织架构调整 ········· 118
- 一、组织设计的基本原则 ········· 119
- 二、组织架构形态 ········· 121

第四节　公司组织分工运作机制 ········· 124
- 一、多级业务矩阵模型 ········· 125
- 二、各部门分工运作机制 ········· 126

三、各部门协同运作机制的创新探索 …………………… 130

　第五节　人事任命 ………………………………………………… 131

　　一、修正关键岗位胜任力素质模型 …………………………… 131

　　二、实施年度人才盘点 ………………………………………… 133

　　三、人才选拔 …………………………………………………… 137

　　四、举办任命仪式 ……………………………………………… 138

　第六节　经营策略大纲 …………………………………………… 141

　　一、策略整合 …………………………………………………… 141

　　二、策略大纲 …………………………………………………… 143

　　三、公司经营目标及策略规划发布 …………………………… 143

第四章　部门经营计划 …………………………………………… 145

　第一节　经营目标与策略分解 …………………………………… 145

　　一、经营目标和策略的分解逻辑 ……………………………… 146

　　二、职能战略的调整 …………………………………………… 148

　　三、经营目标体系的形成与评审 ……………………………… 161

　第二节　部门行动计划的制订 …………………………………… 169

　　一、部门行动计划的编制步骤 ………………………………… 169

　　二、计划编制的经典工具：OKR ……………………………… 169

　　三、部门行动计划的评审推演 ………………………………… 170

　　四、激励体系的形成与评审 …………………………………… 170

第五章　全面预算 ………………………………………………… 177

　第一节　资源配置政策 …………………………………………… 177

　　一、汇总整合资源需求 ………………………………………… 178

　　二、成本效益评估与配置政策确定 …………………………… 179

　第二节　全面预算的编制 ………………………………………… 179

　　一、年度预算的内容 …………………………………………… 180

　　二、预算编制的原则 …………………………………………… 180

三、常见的预算管理误区 …………………………………… 181
四、预算管理机构及预算编制流程 …………………………… 182
五、预算编制指南 …………………………………………… 187

第六章 实施管控 …………………………………………… 202
第一节 经营责任的落实 …………………………………… 202
第二节 年度经营保障体系 ………………………………… 204
一、绩效管理 ………………………………………………… 204
二、过程管控 ………………………………………………… 211
三、经营检讨 ………………………………………………… 211
四、文化建设 ………………………………………………… 222
五、团队建设 ………………………………………………… 229
六、激励体系 ………………………………………………… 236
七、组织保障 ………………………………………………… 243
八、风险管理 ………………………………………………… 246

附录 企业年度经营计划编制进程规划 …………………… 255
参考文献 …………………………………………………… 265
后记 ………………………………………………………… 269

第一章　企业年度经营计划的基本知识

古语云："凡事预则立，不预则废。""不谋全局者，不足谋一域。"在多年的咨询实践过程中，我们发现规模越大、经营业绩越好的企业，越重视业务经营的整体规划。

年度经营计划是以年度为周期的企业整体业务经营计划，是企业为了业务战略能够顺利实施，在对经营环境全面分析预测的基础上，制定的未来一年内的具体行动方案。它将企业的长远蓝图设计与各部门、各岗位经营管理的末端工作结合了起来，从而使企业的战略得以落地。

年度经营计划编制作为一项系统工程，不仅耗时长，而且其内容庞杂，涉及企业经营的方方面面，需要进行充分的分析、设计、推演、论证，还有可能需要根据内外部环境变化对企业进行较大的变革，并依据其结论对战略进行调整。因此，有必要首先对年度经营计划有一个基本认识，包括编制的基本原则、年度经营计划与企业战略管理的关系，以及常见的编制思路和方法等。

第一节　年度经营计划编制的基本原则

企业的有效运作应当遵循"战略—经营—管理"三位一体运行的规律。战略着眼于长远规划，指明企业前进的方向；管理侧重日常运营，确保企业运作的效率；而年度经营计划则是对上承接方向，对下保障效率，达成战略和管理的结果。综合分析年度经营计划在企业管理中的地位和作用，我们认为，科学的年度经营计划应当符合六大基本原则，方能将经营的各方面要素统合筹划，实现同向发展。如图 1-1 所示。

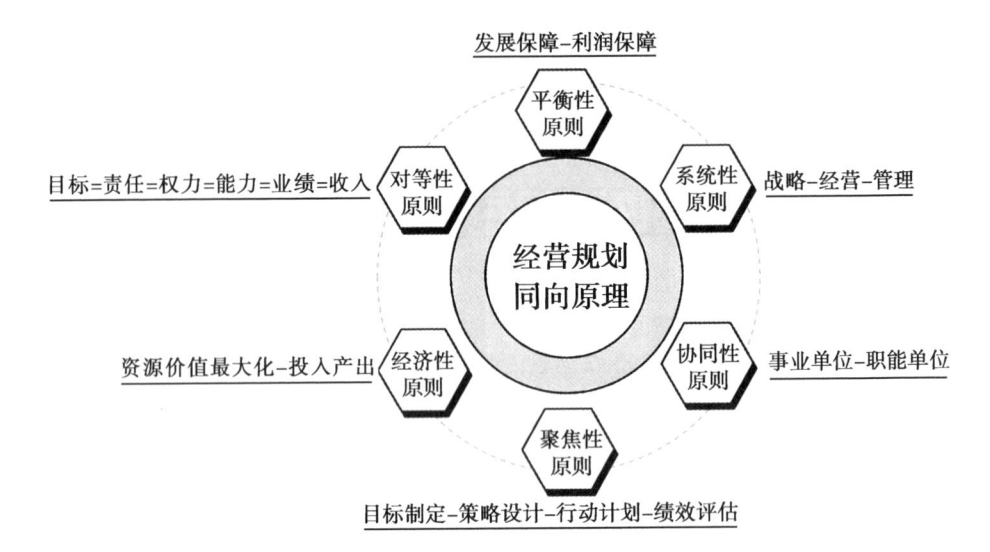

图 1-1　年度经营计划编制的基本原则

一、平衡性原则

企业管理的本质是保障今天的利润和未来持续盈利的能力。年度经营计划编制的平衡性原则是指：年度经营不仅要保障利润，还要规划发展；不仅要保障本年度经营目标的实现，还要有助于未来目标的实现。企业掌舵人应当一手抓现在，一手抓未来，其原因在于：企业今天的结果很大程度上不是今天的决定造成的，而是两三年前的决定造成的。要想两三年后企业能够发展得越来越好，必须在当下就考虑未来的发展规划问题。

在当前我国经济快速发展的背景下，不少企业往往因顾及年度财务数据是否漂亮，而将保障当年度的短期利润作为企业最重要的目标，然后举全企业之力投入，乃至杀鸡取卵、竭泽而渔，导致有限的资源被透支，企业失去发展的后劲，这显然是不可取的。然而，将长远的发展规划排在第一位，牺牲短期利润，换取发展进步，就一定是正确的吗？其实不然，在经济周期的低谷到来之时，拥有丰厚的现金储备是公司抵御风险的基石，是活下去的保障，只有活下来，才谈得上发展，谈得上未来。

无数企业错将产业的光明前景当作企业自身的美好未来，以为进入了一个朝阳行业，就一定会形势一片大好。殊不知，在行业的萌芽期，企业的存活率极低，往往还没有等到盈亏平衡的那一天，企业就破产了。这样的案例比比皆是，结局令人十分惋惜。

作为年度目标的"利润"，具有明确的指向，而"发展"作为年度经营目标，具体包括哪些方面呢？

第一，战略的检讨。每一年应当对企业的内外部环境进行系统性分析，检讨企业的商业模式是否还能很好地适应行业发展趋势，然后根据检讨结果，设计年度经营策略，或调整企业发展战略。

第二，人才的规划和团队的培养。人才的规划不仅仅是对未来一年所需人才的预测，更是从未来发展对人才的需求出发，考虑业务变迁对特殊人才的需求，结合人才培养的长期性，盘点当前的人才结构，制定年度人才规划，并结合战略胜任力的要求，制订人才培养计划，优化人才梯队建设。

第三，核心技术与核心竞争力的提升。企业对核心技术进行持续的研发投入，对产业新机会进行培育，都是事关未来发展的重要举措。

第四，组织能力的培养。以组织能力建设的确定性来应对外部风险的不确定性，是企业增强风险抵御能力的基础。

第五，资源的准备。统筹考虑未来发展所需的各类有形资源和无形资源，对于需要长期积累才能形成价值的无形资源，需要提前布局，提前获取。

二、系统性原则

年度经营计划编制的系统性原则是指：年度经营计划不是孤立存在的，而是连接战略和管理的桥梁，因此，年度经营计划不能仅仅是当年"经营"的，其向上是支撑未来战略达成的计划，向下是企业各项管理活动的目标与策略指南。

战略视角的本质是方向，经营视角的本质是结果，管理视角的本质是过程。年度经营计划将战略的方向性和管理的过程性统一起来，使企业从宏观到微观形成紧密衔接的驱动系统，是从方向到关键结果再到具体过程的系统规划。

首先，战略目标不能直接分解到每一年，因为战略目标的制定是基于过往环境的分析和当时条件的判断，以及对未来较长时间的趋势预测。年度经营计划作为桥梁，一方面回顾总结过去一年的具体情况，另一方面分析当前和未来一年的战略环境变化趋势，据此制定的下一年目标才更具科学性，而且必要时，战略目标应当参考年度经营目标进行适当调整。

其次，战略目标不能直接分解到每个部门或岗位，因为战略目标作为企业宏观层面的、中长期的发展目标，关注的是企业整体目标、整体能力，但整体目标不能分解到部门和岗位，日常管理便无法进行。年度经营计划作为战略和日常管理的中间平台，可以将中长期的发展战略目标与日常的管理行动连接起来，为日常管理指明方向，确保日常管理与战略的一致性。

年度经营计划的系统性还体现在经营计划是经营团队共同的事情，而不只是总经理或者高层的事情。业绩是团队的作品，当代企业日益强调全员经营理念。因此，年度经营计划的参与者应包括更广泛的基层员工，要有高层的宏观视野，更要有能够贯通高层至一线的整体逻辑。

三、协同性原则

年度经营计划编制的协同性原则是指：应当通过组织规划，将企业的两类组织——事业单位和职能单位统筹起来，使之围绕企业经济效益协同运作。

事业单位是直接为企业创造经济效益的部门，其投入产出能够比较清晰地衡量出来。职能单位是协助事业单位创造经济效益的支持部门、管理部门和服务部门，其投入产出难以精准地衡量。事业单位和职能单位的协同包括两层含义。

第一，事业单位和职能单位都应当明确：企业的经营效益是各部门和各岗位存在的基础，无论是事业单位，还是职能单位，都应以企业的效益为核心。在实际工作中，常有一些职能单位忘记了自己存在的基础和价值，经常为了管理而管理，而不关心管理活动是否能够创造价值，是否符合成本效益原则。年度经营计划就是要通过科学的规划，使职能单位能够发挥应有的作用：为事业单位提供支持保障和专业服务，完善基础设施和业务运营环境，让事业单位轻装上阵，以便于效益实现为导向，对流程和风险进行管控。

第二，职能单位最终的服务对象并不是事业单位本身，而是公司经营目标和战略目标。职能单位以其不可替代的专业性，为事业单位的人力资源、财务、法务等专业事项提供支持，本质上是为了让事业单位解放时间和精力，做自己最擅长的事情，促进业务流程、客户满意度的提升。因此，制订年度经营计划之时，就要考虑这种伙伴关系的协同性，将其作为组织设计的基本原则。

四、聚焦性原则

年度经营计划编制的聚焦性原则是指：将公司有限的资源和全员的精力聚焦在最重要的事情上，避免资源的浪费。主要体现在以下四个方面。

第一，通过目标制定，明确公司未来一年的核心任务。在众多选择中，找出哪些目标是必须完成的，哪些事情是必须要做的，哪些领域是需要重点倾斜资源，给予大力支持的。如果目标不清晰，走一步看一步，极有可能因小失大，错失重要的发展机会，甚至为将来的发展埋下隐患。

第二，通过策略设计，提前对主要目标的实现策略进行充分讨论，就策略方向达成一致，避免日后在经营管理中，各部门围绕重要目标的策略选择产生大的分歧，造成公司动荡。在实际工作中，很多企业重视目标，但是忽略了对策略的研究，导致经营计划的管理失控，出现核心部门基于部门利益不选择最佳策略的情况。

第三，通过行动计划，将主要策略的阶段性目标和关键成果分解到各个部门和月份，进而在实际工作中明确每个岗位在每个月、每一周的工作目标和工作重点，避免因日常琐事而影响了关键工作。

第四，通过绩效评估，评估各岗位和组织对重要目标的完成情况，将绩效表现与薪酬挂钩，发挥绩效评估的导向作用，从而将部门和个人的关注点聚焦在核心任务上。

这样从目标到绩效就形成了一种闭环管理。只有全员的努力聚焦在企业最重要的目标和事项上，才能推动企业获得良性、稳定的发展，取得竞争优势。

五、经济性原则

经营思维是一种投入产出思维，企业的各种理想和追求都需要利润来支撑。年度经营计划编制的经济性原则是指：企业经营计划的制订过程中，应通盘思考企业资源，将其充分优化组合，以发挥最大价值。即不仅要考虑"会计利润"，更要考虑"经济利润"。

会计利润＝总收入－显性成本，经济利润＝会计利润－隐性成本＝总收入－所有投入的机会成本。机会成本是企业将自己所拥有的资源用在其他最好用途上能获得的利润，是一种隐性成本。会计成本不确认隐性成本，不列入利润表的减项。在企业经营中，会计利润更多的是一种事后利润，而经济利润是一种事前预测和战略选择。不少企业在制订经营计划的时候，习惯从会计利润的角度考虑投入产出，实际上并未实现资金效率的最大化。

基于经济性原则，年度经营计划应当设计合适的策略，推动"资金周转率""库存周转率"等关键指标的提升，从而利用有限的资金打造竞争优势。

六、对等性原则

年度经营计划编制的对等性原则是指：经营计划应当确保年度经营目标，经营能力，经营业绩，经营主体的责、权、利之间互相匹配。正睿咨询将其高度概括为：目标＝责任＝权力＝能力＝业绩＝收入，即收入是由业绩决定的，业绩是由能力和资源决定的，权力与责任是同一个事物的两面，责任就是目标。

第一，目标与责任对等。目标即责任，对于企业各级人员来说，追求多大的目标，意味着承担多大的责任。年度经营计划在制定目标时，应当将各项目标作为一种工作责任，审视其是否可以实现责任到人、责任唯一、责任明确、责任可溯，否则，目标便如同空中楼阁，失去了根基，无法成为企业经营的牵引动力。

第二，责任与权力对等。权力代表调动资源的能力和范围，科学合理的授权是履行职责的必要条件，获得授权意味着获得了责任。没有权力的责任是无法落实的，没有责任的权力是非常危险的。在一个组织中，权力越大，责任也越大，反之亦然。因此，在制订年度经营计划时，应当结合经营目标，对组织架构和岗位权责进行优化，确保承担重大责任的人员拥有与之相匹配的权力。否则，若责＞权，可能带来效率低下、责任无法落实等不良后果；若权＞责，也可能造成权力滥用、损公肥私等。

第三，权力与能力对等。能力代表掌握权力的资格和水平，相同的权力，在不同的能力作用下会产生截然不同的效果，能力越强，对资源的管理水平越高，能够管理的资源也越多，意味着其权力和责任也更大。给能力不足的人赋予过大的权力，或者对能力很大的人授权不足，都会使组织的运转出现问题。因此，在制订年度经营计划时，应在组织架构和岗位设置的基础上，确定重要岗位的核心胜任力素质模型，同时对关键岗位的人员进行任命，以确保承担主要经营责任的岗位人员的能力是充分的。

第四，能力与业绩对等。业绩是目标的最终结果，是责任的呈现方式，是资源和能力综合作用的产物。能力与业绩对等，表明能力得以充分发挥，实现了才尽其用的价值追求。在实际工作中，很多企业往往直接将能力与收入对等挂钩，而忽略了能力是否能够转化为业绩的情况，使业绩失去了管控。年度经营计划通过对企业的能力和资源进行分析，制定符合企业能力实际的策略，并将策略转化为各类工作计划，纳入计划管控机制，使能力转化为业绩得到保障。

第五，业绩与收入对等。业绩是一种事后成果，收入是成果利益分配情况。一方面，业绩是组织和全员的直接目标，是员工对组织的绩效承诺；另一方面，收入是组织和全员的直接期望，是组织对员工的薪酬承诺。只有绩效承诺和薪酬承诺对等，经营活动才具备激励性。因此，在年度经营计划制订过程中，应当结合目标、责任、权力、能力的大小，制定有针对性的业绩达成激励方案，并通过签署目标责任书等形式，落实业绩和收入的对等承诺，彰显多劳多得、奖勤罚懒的管理原则，从而使各项要素基于经营价值和业绩贡献实现良性运作。

明确了上述六个要素的对等性原则（见图1-2）后，我们将视野提升一个层次，从企业整体运营的视角来审视这六个要素之间的互动关系，会发现：当企业的"目标""责任""权力"这三个要素都向企业的更高层级流动的时候，即企业的目标由最高负责人制定，企业的经营责任由高层承担，企业的大小权力都集中在高层手中时，企业运营能力是很容易整体下降的，员工的业绩和收入相对其潜质而言也是下降的；反之，当企业的"目标""责任""权力"这三个要素都向更基层流动的时候，企业的运营能力整体上是上升的，员工的业绩和收入也是同步提升的。这是因为：只有当目标被分解到更加基层的业绩单位时，员工的活力才能被真正激发。这也是年度经营计划的核心内容之一。

六大基本原则是企业制订年度经营计划应当掌握的最基本知识，其本质在于帮助企业综合考虑短期与长期的协调发展、整体与局部的有效衔接、过程与结果的辩证统一、主要与次要的价值选择。对任何一个原则的忽视，都可能带来企业经营的重大隐患。

图 1-2　对等性原则

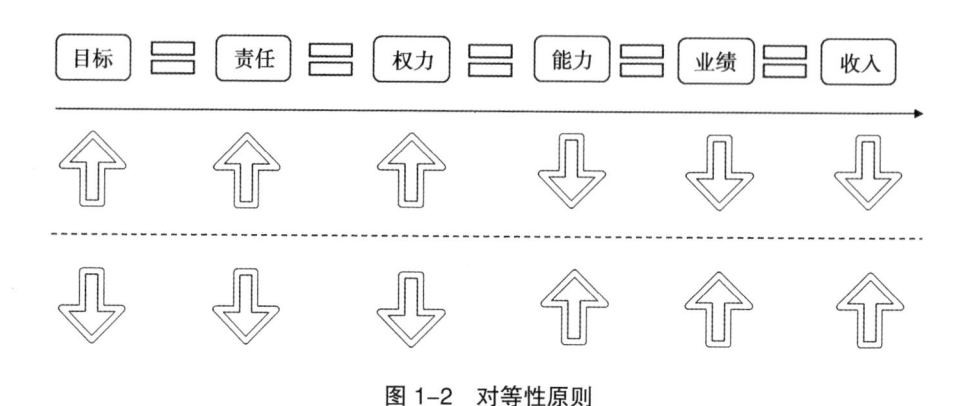

六大基本原则的核心是组织同向、业绩同向、利益同向、过程同向。同向即同志，只有同向，才能同心，只有同心，才能同德。

第二节　年度经营计划与企业战略管理的关系

年度经营计划的制订必须结合企业战略进行，年度经营计划是企业中长期战略在当年的分解和任务安排，是企业发展战略从规划到执行的桥梁，是竞争战略的具体实施方案，是年度职能战略制定和调整的重要依据。具体如图 1-3 所示。

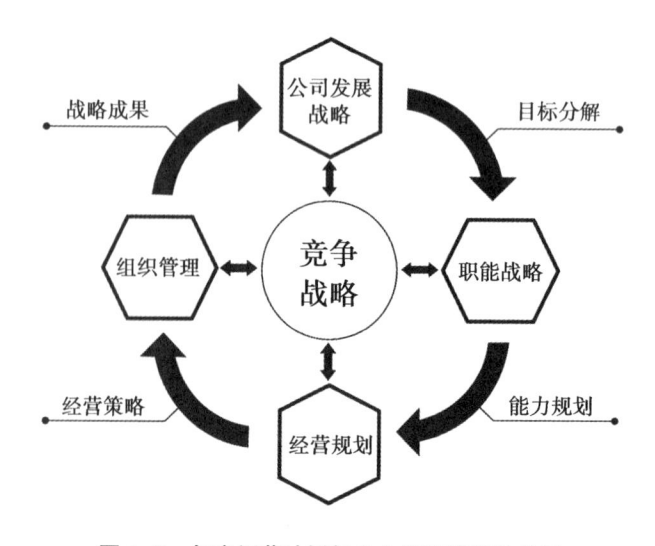

图 1-3　年度经营计划与企业战略管理的关系

一、企业战略及其层级

按照战略的内容结构,企业战略可以分为发展战略、竞争战略、职能战略三个层级。企业发展战略是对企业一定时期内的发展方向、发展速度与质量、发展重点及发展能力的重大选择、规划,是基于产业链分析,选择长远发展方向。著名的"微笑曲线"与"武藏曲线"便是对产业价值的不同描述,企业发展战略往往建立在企业对产业价值的基本认知之上。竞争战略是企业的业务战略,是在企业总体战略的制约下,对具体业务方向和经营策略进行的规划。职能战略是企业中各职能部门制定的指导职能活动的战略。职能战略描述了在执行公司发展战略和竞争战略的过程中,企业中的每一职能部门所采用的方法和手段。

1. 发展战略与竞争战略

在三种战略中,竞争战略往往是企业最早确立的战略,是企业最重要的战略。企业只有在竞争中存活下来,才能谈得上未来的发展;只有在竞争中胜出,获得可持续的竞争优势后,制定长远的发展战略才有实际意义。当然,发展战略一旦制定,在某种程度上相当于一种更高层面的、基于长远规划的公司级的竞争战略,企业在制定短期竞争战略时应当充分考虑发展战略确定的方向,将其作为短期竞争战略的纲领。

2. 竞争战略与职能战略

职能战略通常包括市场营销战略、人力资源战略、财务战略、生产运营战略、研究与开发战略等。职能战略是为实现企业发展战略和业务竞争战略而制定的,所以必须与企业发展战略和业务竞争战略紧密衔接配合。例如,若企业确立了"从代工走向自主研发,掌握核心科技"的发展战略,则人力资源战略就应当包括"科技人才的引进、创新激励机制的建设"等专业模块的支撑内容。

二、年度经营计划与发展战略

卓越的企业始于对时代趋势的洞察,并做出顺势而为的战略规划;成于对经营系统的打造、对企业资源的运营和对经营策略的设计与执行。前者属于发展战略相关的工作,后者属于经营计划相关的工作,即良好的年度经营计划是发展战略目标实现的保证,而良好的年度经营计划来源于优秀的发展战略。那么,年度经营计划如何保证发展战略目标的实现呢？

  1. 年度经营计划将发展战略规划的中长期总体目标转化为短期的经营目标体系

  发展战略设定了企业的中长期目标，但中长期目标的达成是基于无数个中短期目标的实现。由于发展战略的时间跨度较长，难以精确设定远期的具体目标，因此，发展战略的大部分目标是无法直接作为日常工作目标的。如某通信集团在2016年制定的"十三五战略规划纲要"中，将未来五年的战略目标设定为："在确保发展质量的基础上，持续提升连接价值，未来五年收入增速高于世界一流运营商平均水平；到2020年，连接数量（包括移动、有线、物联网等通信连接）较2015年实现'翻一番'，推动公司迈入可持续健康发展新阶段。"这些目标实现的前提是先设定每一年的目标，并通过统筹规划确保其科学性和可实现性。

  年度经营计划的一大重点任务就是设定年度目标，形成年度目标体系，在总目标之下，还会设计一系列对应的子目标和驱动目标来支撑。此外，由于年度经营计划的时间跨度相对较短，可以对未来一年的趋势进行相对准确的预测，制定的年度目标有更高的可实现性。

  需要注意的是，年度经营目标并不是对发展战略目标的简单分解，不是将未来几年的目标直接分解到每一年，而是以发展战略目标为导向，依据当年的内外部环境变化趋势，在对竞争战略进行盘点的基础上制定的，然后通过每一年的目标累加，最后完成或超越发展战略目标。

  2. 年度经营计划通过组织管理，将经营策略转化为战略成果

  公司发展战略目标化为年度经营目标后，需通过合适的经营策略将其实现。在公司发展战略规划中，亦会提出相应的关键战略举措，但这些举措没有落实在组织和岗位上的时候，只能作为一种路径或方案存在，更何况很多公司的战略举措只存在于公司负责人的脑海中。因此，企业在制订年度经营计划时，要根据经营策略对企业的组织架构进行调整，对岗位进行优化，在此基础上，制定各部门、各岗位的目标和行动计划。

  年度经营计划将经营策略、经营目标与组织体系紧密联系起来，通过日常工作总结机制、稽核机制、绩效管理机制，使战略成果的实现从机制上得到保障。

此外，有条件的企业还会进行关键岗位人事任命，从能力上保障企业战略成果的实现。

三、年度经营计划与竞争战略

"竞争战略之父"——哈佛大学教授迈克尔·波特提出了总成本领先、差异化、专业化三种竞争战略，帮助无数企业找到了正确的发展方向，而年度经营计划是落实竞争战略的具体行动计划，二者既有联系又有区别。

竞争战略与年度经营计划都是企业对环境变化做出的反应，其中，竞争战略是年度经营计划的方向，年度经营计划中的目标、策略、资源规划的最终方案，均需要根据竞争战略来评估确定。例如，在总成本领先竞争战略框架下，年度经营计划不仅应当制定详细的成本管控指标，还应将发展规模优势作为核心，将价格敏感型客户作为市场营销策略的重点；在差异化竞争战略框架下，市场份额不应当成为首要追求，顾客的满意度相对更加重要，其目标客户也不再是追求物美价廉的价格敏感型客户，而是追求独特体验的个性化客户；而在专业化竞争战略框架下，其目标客户是追求优质优价的高端群体，企业经营的重点应当是进一步提升品牌影响力和客户忠诚度。

梳理清楚业务竞争战略后，相当于对企业的资源做了一次盘点，这也是制订年度经营计划的前提。

需要注意的是，虽然年度经营计划是在竞争战略框架下制订的，但其内容更加丰富完善。竞争战略与年度经营计划并不是绝对的先后关系，竞争战略的时间跨度范围也与年度经营计划不完全相同。年度经营计划的时间跨度范围通常为一年，而竞争战略则可能更长或者更短。对于跨度更长的竞争战略，一般在年度经营计划制订过程中，可以结合经营分析结果，进行年度竞争战略的制定，绘制年度竞争战略地图，对竞争战略进行细化。

四、年度经营计划与职能战略

职能战略是发展战略和竞争战略在企业各职能模块的具体化，是年度经营计划制定部门目标、部门行动方案的依据。

职能战略是对企业竞争能力的整体规划。企业的业绩需要通过各职能模块的协同努力来完成，年度经营计划的价值在于提升这种协同性，将其变成实际行动计划。例如，实施专业化竞争战略的企业，需要制定技术领先的研发战略，而人力资源战略需要制定高技术人才引进和培养战略，以及相匹配的宽带薪酬战略，这些工作在年度经营计划中体现为制定人力资源部的人力资源规划、人才引进计划、薪酬改革项目计划、培训计划等。

发展战略、竞争战略、职能战略是一脉相承的支撑关系，各职能战略之间也暗合了一定的业务关系。年度经营计划在此基础上，将各职能战略的策略规划进行整合与细化，形成部门日常工作计划和项目，从而支撑竞争战略的实现。

第三节　年度经营计划编制的基本思路

与企业战略不同的是，年度经营计划更加侧重操作指引，是企业排兵布阵的作战地图。有效的规划包括三大核心要素：目标、策略、资源。目标是指包括销售额、利润、产值在内的一系列相互关联的经营业绩期望，即消灭多少敌人，攻下哪些山头。策略是指达成目标的路径、方案和具体方法，如是闪电战还是持久战，是游击战还是阵地战。资源是指实施策略所需的各类有形和无形的投入要素，如人员、设备、基础设施等。三要素之间的关系可用公式表示为：目标＝策略×资源，即目标的实现程度取决于策略的水平和资源的充裕程度。

我们知道，一场漂亮的战役，一定要完成拒敌任务——达成目标；一定会采取出其不意的战法——有效策略；同时以少胜多、以弱胜强——资源效率。然而，在作战准备阶段，究竟是先确定目标，根据目标来配备资源，还是应该先盘点资源，根据资源来制定目标，抑或是先确定可行的策略，根据策略确定目标和资源，这似乎是一个"先有鸡还是先有蛋"的问题，其实，这是不同战场环境下的方法选择问题。

一、分解法

目标导向的选择，称为分解法。顾名思义，就是先确定下来一个总目标，然后将总目标按不同维度进行细分，如按照时间分出季度目标、月度目标，按照部门分出营销目标、研发目标、生产目标等。在实际工作中，目标往往会经过多层分解，直到分解到各个岗位或最小管理单位，形成一套完整的目标指标体系。之后，就是围绕这些目标，制定达成策略，匹配需求资源，形成工作计划。

由于这种方法原理简单，企业各个层级的人员都能快速理解，因此应用广泛。可以说，这一类方法是过去多年来很多企业最常用的一种方法。

除此之外，分解法的优点还表现在：全面覆盖的目标将企业的经营压力层层传递到了每一个人和每一天，从理论层面论证了经营目标实现的可能——只要每个细分目标完成，就代表着总目标的完成；全面而翔实的目标也让全员的日常工作更具方向感。

然而，天下没有完美的方法，分解法的弊端也显而易见：并不是每一个员工都会心甘情愿地接受自上而下分解来的经营压力。现实中，由于企业高层人员掌握着更全面的信息和更大的经营决策权力，因此企业的年度总目标往往是企业高层制定的。对于广大的中基层员工而言，他们大多没有机会参与到企业总目标的研讨和制定中，只能被动接受分解到本人头上的目标。这部分员工不可避免地会觉得企业的经营是高层领导的事情，与自己无关。如果员工普遍认为自己的职责就是完成个人的目标，而对企业的生存发展、前途命运等毫不关心，则长此以往，企业的目标必将难以进一步提升，因为员工会自下而上与高层领导就目标的高低进行讨价还价，或者产生抵触心理，高层和基层之间就会演变成一种博弈关系，企业再也难以制定有挑战性的目标，再也难以通过目标来凝聚人心和激发潜能。

另外，自上而下分解的目标很难保证每一个子目标、孙目标、末梢目标都具有可行性和科学性。如果分解完成后，对每一个末梢目标的合理性进行论证，从而自下而上地修改总目标，则严肃的目标制定很可能演变成一场买菜般的讨价还价。当然，通过精确的激励机制设计也可以在一定程度上避免这类情况发生，但是操作较为复杂。

每年都有无数企业将经营目标的制定变成企业高层少数几个人的"自嗨"，最后出台的目标往往脱离现实，导致实施过程中出现无法突破的瓶颈，目标的跟踪和达成也就不了了之。

因此，分解法成则高瞻远瞩，败则空想主义。关键在于目标是否合理，是否能在上下左右之间有效沟通、及时调整，以便各层级员工与组织之间就目标达成一致。分解法适用于已有多年目标制定经验的企业，尤其适用于业绩数据齐全、经营环境稳定的企业。

二、汇总法

资源导向的选择，称为汇总法，其基本观点源自大名鼎鼎的"资源学派"，即企业是一组资源的综合体，企业拥有的具备价值性、稀缺性、不可复制性的，以及以低于价值的价格获取的资源，是企业获得持续竞争优势以及成功的关键因素。企业内部的有形资源、无形资源，在企业间存在显著的差异，资源优势会产生企业竞争优势，资源的差异导致经营结果的差异，换言之："巧妇难为无米之炊"，企业能达成何种经营目标，主要在于拥有何种资源，拥有多少资源。

为了搞清楚企业资源的丰歉程度，一般的做法是自下而上对企业资源进行全面盘点，根据盘点汇总结果对资源价值进行分析，从而确定有限的资源能干出多少事情。

这种基于资源禀赋制定的目标具有很高的可实现性，提前规避了在实施中因资源条件不具备而导致规划无法执行的风险。

此外，资源盘点的过程往往需要不同层面、更加广泛的人员参与，尽管参与程度可能不同，但最终目标与全体员工的贡献紧密相关，而拥有广泛群众基础的目标在动员和落实方面更具效率。

当然，汇总法也并非完美无缺，其一大弊病是难以制定挑战性目标。在"有多少米，就做多少饭"的固有思维之下，人们常常忽视了策略的作用。"田忌赛马"的故事告诉我们，同样的资源条件，在不同的策略之下，其结果可能相差甚远。事实上，很多企业采用此方法制定目标的时候，在策略方面往往只是参照以往的做法。即便有多种策略可以选择，企业在经过各方讨论后，最终还是会选择一个稳妥的、保守的、可控的策略作为目标制定的前提。考虑到绩效考核的压力，企业中基层人员也会更加倾向于制定一个最容易实现的目标，从而选择一个最没有风险的策略，长此以往，这类策略很容易使企业走上一条保守封闭的守业之路，错失风险和机遇并存的高潜机会。

汇总法广泛应用于资源对业绩起主导作用的产业，如银行业、采矿业、地产业等，部分处于萌芽期的创业公司或处于衰退期的企业，因需要"看菜下饭"来谋求生存，也会采用此方法。汇总法能否成功的关键在于是否实现资源价值的最大化，是否能在资源盘点的基础上，对策略进行深入研究。

三、分析法

策略导向的选择，称为分析法。这是一种介于分解法与汇总法之间的方法，其核心观点为：目标的实现取决于资源和策略，在资源既定的情况下，策略是目标实现的关键。为此，分析法注重对企业经营的内外部环境进行充分的调研和透彻的分析，在掌握资源、能力、环境变化趋势的基础上，找准企业可能的机会和威胁，明确企业自身的优势和劣势，结合企业既定的战略目标，最后形成"资源—策略—战略"共同决定的目标。

分析法的优点是构建了"战略—目标—策略—资源"的系统逻辑，规避了传统经营计划的单一视角和单向思维带来的缺陷，使得目标更加科学、策略更加系统、资源利用更加高效。

当然，它的缺点是耗时较长，对规划参与人员的素质要求较高，对规划工作的统筹能力要求较高。因此，分析法成功的关键在于对各类专业分析工具的灵活运用，其适用于规模较大、业务价值链长、行业处于快速发展期的企业。

同时，要清醒地认识到，分析法是一种科学决策、循证决策，但是企业的内外部环境瞬息万变，企业经营的总目标不仅受到今天的影响，还受到未来企业内外部利益相关方的影响，而未来，影响企业的各方会做出什么样的决策，出现什么样的行为，偶然性因素占比如何，这是当前很难预料的，需要靠企业家的风险决策。企业家决策往往是一种直觉，是一种对市场的敏感。张维迎教授在其《企业家精神不是什么》一文中，系统阐释了"企业家决策"与"科学决策"的区别。对于年度经营计划来说，新产品、新市场、新机遇等新事物的决策往往是企业家决策，这时候的目标制定不能完全依赖于以数据分析为基础的科学决策；反之，对于成熟的业务和产品、已经被验证的商业模式，其目标和策略的制定必须建立在科学决策之上。

年度经营计划编制常用的三种方法归纳如图1-4所示。

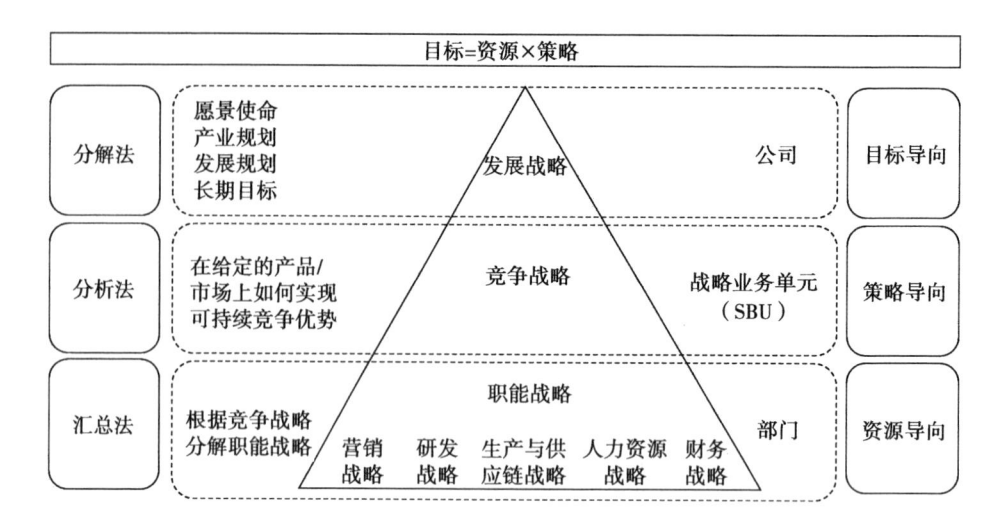

图 1-4　年度经营计划编制常用的三种方法

在总结了上千家企业全面管理升级和战略规划的经验后，正睿咨询开发出了一套基于分析法的年度经营计划编制模型（见图 1-5），可以帮助企业更加系统地规划年度经营活动。

第一章　企业年度经营计划的基本知识

图 1-5　基于分析法的年度经营计划编制模型

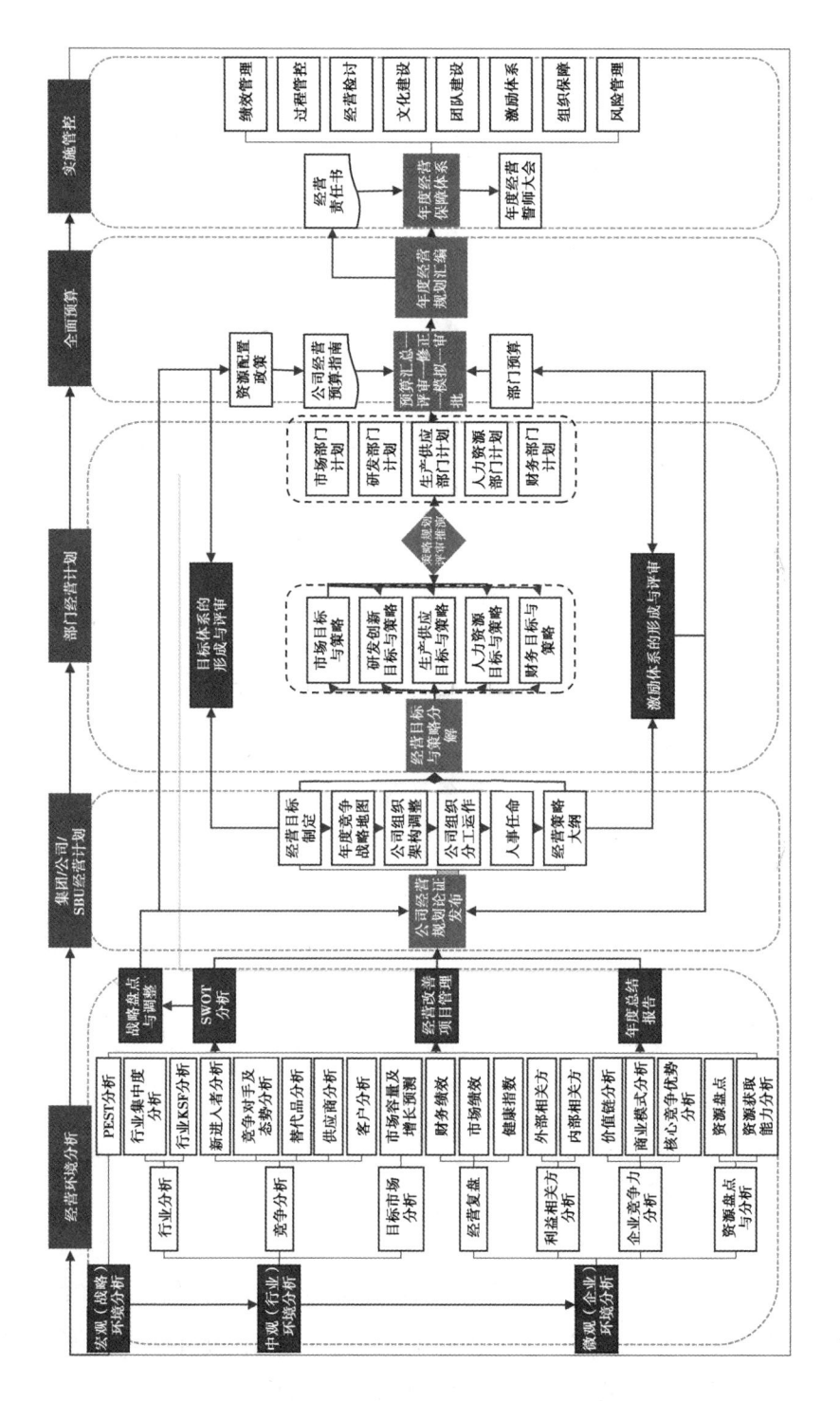

第二章　经营环境分析

如果说年度经营计划是伟大工程的建造图纸，那么对经营环境的分析则是制图前的土地勘察和地理测绘，没有准确翔实的基础数据，任何宏伟的构想都只是空中楼阁。

经营环境分析的目的是搞清楚组织内外部环境的变化情况。对外部宏观环境的总览，可以检查企业发展战略执行的偏离情况；对行业竞争环境的观测，有助于找出新的增长机会；对企业内部微观环境的盘点，是效率提升、经营改善的必要条件。

第一节　宏观（战略）环境分析

宏观环境是产业发展的大气候，是企业成长的土壤、阳光和水分，它包括了一系列影响企业战略规划和经营管理的外部要素。哈佛大学教授迈克尔·波特提出的 PEST 模型为宏观环境分析提供了基本框架。

一、**PEST 模型介绍**

PEST 模型包括政治（Political）、经济（Economic）、社会（Social）和技术（Technological）四大类影响企业的主要外部环境因素。企业可以在四类因素的分类框架下，将影响本企业的下级因素详细列出。

1. *政治法律环境分析*

具体见表 2-1。

通过政治法律环境分析，可以发现新的经营机会，或提前识别潜在的经营风险。当然，这些机会或风险往往难以通过数据模型进行量化分析，更多的是作为一种定性结论，为有远见的企业家提供趋势研判的参考依据。

表 2-1 政治法律环境分析

类别	一级因素	二级因素	分析要点
政治法律环境	政治制度	政治体制	企业经营范围所在国的立法、司法、行政权力格局
		政党制度	企业经营范围所在国的政党力量、政党的政治主张、执政党的施政纲领
		选举制度	企业经营范围所在国的选举周期、选举带来的政策延续性风险及新政策影响
	经济体制	市场机制	所属行业的市场化程度、政府对经济的干预程度
		政府管制	所属行业的准入资质、条件、门槛
	安全政策	安全生产	安全生产类法律法规的修订和变动有哪些,对本企业管理制度、费用预算的影响是什么
		应急管理	根据当年重大突发事件,政府和监管部门对企业应急工作的指导意见是什么;本企业在应急能力建设方面需要做哪些工作
	资源环境政策	环境政策	节能减排、治理污染、生态保护等政策要求对本企业的影响是什么
		资源政策	政府关于本行业的自然资源开发、可持续发展指导政策是什么
	国际环境	外交关系	本国与特定国家或地区的外交关系变化,给本企业市场份额或供应链带来的机会和威胁是什么
	政局稳定情况	政策延续性	所在国的各项政策是否会随着执政者的变化而产生根本性的变化,给本企业带来的机会和威胁是什么
		利益集团	影响所在国政策制定的利益主体或其力量格局是否发生了变化,可能对本行业产生的影响是什么
	法律法规	立法动向	与本行业相关的法律法规提案、审议动向如何,其主要内容对本企业的影响是什么
	标准体系	强制标准	本行业相关的强制标准(国家标准、行业标准)有何变化,对本企业的影响是什么
		推荐标准	本行业相关的推荐标准(国家标准、行业标准)有何变化,对本企业的影响是什么

在进行政治法律环境分析时,可以结合企业内控模块的工作,定期开展"合规性义务评审",全面扫描企业适用的法律法规和政策清单,针对清单上的年度更新内容,做延展性应用分析。

2. 经济环境分析

具体见表2-2。

表2-2 经济环境分析

类别	一级因素	二级因素	分析要点
经济环境	经济政策	经济规划	经营范围所在国家或地区的中长期发展规划、"五年规划"等
		产业政策	政府对哪些特定产业出台了扶植政策或限制政策，这些产业与本企业有何种关联，对本企业发展可能产生哪些影响
		财政政策	当年的财政政策是扩张性的、紧缩性的还是稳健性的，对本行业的影响是什么
		货币政策	当年的货币政策是积极的还是稳健的，对本行业的影响是什么
		税收政策	与本企业相关的税收政策有何变化，对本企业的税负和现金流会产生什么影响
		用工政策	当年各级政府对劳动用工的指导意见是什么；本行业和本地区在落实用工政策方面有哪些重点
		创新政策	各级政府对企业创新研发的激励政策是什么；有关知识产权、区域经济产业升级的新政策可能给本企业带来哪些机会或威胁
	外贸环境	关税政策	目标市场国的关税政策、本国的出口退税政策、区域经济一体化情况
		汇率	本国与贸易对象国的汇率变化
		经济增速	世界经济增长趋势、贸易对象国的经济增长趋势
	经济发展水平	经济增速	所在国的经济增长趋势、增长动力
			所在国的物价变化情况（居民消费物价、工业原材料物价）及变化原因
			目标市场国民收入增长情况
	经济结构	产业结构	产业结构的变化情况
		企业类型	目标市场所在地的主体企业类型（规模、性质）
		产业集群	目标市场所在地的产业集聚情况
	基础设施	城市化程度	所在国的城市化程度
		基建配套	目标市场基础设施的配套完善程度
	要素市场	储蓄与信贷	居民储蓄余额变化情况及变化原因
			信贷余额变化情况及变化原因
		资本市场	股市、债市等资本市场走势
		原材料价格	产业链相关企业的原材料价格变化趋势
		就业情况	失业率、劳动力市场供应情况、行业薪资水平与变化趋势

分析经济环境时，数据的准确性非常关键，通常需要参考权威的报告和统计数据。在数据准确的基础上，还需要通过统计学方法进行建模分析。

3. 社会环境分析

具体见表 2-3。

表 2-3 社会环境分析

类别	一级因素	二级因素	分析要点
社会环境	人口因素	人口总量	人口总量和人口增长率、人口出生率、人口死亡率、性别比例、结婚离婚数量、地区人口迁徙变化情况
		年龄	不同年龄阶段人口数量与变化趋势、老龄化水平、预期寿命
	社会结构	收入结构	不同收入水平的人口占比如何，对本公司而言意味着什么样的机会
		受教育水平	国民受教育水平、目标用户平均受教育水平如何，对商品差异化的影响如何
		城市化水平	城乡人口比例、消费偏好及城市化进程
	心态观念	职业心态	对待工作的态度、择业偏好、工作生活平衡的选择等
		休闲方式	目标客户的主流休闲方式是什么，对业务模式可能产生何种影响
	社会文化	民族文化	民族文化的多元性、差异性、包容性如何，对经营管理策略（如本土化）的影响如何
		宗教	宗教种类、政治地位、主要主张及其对当地民众的影响
		潮流与风尚	当地有哪些风俗风尚，最新的潮流趋势是什么
	生活条件	社会福利	当地的社会保障机制是否健全，对消费和安全感的提振是否显著
		可支配收入	目标用户的可支配收入变化趋势如何
		消费意愿	目标用户的刚性需求是什么，弹性需求的消费意愿如何

所谓"冰冻三尺，非一日之寒"，社会环境的变化常常是从量变到质变的长期演化过程。分析社会环境时，重在见微知著，及早发现趋势，及时评估影响，识别出外在的机遇和威胁。

4. 技术环境分析

具体见表 2-4。

表 2-4　技术环境分析

类别	一级因素	二级因素	分析要点
技术环境	研发投入	政府投入	政府在研究开发方面的预算、投入
		企业投入	本领域企业的研发投入
		科研机构投入	本领域相关科研机构的研发投入
	新技术	创新能力	本企业相关领域的技术人才在何处，对企业的影响是什么
		技术迭代	技术发展动态、技术更新速度与生命周期
	技术产业化	产业化水平	本企业相关领域的高技术产业水平如何，其应用场景有哪些创新
		产业化能力	对于本企业相关的技术，谁拥有最高的产业化能力
	知识产权	技术壁垒	本企业相关核心技术的知识产权掌握在谁手中
	基建性技术发展	能源技术	输电、新能源技术的发展动态及其商用情况
		材料技术	新材料技术的发展动态及其商用情况
		TMT 技术	通信、媒体、信息技术的发展动态及其商用情况
		生物医药技术	生物、制药、医疗、基因工程等技术的发展动态及其商用情况

由于技术创新是一项复杂而艰巨的工程，加之创新人才十分稀缺，技术成果产业化的过程也非一日之功，因此，只有专业的科研院所或部分实力雄厚的龙头企业才具备大规模研发投入的条件。但是技术革新的成果对行业的影响是深远的，甚至是颠覆性的。

评估技术对行业的影响至关重要，尤其是对于叠加政治、经济、社会因素影响的技术变革趋势，如"新基建""数字中国战略""中国制造 2025"等，应当及早做出反应。在技术产业化的过程中，应当在尚未形成稳定成熟商业模式的时候就给予密切的关注，必要时，在企业内部设立相关的研发课题或项目。

在年度经营计划制订工作中，根据 PEST 分析的结论，企业可以全面地识别出宏观环境方面的机会和威胁，并据此对战略规划和经营策略做出调整。

前沿动态：数字经济的现状与未来

"数字经济"（Digital Economy）这一概念最早由经济学家唐·泰普斯科特

(Don Tapscott)于20世纪90年代提出。经过多年的发展，人们逐渐认识到，数字经济将成为未来的主流经济形态，也是当今绝大多数传统行业需要面对的趋势。

1. 数字经济的定义和发展历程

1993年9月，美国政府宣布实施"国家信息基础设施"（NII）建设计划，互联网技术成为美国经济增长的新引擎。自此到2000年，在其他发达经济体缓慢发展的大背景下，美国经济出现了持续稳定的长期增长。从20世纪90年代开始，直至2008年前后，世界主要发达国家均出台了自己的"信息高速公路"计划。例如，1999年欧盟提出"E-Europe"计划，2000年德国政府出台"联邦在线2005"计划等。这一时期，互联网技术作为一种重要的生产要素，推动了经济发展效率的提高，但主要集中在电子商务领域。该时期是数字经济发展的初级阶段。

2008年以来，随着移动互联网的兴起，以人们的衣食住行用为主体的消费互联网得到极大的发展。截至2015年，经济合作与发展组织（OECD）的绝大部分成员国均出台了数字经济国家发展战略，如意大利2014年提出了《意大利数字战略日程表2014—2020》、法国2014年颁布了《数字法国计划》、英国2015年出台了《英国2015—2018年数字经济战略》等。

2016年，G20杭州峰会发布了《二十国集团数字经济发展与合作倡议》，对数字经济的定义和前景做出了如下描述："数字经济是指以使用数字化的知识和信息作为关键生产要素、以现代信息网络作为重要载体、以信息通信技术的有效使用作为效率提升和经济结构优化的重要推动力的一系列经济活动。互联网、云计算、大数据、物联网、金融科技与其他新的数字技术应用于信息的采集、存储、分析和共享过程中，改变了社会互动方式。数字化、网络化、智能化的信息通信技术使现代经济活动更加灵活、敏捷、智慧。"

时至今日，数字化技术的应用取得飞速发展，数字技术将为各个产业带来巨大的改变，这已经成为世界各国的共识。

2. 中国数字经济的发展现状与政策

2006年，我国发布了《2006—2020年国家信息化发展战略》，明确到2020年，我国信息化发展的战略目标是："综合信息基础设施基本普及，信息技术自主创新能力显著增强，信息产业结构全面优化，国家信息安全保障水平大幅提高，国民经济和社会信息化取得明显成效，新型工业化发展模式初步确立，国家信息化发展的制度环境和政策体系基本完善，国民信息技术应用能力显著提高，为迈向信息社会奠定坚实基础。"这一战略正式开启了我国政治、经济、民生等各领域信息化基础设施建设的序幕。

2015年7月，在信息化建设取得快速发展的基础上，国务院印发《国务院关于积极推进"互联网+"行动的指导意见》，推动数字技术应用于政务、医疗、教育、工业、金融、交通、通信、智慧城市等方方面面。

2020年5月22日，国务院总理李克强在《2020年国务院政府工作报告》中提出，"要继续出台支持政策，全面推进'互联网+'，打造数字经济新优势"。其中，重点支持"两新一重"建设（新型基础设施建设，新型城镇化建设，交通、水利等重大工程建设）。正式将5G网络、大数据中心、人工智能、工业互联网纳入"新基建"，建设面向高质量发展需要，提供数字转型、智能升级、融合创新等服务的基础设施体系。

3. 数字经济的发展趋势、机会与挑战

在"摩尔定律"的作用下，数字经济正在如火如荼地发展。我国作为该领域的后发国家，依托庞大的市场规模，在不到二十年的时间内，实现了数字经济从跟随到部分超越的跨越，而且这个趋势还在继续。

在这一趋势下，没有哪个产业能够完全不受数字经济的影响。唯有主动积极地探索本行业的数字化转型之路，充分利用数字化的力量，构建新的商业模式和运作流程，才能在竞争中脱颖而出，甚至开辟出一片全新的市场。2020年7月，国家发展改革委、中央网信办、工业和信息化部等13个部委联合发布了《关于支持新业态新模式健康发展 激活消费市场带动扩大就业的意见》，首次明确提出了15个新业态新模式，并就支持和鼓励上述新业态新模式健康发展、打造数字经济新优势进行了全面部署。

在运作流程方面，应当密切关注人工智能（AI）技术、虚拟现实（VR）技术、混合现实（MR）技术在本行业的应用研究。可以预见，在不久的将来，这类技术必将重塑当前的业务流程。

当然，数字经济也面临一定的挑战。首先，作为未来产业基石的数字技术，如芯片设计、芯片制造、智能算法等，是各国政府争夺世界主导权的关键，部分西方国家出于国际地位下滑的担忧，对我国实施技术禁令，使得我国企业必须自主寻求领先技术的突破之道，从而大大增加了数字经济发展的成本和不确定性。其次，数字技术作为一种研发周期长、更新迭代快的技术，其前期投入巨大，且需要在更短的产品生命周期内收回成本，对技术产业化的要求更高。同时，由于这一特征，数字经济的行业集中度上升速度更快，不同于传统行业需要十几年才能进入寡头垄断的阶段，数字经济相关行业往往只需要短短几年就进入了头部企业垄断市场的阶段，这对于实力略有不足的参与者来说，风险更大。

总之，数字经济作为新的浪潮，其趋势不可逆转。企业战略和经营计划的制定者应当充分关注这一变化，增强战略敏捷力，打造面向市场快速反应的经营能力。

二、重大突发事件影响分析

近年来，重大突发事件对企业经营的影响日益加大。一方面，重大突发事件本身作为一个不确定因素，是企业经营中要尽力去规避的风险；另一方面，已经发生了的重大突发事件，会在一定程度上改变年度经营计划的决策依据，以及事件发生之前的基本预设条件。因此，需要对重大突发事件的类型和影响有一个基本的认识，并在此基础上做好风险管控。

按照《中华人民共和国突发事件应对法》的定义，重大突发事件是指突然发生，造成或者可能造成严重社会危害，需要采取应急处置措施予以应对的自然灾害、事故灾难、公共卫生事件和社会安全事件。

1. 自然灾害

自然变化和人为因素均可能导致自然灾害的发生。我国近年来常见的自然灾害包括地震、台风、旱灾、洪涝、海啸、泥石流等。虽然自然灾害一般发生在局部地区，但是在区域经济高度分工的今天，一地的自然灾害很可能对全国乃至全球的产业链造成影响。

一些容易受到自然灾害直接影响的行业，如电力、通信、交通、旅游等，应当在年度经营计划制订过程中特别注意此类灾害的影响，建立专门的应急管理体系，以便灾害发生后能够第一时间恢复业务。其他行业的企业，如果其关键供应商或重要市场在自然灾害高发地区，也应当考虑到自然灾害风险发生的可能性，评估灾害可能带来的影响。

2. 事故灾难

事故灾难是因人的操作失误或技术性过错而引发的破坏性事件。重大事故一方面可能会给相关人员带来生命危险和心理创伤；另一方面会使生产过程即刻停摆，导致原定计划无法按时完成。一旦发生安全生产事故，企业就必须在次年的经营计划中对相应的策略和目标进行调整，以减少事故带来的影响。

常见的生产事故主要包括工、矿、商、贸等行业的各类安全事故，交通运输事故，公共设施和设备事故，火灾，危化品泄露，环境污染和生态破坏事件等。

在制订年度经营计划时，不仅要考虑本企业、本企业上下游企业的安全生产事故发生概率，还要关注一些关系紧密的基建企业的事故（如大规模停电、停水、断网等基础设施事故）发生概率。

确定安全生产事故发生概率时，不仅要结合历史数据进行研判，还要结合企业日常安全管理记录进行综合分析。著名的海因里希安全法则认为，若一个企业有300起隐患或违章，则非常可能造成29起轻伤或故障，另外还有1起重伤、死亡事故。因此，事故的发生不是一个孤立的事件，而是一系列互为因果的事件相继发生的结果。防止事故发生的重点是：防止人的不安全行为，消除物的不安全状态，中断事故连锁进程。在年度经营计划制订过程中，既要根据安全巡查数据预测事故发生的概率，还要据此规划相应的防控策略。

3. 公共卫生事件

公共卫生事件是指突然发生，造成或者可能造成社会公众健康严重损害的重大传染病疫情、群体性不明原因疾病、重大食物和职业中毒以及其他严重影响公众健康的事件。典型的公共卫生事件是烈性传染病。

尽管公共卫生事件不常发生，但是由于其成因复杂，且不同于自然灾害和生产事故，能够通过失效模式分析事先制定有效的应对预案，公共卫生事件一旦发生，往往需要生物医学领域进行科研攻关，研发出疫苗或者特效药，才能真正将其消灭，所以在此之前，需要通过公共管理手段，对人员活动进行管控，才能防范其进一步扩散，而这往往造成企业成本的飙升，打乱正常的经营节奏。

由于公共卫生事件应对难度较大,且不可能以一家企业之力来完成事件的应急处置工作,因此,一旦发生此类风险,企业就应该考虑与政府等机构密切配合。这需要企业在年度经营计划制订过程中,及时关注政府和疾控部门出台的新政策。如果企业本身就是生物医疗相关产业链的一员,则更应当将对此类事件的监测纳入经营策略之中。

4. 社会安全事件

社会安全事件是指对社会和国家稳定与发展造成巨大影响,可能对人民生命财产、经济发展、政治稳定、社会安定、文化观念等方面构成安全威胁的人为事件。一般包括重大刑事案件、恐怖袭击事件、涉外突发事件、金融安全事件、网络安全事件、规模较大的群体性事件、民族宗教突发群体事件、重大舆论危机等。

社会安全事件对特定行业的企业影响巨大。2017年5月12日,一种名为"想哭"的勒索病毒袭击全球150多个国家和地区,影响领域包括政府部门、医疗服务、公共交通、邮政、通信和汽车制造业。2017年6月27日,欧洲、北美地区多个国家遭到"NotPetya"病毒的攻击,乌克兰受害严重,其政府部门、国有企业相继"中招"。

以上典型事件说明,企业制定经营规划时一定要对社会安全事件的发生概率给予关注,尤其是在多地投资的企业,更要考虑到不同地区的社会安全风险,并将其纳入风险管控和应急体系之中。

需要注意的是,并非所有的突发事件都是可以预测和管控的,突发事件按照其产生方式,可以分为"黑天鹅事件"和"灰犀牛事件"。

"黑天鹅事件"的特征是非常难以预测,且十分稀有,甚至此前从未出现过,通常会引起市场连锁负面反应甚至产生颠覆性影响。此类事件是企业经营规划中的最大变数,一般采取的应对策略是开展多元化业务,从而分散投资风险。

相反,"灰犀牛事件"则是大概率事件。"灰犀牛"的概念来自纽约国际政策研究所所长米歇尔·渥克的《灰犀牛:如何应对大概率危机》一书,书中将大概率且影响巨大的潜在危机比作灰犀牛。因为灰犀牛体型笨重、反应迟缓,你能看见它在远处,却毫不在意,可一旦它向你狂奔而来,定会让你猝不及防,直接被扑倒在地。它并不神秘,却更危险。

对于"灰犀牛事件",企业在很大程度上是可以预防和管控的。在进行宏观环境分析时,对于一些影响公司经营策略的关键要素的异常变化,应当深入挖掘其背后的演变历程、形成机制和变化趋势,从而提前做好防范应对策略。

综上所述,突发事件分析不仅包括对未来可能发生的风险进行预测和防范,还包括对过去已发生事件的影响进行分析,只有在此基础上对经营策略和目标进行调整,才更具科学性。如表 2-5 所示。

表 2-5 重大突发事件影响分析汇总

事件类型	历史事件列表	未来发生概率	影响	对策
自然灾害				
事故灾难				
公共卫生事件				
社会安全事件				

第二节 中观(行业)环境分析

如果将运营一家企业比喻为栽种一棵枝繁叶茂的长青之树,那么其宏观环境就是阳光和空气,中观环境就是大树所在之地的土壤和水分,树干、树枝、树叶及其之上的微生物就是微观环境。在商业环境中,中观环境主要是指企业所在行业的特性和变化情况,即行业竞争环境,具体表现为行业集中度与行业竞争格局。中观环境是年度经营计划制订中必不可少的考量要素,同时也是制定和调整竞争战略的重要依据。

一、行业集中度分析

行业集中度是决定市场结构最基本、最重要的因素,集中体现了市场的竞争和垄断程度。经常使用的行业集中度计量指标有:赫尔芬达尔-赫希曼指数(Herfindahl-Hirschman Index,缩写为 HHI,以下简称"赫希曼指数")、行业集中率(CRn 指数)、洛伦兹曲线、基尼系数、逆指数和熵指数等。其中,赫希曼指数(HHI)经常运用在反垄断经济分析之中,能够更科学地反映整个行业的集中程度。对于年度经营计划来说，由于其主要着眼点在主要竞争对手身上，并不需要对全行业进行全面考察，因此，更加适合采用行业集中率（CRn 指数）来分析行业集中度。

行业集中率是指该行业的相关市场内前 N 家最大的企业所占市场份额的总和。例如，CR4 是指行业前 4 名的企业所占的市场份额，CR8 是指行业前 8 名的企业所占的市场份额，如图 2-1 所示。

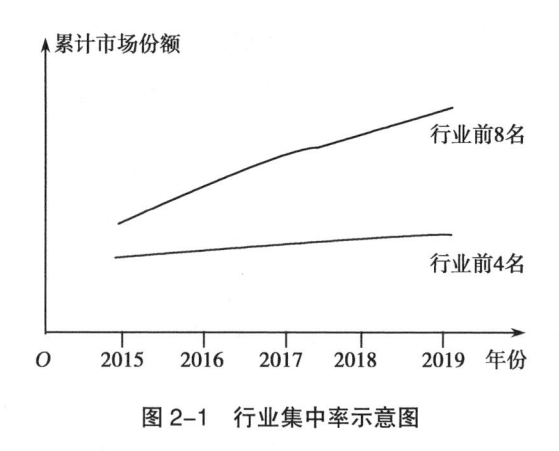

图 2-1　行业集中率示意图

行业集中度反映一个行业的整合程度，如果集中度曲线快速上升，则表明行业竞争激烈，优势企业正在迅速扩大市场份额，甚至可能出现牺牲利润而谋求扩张的行为。而平直的集中度曲线则表明市场竞争结构相对稳定，领导企业的优势地位已经建立起来了。

通常情况下，集中度迅速上升的行业蕴含着发展机会，此时加大市场投入和渠道建设，会容易取得较为明显的扩张效果。而处于集中度稳定阶段的行业则机会不多，企业的扩张行动会受到领先企业的抵制，所以，此时采取细分化、差异化的发展策略才能见效。

根据行业集中度的高低，可将市场划分为三种类型，如图 2-2 所示。

一般情况下，市场会从"散点市场"逐步演变至"块状同质化市场"，再到"团状异质化市场"。企业应当根据当前市场演化阶段，审视年度经营计划的合理性，确定合理的目标和预算投入。

需要注意的是，传统行业的集中度演化是一个较为漫长的过程，常常经过十几年甚至几十年的演变才能进入行业集中度更高的阶段。然而，当今世界的部分

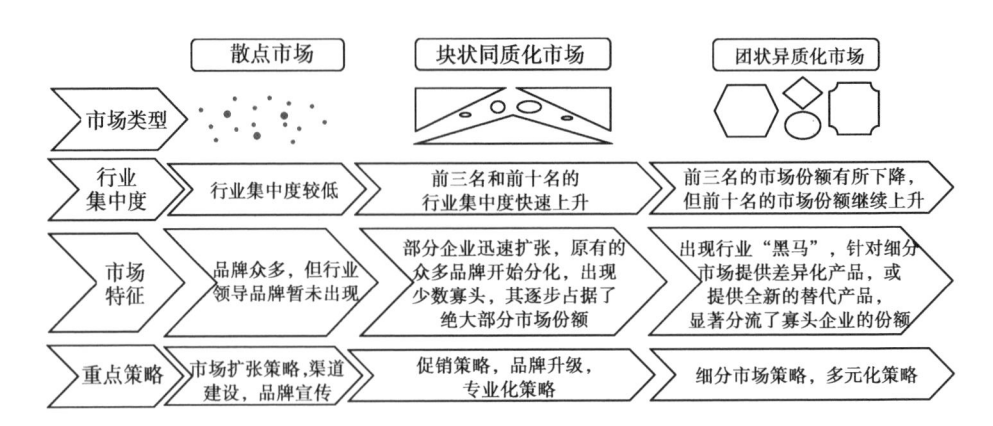

市场类型	散点市场	块状同质化市场	团状异质化市场
行业集中度	行业集中度较低	前三名和前十名的行业集中度快速上升	前三名的市场份额有所下降，但前十名的市场份额继续上升
市场特征	品牌众多，但行业领导品牌暂未出现	部分企业迅速扩张，原有的众多品牌开始分化，出现少数寡头，正逐步占据了绝大部分市场份额	出现行业"黑马"，针对细分市场提供差异化产品，或提供全新的替代产品，显著分流了寡头企业的份额
重点策略	市场扩张策略、渠道建设、品牌宣传	促销策略、品牌升级、专业化策略	细分市场策略、多元化策略

图 2-2　根据行业集中度划分的市场类型

新兴产业，如以互联网为代表的 TMT 行业，其行业集中度的演化过程非常迅速，头部企业往往在几年之内就显现出来。例如，艾瑞咨询发布的 2019 年第一季度中国第三方支付数据报告显示，在中国大陆移动支付领域，支付宝和微信的市场占有率之和已经超过了 90%（CR2 ≥ 93.7%，支付宝、微信支付分别占据了 53.8% 和 39.9% 的市场份额），而此时，距离排名第二的微信支付推出仅 5 年多时间。华为手机也用了短短 8 年的时间，就占据了国内手机市场 40% 的份额。

所处行业的集中度不同，其关键成功要素也不同。在行业集中度低的散点市场，其成功要素更多与营销、产能相关，谁能在最短的时间内做出可以使用的产品，并尽可能迅速地开拓渠道、扩大品牌知名度，谁就能更快地占领市场。在行业集中度已经较高的情况下，后发企业成功的关键要素主要是研发与管理，即根据细分市场的差异化需求，研发出更高质量、更具性价比、更符合市场需求的产品，并对产业链的成本和流程做好精细化管理，提升客户体验。因此，在年度经营计划制订过程中需要根据市场特征，进一步分析本阶段本行业的关键成功要素是什么，从而有针对性地弥补本企业的短板，打造本企业的竞争优势。

二、行业关键成功要素（KSF）分析

影响企业战略目标实现的要素有很多，而其中一些要素是关键的和重要的，即关键成功要素（Critical Success Factors，CSF；或 Key Success Factors，KSF）。应通过对关键成功要素的识别，找出实现目标所需关键成功要素的集合，从而确

定企业经营策略的重点。

行业关键成功要素分析主要回答的问题是：

（1）顾客选择产品的主要依据是什么？

（2）产业链中容易形成壁垒的关键环节是什么？

关键成功要素的识别通常在要素清单（见表2-6）的基础上，采取两两对比法来进行。

表2-6 要素清单

	技术	营销	交付与供应链	价格	质量	创新	政府关系	总分
技术								
营销								
交付与供应链								
价格								
质量								
创新								
政府关系								

依据上表，对各要素两两对比评分，将评分结果填入表格。评分一般采取5分制或3分制。

识别出行业关键成功要素后，可以对公司当年经营的机会和威胁有更加清晰的认识，从而据此制定或调整年度经营计划的诸多策略。

需要注意的是，行业关键成功要素与企业关键成功要素并不完全一致，企业关键成功要素因企业所处生命周期阶段的不同，可能会有所不同。例如，进入成熟阶段的头部企业，品牌、客户关系应当是其关键成功要素；而处于创业阶段的企业，其关键成功要素主要是成本和产品质量。

三、竞争分析

如果说行业关键成功要素是进入"应许之地"的通行证，那么竞争环境则是生存发展的空间。

对竞争环境的勘察分析，是制订年度经营计划必不可少的环节之一。著名的"波特五力分析模型"（见图2-3）正是行业竞争环境的经典分析工具，由迈克尔·波特（Michael Porter）于 20 世纪 80 年代初提出。该模型认为，行业中存在着决定竞争规模和程度的五种力量，分别为：供应商的议价能力、购买者的议价能力、潜在竞争者进入的能力、替代品的替代能力、行业内竞争者现在的竞争能力。五种力量的不同组合变化，最终影响行业利润潜力的变化。

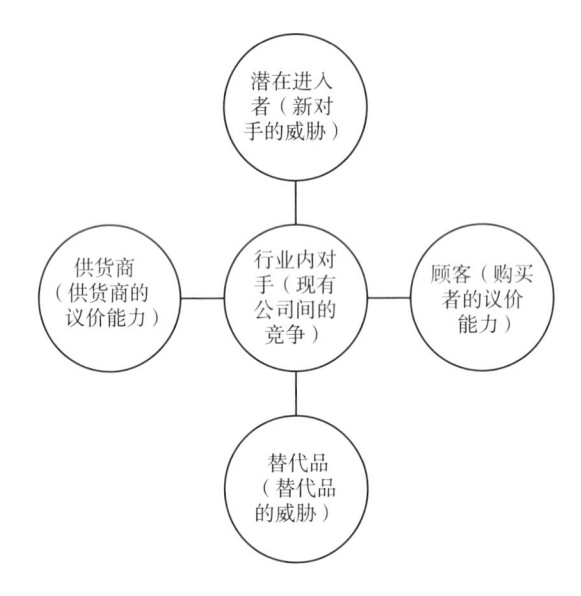

图 2-3　波特五力分析模型

通过五力模型，可以复盘行业竞争格局，预见竞争态势走向，从而在年度经营的重点策略和资源投放上做出正确的决策。

1. 竞争对手分析

行业内现有企业之间的竞争，本质上是一种市场份额的存量博弈。一个行业的市场总容量越是难以扩大，行业内的现存企业之间就越容易形成竞争关系或冲突关系。反之，如果市场总容量可以较为容易地实现开发和扩充，那么行业内的主要企业就会倾向于通过合作，共同将蛋糕做大。

一般来说，出现下述情况将意味着行业中现有企业之间的竞争加剧。

■ 市场趋于成熟，产品需求增长缓慢。
■ 行业进入障碍较低，势均力敌的竞争对手较多，竞争参与者的范围广泛。
■ 竞争者企图采用降价等手段促销。
■ 竞争者提供几乎相同的产品或服务，用户转换成本很低。

■ 一个战略行动如果取得成功,其收入相当可观。

■ 行业外部实力强大的企业在接收了行业中实力薄弱的企业后,发起进攻性行动,结果使刚被接收的企业成为市场的主要竞争者。

■ 退出障碍较高,即退出竞争要比继续参与竞争代价更高。在这里,退出障碍主要受经济、战略、感情以及社会政治关系等方面的影响,具体包括:资产的专用性、退出的固定费用、战略上的相互牵制、情绪上的难以接受、政府和社会的各种限制等。

企业可以通过影响因素量表调查来量化地评估所在行业的竞争激烈程度。

首先,确定行业竞争激烈程度的主要影响因素及其具体表现;其次,确定各影响因素的权重比例;最后,对各项影响因素的表现进行评分。如表2-7所示。

表2-7 行业竞争激烈程度影响因素量表示例

影响因素	具体表现	评分	权重	加权总分	单项满分	竞争激烈程度	策略
市场总容量	本行业总需求增长缓慢	2	25%	0.5	1.25	0.4	
	本行业的产品同质化严重	2	20%	0.4	1	0.4	
进入成本	本行业的进入门槛较低	2	10%	0.2	0.5	0.4	
	本行业的参与者数量众多,且缺乏有绝对影响力的领导者	5	5%	0.25	0.25	1	
退出成本	本行业的固定成本或库存成本很高	1	10%	0.1	0.5	0.2	
	本行业的退出成本较高(资产专用性、政策限制等)	1	30%	0.3	1.5	0.2	
	总计	13	100%	1.75	5	0.35	

企业可以组织行业专家,根据以上影响因素的实际表现进行评分,分别为:非常符合为5分;比较符合为4分;基本符合为3分;明显不符合为2分;显著不符合为1分。

以上表为例,可以看出,该行业的竞争激烈程度并不高(仅相当于最激烈程度的35%)。从各因素得分来看,在经营策略上首先应当加速抢占市场份额,赢得更高的行业地位;其次,应当投入一定的预算进行创新,以早日走出同质化竞争的红海。但是,以上分析的视角主要是产业层面的,而对某一家企业来说,要想做好年度经营计划，还需要对产业中的具体竞争对手进行有针对性的分析。

这里所指的竞争对手，是指具有以下特点的企业。

■ 品牌实力相当：双方的品牌影响力相近。

■ 企业实力较强：对方的实力（现金流、人力资源、生产效率等）高于或接近本公司。

■ 目标客户相同：双方都为同一类客户提供产品或服务。

■ 市场份额相侵：由于特定阶段的客户数量是有限的，双方的市场份额是零和博弈状态。

■ 产品功用相近：双方为同一类客户提供相似的产品，或双方提供的不同产品在功能、效用方面高度相同。

锁定竞争对手后，需要从多个维度进行对比分析，具体包括市场对比分析、渠道对比分析、产品与技术创新对比分析、综合实力与策略对比分析。

（1）市场对比分析。市场对比分析是指对比双方的不同产品在不同地区的不同消费群体的市场份额差距，以便在制定市场竞争策略时，明确应当将哪个地区的哪个品类作为重点。在竞争对手已经锁定的情况下，可以直接进行销售额对比分析，如表2-8所示。

表 2-8　销售额对比

地区	产品	销售额			
		企业1	企业2	企业3	本企业
广东	产品A				
	产品B				
江苏	产品A				
	产品B				
浙江	产品A				
	产品B				
四川	产品A				
	产品B				
总计	产品A				
	产品B				

以数据为基础，可以展开如下市场对比分析。

① 总体份额对比。对比近年来主要竞争对手的市场份额变化情况，识别竞争对手是处于扩张趋势还是衰退趋势。此外，对于原先并未视作竞争对手，但市场份额扩张迅速的企业，也应进一步分析与本企业是否构成竞争关系。

市场份额对比可以更加精准地锁定竞争对手，从整体上反映竞争对手的实力。但是，还不足以形成年度经营计划的策略制定依据，需要继续从产品角度，分品类对比市场份额。

② 细分产品市场份额对比。识别出竞争对手相对于本企业在哪些细分产品上拥有优势，以及这些优势是否在持续。

细分产品市场份额对比结果也是调整市场营销战略的依据，是优化产品布局、针对具体品类进行品牌塑造的重要参考。

③ 地区份额对比。通过分地区销售额对比，可以清晰地看到企业间销售额的差异源于哪个区域市场，以及竞争对手在该区域的份额是否在持续增加。

区域市场优势是整体竞争优势的基石，行业成功要素在各地区的具体体现往往不同，故唯有明确区域优势差别，进一步分析不同地区的差异源于何处，才能找到真正的突围之策。

④ 消费群体份额对比。识别出竞争对手在某一地区的哪个消费群体占据优势，在哪个消费群体居于劣势，以及该趋势是否在持续。例如，对于装饰装修工程行业来说，其细分客户包括家庭、开发商、工程、商铺……如果不进行具体分析，了解竞争对手不同客户群体的份额变化情况，只对比地区销售额和规模大小，那么是没有意义的。

⑤ 关键成交因素对比。对于某一个细分领域的客户而言，关键成交因素选项是相对清晰的，而这些因素对成交的影响权重是不同的，经营分析就需要识别竞争对手在哪些关键成交因素上占据优势。例如，对于装饰装修工程行业的家庭客户而言，其关键成交因素包括价格、设计、施工质量、工期、售后服务等。具体对比如表2-9所示。

⑥ 市场资源投放重点对比。针对关键成交因素，不同的竞争对手会根据自身的资源禀赋结构，将有限的资源重点投放于自己更能发挥价值的环节，从而形成不同的市场策略，实现资源效率的最大化。具体对比如表2-10所示。

表2-9 关键成交因素对比

因素	权重	本企业优势评价	竞争对手优势评价	差距	对策
价格					
设计					
施工质量					
工期					
售后服务					

注：优势评价可以采用5分制进行定量评分；不具备定量评分条件的，可以进行定性评价。

表2-10 市场资源投放重点对比

关键成交因素	资源投放重点	本企业资源投放优势评分	竞争对手资源投放优势评分	差距	对策
设计	人才素质				
设计	品牌、广告				
施工质量	材料				
施工质量	人员素质				
工期	人员素质				
工期	设备				

（2）渠道对比分析。随着客户体验越来越重要，渠道成为影响企业效益的关键因素之一，其在提升市场响应敏捷度、提高客户满意度、降低获客成本方面具有不可替代的作用。因此，对比渠道的优势差距，是竞争对手分析的重要组成部分。

视行业不同，渠道具有产品分销、品牌宣传、仓储物流、售后服务、回款等不同的功能，包括线下和线上两种渠道类型。对于线下渠道来说，主要对比渠道网点覆盖率和渠道竞争力，以及渠道激励政策。对于线上渠道而言，主要对比渠道竞争力。

①渠道网点覆盖率对比。线下渠道按照地区划分，主要为某一特定区域的目标客户提供商品分销和售后服务。为了能够提供便捷的服务，线下渠道不能距离

客户过于遥远。因此，竞争优势的一大来源是具有较高的渠道网点覆盖率。在进行渠道网点覆盖率对比时，需要分析现有的渠道覆盖了多大面积的目标区域，是否存在竞争对手尚未覆盖，但集聚了高质量顾客的空白区域，主要竞争对手在该地区的渠道网点覆盖率变化情况如何。如图2-4所示。

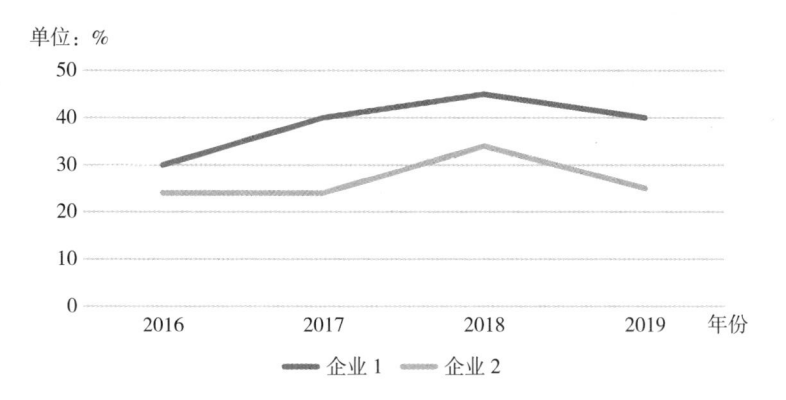

图 2-4　渠道网点覆盖率对比

较高的线下渠道网点覆盖率是渠道优势的基础，也是企业的竞争优势，但高覆盖率并不代表高效益，因为渠道的竞争力比渠道的广度更加重要。

② 渠道竞争力对比。渠道的竞争力分析需要较为复杂的分析模型和翔实的数据，但在竞争对手分析的场景中，全面而精准的数据并不容易获取。因此，我们可以从一套全面的渠道竞争力指标库（见表2-11）中，选取当年度最为关键且可以获取相应数据的指标，构建一套能够反映渠道实力，而非单个渠道成员实力的指标体系，然后由熟悉本企业和竞争对手的营销人员和行业专家组成评估小组，对竞争各方渠道的整体实力进行评价。

表 2-11　渠道竞争力指标库

指标类型	指标	指标含义	计算公式
财务竞争力指标	销售增长率	本年销售收入增长额同上年销售收入总额之比	（本年销售额－上年销售额）/上年销售总额
	销售利润率	一定时期的销售利润总额与销售收入总额的比率	（利润总额/营业收入）×100%
	资产收益率	渠道所创造的总利润与营销渠道全部资产的比率	（当期利润/资产总额）×100%

续表

指标类型	指标	指标含义	计算公式
财务竞争力指标	费用利润率	一定时期内取得的利润额与费用总额的比率	（当期利润额/费用总额）×100%
	资金周转率	渠道以较少的资金组织商品流通的能力	（产品销售收入/渠道总资产额）×100%
渠道安全竞争力指标	销售回款率	实收的销售款与销售收入总额的比率	（实际收到的销售款/销售总收入）×100%
	回款周期	回款周期是从企业把货物发给顾客到收到顾客返回的货款为止所经过的时间	根据实际情况计算
	渠道满意度	渠道成员对渠道政策、渠道管理制度的满意数量比例	根据实际调研计算
	渠道冲突频度与强度	渠道水平冲突、垂直冲突、交叉冲突的频次和强度	根据实际情况统计
	合作性与对抗性	企业的要求、政策和管理措施等在每个渠道得到贯彻实施的程度	根据实际情况统计
渠道满意竞争力指标	顾客满意度	分销渠道成员对其顾客需要的满足及时程度	根据实际调研统计
	沟通有效度	作为与顾客的沟通渠道，是否及时有效地传达了沟通信息	根据关键事件统计
	个性化服务能力	渠道是否能够满足个性化服务的需求	根据关键事件统计
发展能力竞争力指标	当前渠道产品适应性	渠道特征与产品特性及顾客需求的一致性	根据实际情况评价
	新产品兼容度	渠道是否适合企业未来新产品的分销	根据实际情况评价
	渠道成员学习能力	渠道成员对产品、顾客变化趋势的掌握情况	根据实际情况评价

从上述指标库中选取当年度的关键指标后，可以结合对标法，采用10分制进行渠道竞争力评价。具体对比如表2-12所示。

表 2-12 渠道竞争力对比

指标	业内标杆	本企业渠道评分	竞争对手渠道评分	差距	对策
销售增长率					
资金周转率					
销售回款率					
个性化服务能力					
渠道成员学习能力					

③ 渠道激励政策对比。渠道激励政策包括直接激励政策和间接激励政策。直接激励是指企业通过返利等物质奖励来肯定渠道在销售和市场规范方面的成绩；间接激励是指企业通过有利于渠道增加业绩的非物质手段给予支持。具体对比如表 2-13 所示。

表 2-13 渠道激励政策对比

	激励政策	竞争对手政策	本企业政策	影响	对策
直接激励	返点或物质奖励				
	进阶奖励				
	资金或账期支持				
	考核政策				
间接激励	推广宣传支持				
	人员支持				
	服务支持（三包、投诉处理等）				
	培训支持				
	品牌支持（品牌宣传、企业文化等）				

渠道激励政策对比旨在找出与竞争对手的差距及原因，从而调整本企业的渠道政策。

（3）产品与技术创新对比分析。产品与技术创新关系到企业当前和未来的竞争力，因而有必要对比分析本企业与竞争对手在新产品创新成果、创新重点、产品组合方面的优劣势。

① 新产品推广对比。通过对比分析，识别出历年竞争对手新产品推广的活跃

度。如表 2-14 所示。

表 2-14　新产品推广对比

	2017 年	2018 年	2019 年
企业 1			
企业 2			
企业 3			
本企业			

通过上表对比竞争对手每年推出新产品的数量变化趋势，作为本企业研发投入力度调整的参考依据之一。

② 产品创新对比。通过对比分析，识别出竞争对手产品创新的重点和做法。如表 2-15 所示。

表 2-15　产品创新对比

	外观	功能	造型	衍生品
企业 1				
企业 2				
企业 3				
本企业				

通过上表可以对比分析和印证竞争战略的方向，如功能创新有助于差异化战略的实现，衍生品创新则有助于专业化壁垒的建立。在明确竞争对手产品创新重点的基础上，可以找出本企业实现错位竞争的机会与优势，并将其作为本企业产品策略调整的依据之一。

③ 技术创新对比。通过对比分析，识别出竞争对手技术创新的重点环节。如表 2-16 所示。

表 2-16　技术创新对比

	工艺	材料	部件
企业 1			
企业 2			
企业 3			
本企业			

通过上表可以预见竞争对手在未来一定时期内将在哪些方面以何种方式取得领先优势，从而决定本企业研发创新策略的调整方向。

④ 销售结构对比。对竞争对手在不同时期推出的产品占目前内部销售额的比例做对比分析，从而揭示出竞争对手产品组合的健康程度，以及可能的产品老化现象。如图 2-5 所示。

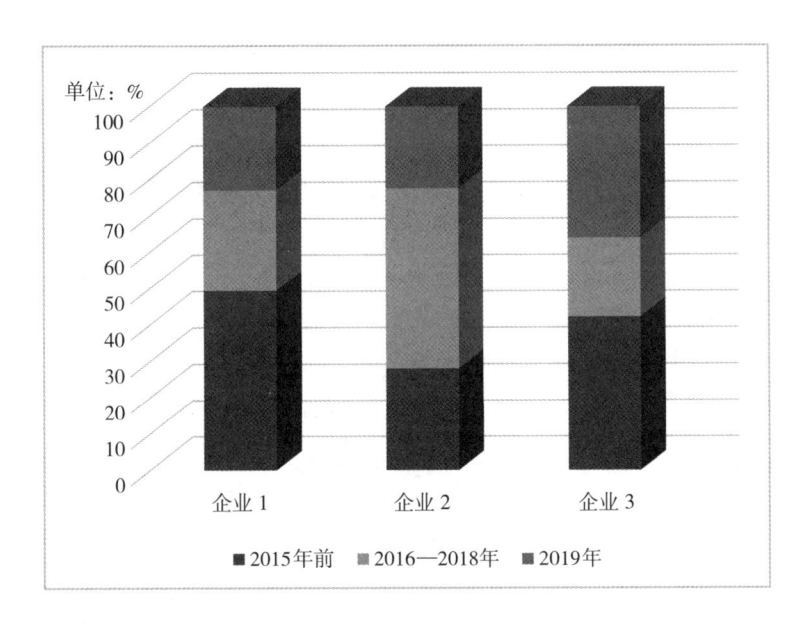

图 2-5 销售结构对比

以上图为例，企业 1 当前的主力产品是 2015 年前推出的，2019 年推出的新品占本年度销售额的比例较小，而在企业 3 的销售总额中，2019 年推出的新品占据了更大份额，说明企业 3 的产品组合更加健康，其明星产品更具竞争力。

（4）综合实力与策略对比分析。

① 财务对比。通过对比本企业与竞争对手的销售净利率、净资产收益率、销售毛利率、资产负债率、总资产周转率、净利润以及扣除非经常性损益后的净利润等，来分析本企业与竞争对手在财务实力上的差距。美的集团与格力电器 2016—2018 年财务对比如图 2-6 所示。

② 竞争优势对比。结合行业成功要素，评估竞争对手在各成功要素上的竞争实力。如表 2-17 所示。

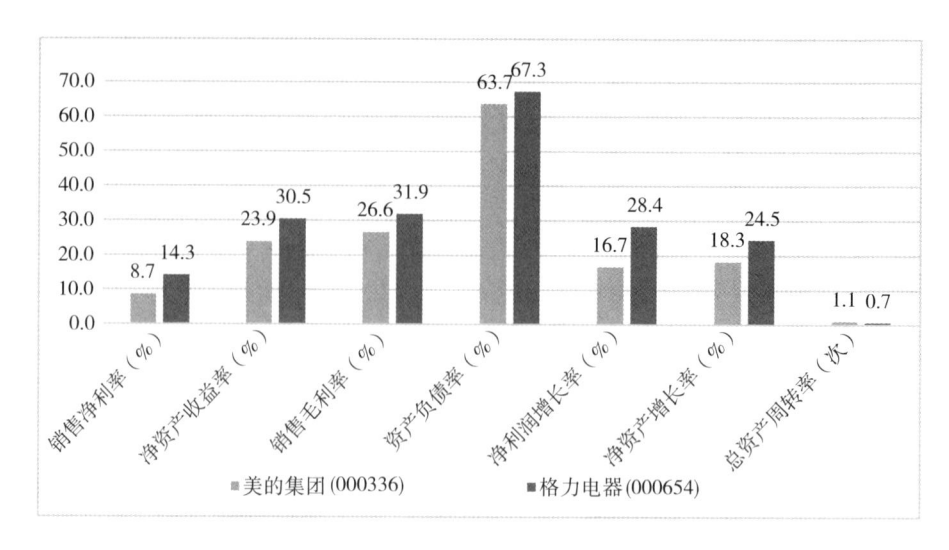

图 2-6 美的集团与格力电器 2016—2018 年财务对比（三年平均值）

资料来源：石丹璞.格力电器财务分析［J］.河北企业，2020（1）；珠海格力电器股份有限公司 2018 年年度报告；美的集团股份有限公司 2018 年年度报告。

表 2-17 竞争优势对比

关键优势	本企业优势	竞争对手优势	差距	对策
品牌				
资金				
产品				
成本				
交期				
品质				
服务				

在进行竞争对手之间的关键优势对比时，可以以行业平均水平为基准，采用 5 分制来评分：具备显著领先优势为 5 分；具备明显优势为 4 分；不具备明显优势为 3 分；具备明显劣势为 2 分；具备显著劣势为 1 分。

③ 竞争策略对比。对竞争对手的发展策略、生产布局、组织体系、管理模式、价值链分布等情况进行对比分析，明确竞争对手实现其竞争优势的关键举

措。如表 2-18 所示。

表 2-18 竞争策略对比

	发展策略	生产布局	组织体系	管理模式	价值链分布
竞争者描述					
机会与威胁					
优势与劣势					

综上所述，竞争对手分析是一个全面的、立体的、动态的过程，有助于企业更加清晰地了解行业竞争态势，明确本企业与主要竞争对手的差距及根源所在，并据此对本企业下年度的经营策略做出调整。

2. 潜在进入者分析

潜在进入者对本行业的不同企业产生的影响各不相同。对于某一家企业来说，关键在于了解潜在进入者具备何种特征，这样才能判断是否会对本企业产生重大影响，从而决定本企业的应对策略。一个行业是否容易受到潜在进入者的影响，取决于该行业的进入门槛和潜在利益。潜在进入者分析示例如表 2-19 所示。

表 2-19 潜在进入者分析示例

影响因素	具体表现	是否符合	潜在进入者特征描述	策略
规模经济	本行业不存在规模优势（固定成本、整合成本、共享资产、纵向一体化）			
	进入本行业的前期资金投入不高			
差异化程度	我们的产品差异性很小			
	客户更换供应者的成本很低			
行业转换成本	本行业不具有明显的经验曲线特征或先发优势，新进入者不需要更大的投资就能获得行业同等水平的经验知识或成本优势			
	本行业的政策和准入资格限制门槛较低，行业导入期较短			
本行业抵制的可能性	本企业对分销渠道的控制较弱，新进入者取得现有销售渠道比较容易			
	本行业企业对新进入者报复反击的可能性低			

对于某一个具体的潜在进入者而言，其是否决定进入一个新的行业，往往是对以下因素权衡的结果：一是新行业所能带来的潜在利益是企业需要的；二是所需花费的成本和代价是企业能够承受的；三是所要面对的风险是企业可以管控和承担的。当进入后的潜在利益越大，代价越小，且风险越是可控，新进入者的威胁便越大。

尤其是作为行业龙头的企业，应当对潜在进入者密切关注，及早识别潜在进入者的具体信息和综合实力，以便对经营策略做出调整。

3. 客户议价能力分析

客户凭借其巨大的订货量等能够对供货企业进行压价或提出更高的供货要求，从而影响行业中现有企业的盈利能力。这种议价能力的形成与多种因素相关，可以通过表2-20进行梳理和分析。

表 2-20　客户议价能力分析

影响因素	具体表现	是否符合	潜在威胁	策略
重要客户依赖程度	向单个客户销售的比例超过总额的50%（严重）；超过30%（较为严重）			
	向前五名客户销售的比例超过总额的50%（预警）			
货物标准化程度	客户采购的多数产品（超过50%）为行业标准化产品			
	客户转换供应者十分容易			
纵向一体化难度	重点客户很容易实现后向一体化			
	供货企业难以实现前向一体化			

其中，"纵向一体化"是指企业在现有业务的基础上，向现有业务的上游或下游发展，形成供产、产销或供产销一体化，以扩大现有业务范围。"后向一体化"是指企业自己供应生产现有产品或服务所需要的全部或部分原材料或半成品；"前向一体化"是企业自行对本企业产品做进一步的深加工，或者对资源进行综合利用，或者企业建立自己的销售网络来销售本企业的产品或服务。

4. 供方议价能力分析

当产品供方提供的价值成为客户购买的关键因素，或供应能力成为企业生产、交期、质量等优势的主要来源时，供方对行业中现有企业的盈利能力与产品竞争力的影响将大大增强，供方相对于厂商的议价能力也就相应地提升了。一般来说，如果行业的供方满足如表 2-21 所示的条件，则供方的议价能力将对竞争形成威胁。

表 2-21　供方议价能力分析

影响因素	具体表现	是否符合	潜在威胁	策略
重要供方依赖程度	向单个供方采购的比例超过采购总额的 50%（严重）；超过 30%（较为严重）			
	向前五名供方采购的比例超过总额的 50%（预警）			
	供方的客户很多，每一个单独买主都不可能成为供方的重要客户			
原材料标准化程度	本企业需要的重要原材料很难找到可与供方企业产品相竞争的替代品			
纵向一体化难度	采购的厂商很难实现后向一体化			
	供方很容易实现前向一体化			

2019—2020 年，美国商务部先后将以华为公司为代表的几十家机构列入"实体清单"，限制这些公司和组织在没有得到美国政府具体批准的情况下使用含有美国技术的产品，如芯片等。此举打破了以往中美两国高科技产业形成的战略平衡——我国企业凭借世界上最大的市场形成的"客户议价能力"与美国企业凭借世界上最先进的创新科技形成的"供方议价能力"之间的双赢结构，走向了挟产业优势遏制国力崛起的保守路线。从经营环境分析的角度来说，也应将其提升至更高的层次进行战略审视，而不能仅局限于产业层面的竞争分析。例如，华为在十多年前提出的"极限生存"假设，就是这样一种战略远见，其"海思芯片""鸿蒙系统"正是基于这一分析结论的杰出成果。

5. 替代品分析

替代品是指具有相同功能、可以互相代替来满足同一种需求的两种产品。互为替代品的产品可能属于同一个行业，如"猪肉"与"牛肉"；也可能属于不同的行业，如"地铁"与"私家车"。替代关系可能早已形成，也可能因颠覆式创新而创造出来，如"微信"与"短信"、"智能手机"与"数码相机"等。

替代品分析的目的是评估来自传统替代品的影响，发现潜在替代品的威胁。如表 2-22 所示。

表 2-22 替代品分析

替代品列表	是否具备同等功能	是否具有更高的性价比	用户体验是否更好	替代品在其他市场是否有高利润率	潜在威胁	策略
替代品 1						
替代品 2						
替代品 3						

传统替代品对本行业产生威胁最常见的原因是价格，当本行业产品价格上涨时，市场极易形成对替代品的需求；而由颠覆式创新带来的替代品，由于其性价比、客户体验往往具有代际领先的优势，因此对行业的改变是广泛而深刻的，很有可能在短时期内迅速蚕食原产品的市场份额，对于此类替代品，企业应当迅速反应，在经营计划中对竞争战略、市场策略做出调整，以便在新的时代、新的赛道、新的技术应用场景中取得先发优势。

科学使用波特五力分析模型，需要明确其理论框架的基本假设，避免走入误区：第一，五力模型分析需要较为全面地了解行业的信息，这一点很多小微企业靠自身掌握的信息基本难以做到，往往需要借助专业调查研究机构的力量，而拥有竞争情报系统的龙头企业则更具优势；第二，五力模型侧重分析行业内的竞争关系，而行业中现实存在的合作关系并非其分析重点。

行业竞争是否激烈，除了与行业内的"五力"密切相关外，还与行业自身的市场容量和用户需求变化有关。相对于市场规模变化不大的存量市场，容量不断扩大的增量市场的竞争相对缓和，合作与发展的机会也更多。因此，还需要对市场与客户进行分析。

四、目标市场与用户分析

目标市场是指具有相同需求或特征的、公司决定为之服务的购买者群体。目标市场分析的目的在于识别市场总量及各细分市场的变化情况，并据此发现在变化中蕴含的机会与威胁。目标市场分析是竞争策略设计、竞争战略调整及市场目标确定的基础。

1. 市场容量分析

市场容量是指在不考虑产品价格或供应商的前提下,市场在一定时期内能够吸纳某种产品或劳务的单位数目,它由使用价值需求总量和可支配货币总量两大因素构成,是经济增长的第一因素。没有市场容量的商品生产是一种产能过剩的浪费。如果说企业效率是经济发展的主观原动力,那么市场容量就是经济发展的客观原动力。有市场容量,可以自然拉动企业投资和经济发展;没有市场容量,仅仅依靠企业效率来推动经济增长,将蕴藏着经济失调的巨大风险,影响发展质量。

对单个企业而言,超越市场容量的生产是一种极其危险的行为。因此,对市场容量进行全面系统的分析,测算市场总量及其变化趋势,分产品、分地区、分人群对比销售规模及其结构变化,是企业稳健经营的前提。

需要注意的是,市场容量不等同于市场需求,也不单纯是市场供给,而是供需达到平衡状态的一种市场规模。

(1) 市场总量分析。市场总量的变化趋势对经营计划十分重要。企业首先需要收集过去一定时期的市场总量数据,绘制出市场总量成长曲线;其次,需要依据历史数据进行趋势分析,对未来的市场总量做出预测。以家具行业为例,如图2-7所示。

按成长曲线的不同走势,可以分段分析其年均增长率。通过曲线图可以直观地看出市场规模的变化趋势,从而判断出当前市场所处的发展阶段是市场导入期、成长期、成熟期,还是衰退期。一般而言,成长期蕴含机会,此时应以快速占领市场、拓展分销渠道为主要对策。而成熟期及衰退期蕴含威胁,此时企业应以市场细分策略、产品差异化策略为主要对策。

(2) 细分产品市场容量及结构变化分析。由于市场总量分析一般是针对某一品类产品展开的,对于战略布局的调整非常重要,但是对于年度经营来说,还不足以直接形成策略制定的依据,故需要进一步分析各个细分产品的市场容量,同时对比各产品的销售数据,识别各产品细分市场的结构性变化。以家具行业细分产品为例,其市场容量变化如图2-8所示。

一般而言,成长中的细分市场蕴含机会,而衰退中的细分市场蕴含威胁。根据细分产品分析结果,需要对产品研发策略、研发投入,以及细分产品的推广策略进行调整。

（3）地区市场容量及结构变化分析。通过市场总量与细分产品市场容量分析，可以看出哪些产品是企业销量的主要贡献者，并发现其贡献价值的走势。但是，由于细分产品的市场容量是由各个地区的销量构成的，每个地区的人口规模、风俗文化、竞争格局不同，必然会对同一个产品在不同地区的市场容量产生不同的影响，故还需对这些产品的地区销量进行分析，以便发现地区市场的业绩差异和原因所在。以五金铰链产品为例，其不同地区的市场容量如图2-9所示。

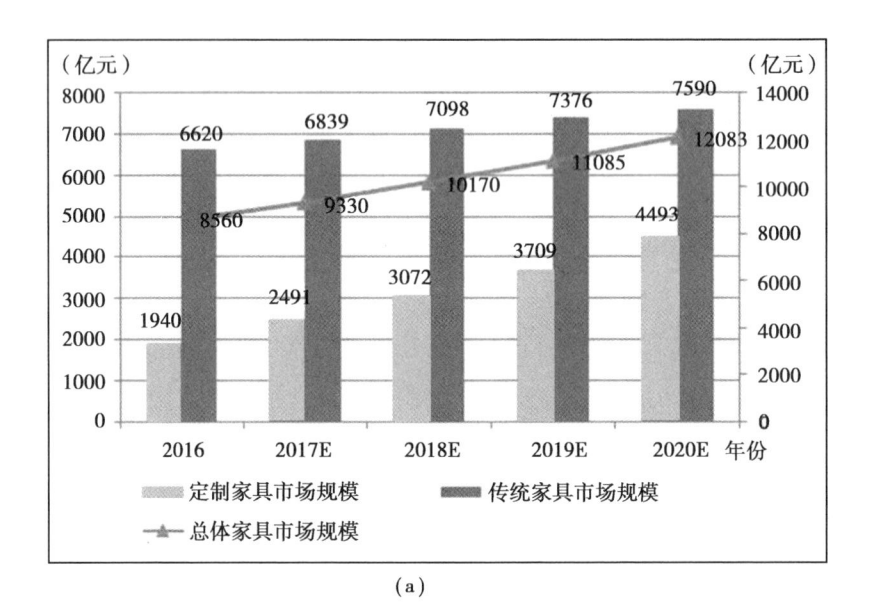

(a)

(b)

图2-7　家具行业市场总量变化

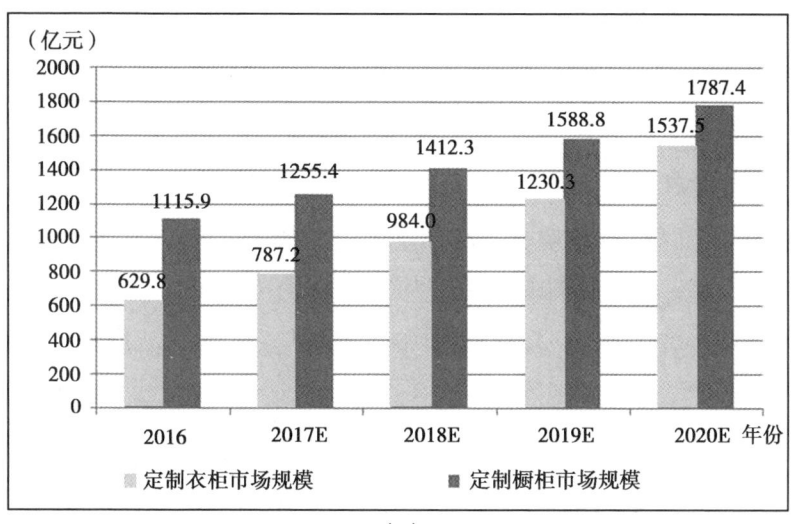

(a)

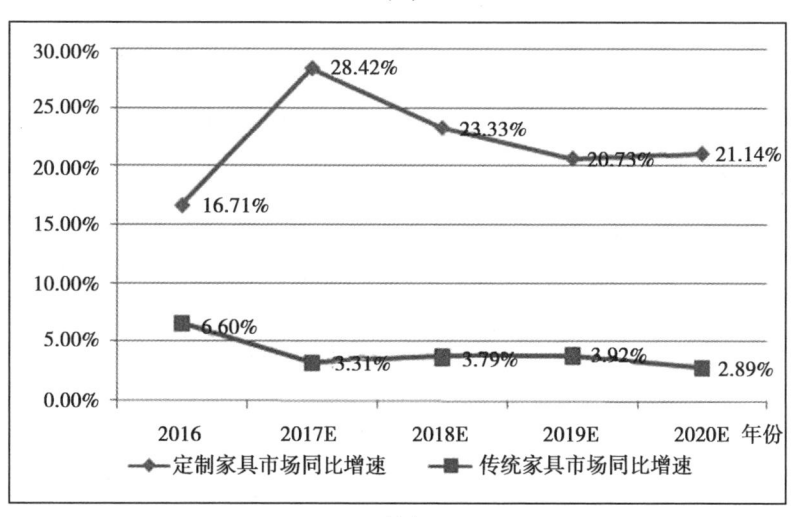

(b)

图2-8 家具行业细分产品市场容量变化

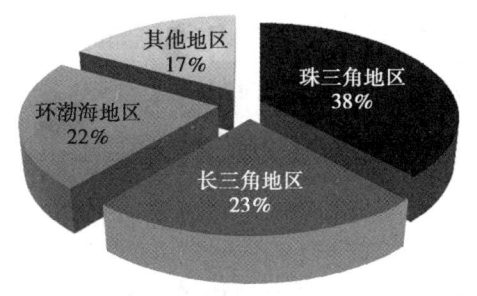

图2-9 五金铰链不同地区的市场容量占比

通过地区市场容量分析，可以发现哪些地区是细分产品的主要销量贡献地区，以及各个地区的销量增速。一般而言，成长中的地区市场蕴含机会，而衰退中的地区市场蕴含威胁。

对于主要贡献地区，应当充分地精耕细作，通过不断强化品牌优势，加强客户关系，建立牢固的市场地位；对于销量增速较快的地区，应当在人才和资金方面予以倾斜，进一步加快市场开拓，提升市场占有率；而对于增速很慢，甚至下滑的地区，则应当充分研究其背后的原因，根据情况进行产品投放和营销战略的调整。

需要注意的是，市场分析中的地区市场划分与销售管理中的市场划分标准并不一定完全相同。很多公司为了管理方便，会以省区市等行政区划为基础，划定对应的销售管理范围。但是市场分析中的地区是指客户群体、经济发展、社会环境、自然环境相近的地区，这与省区市的划分并不完全一致。例如，江苏南部在气候、人文、交通、经济发展方面与上海、浙江地区的相近程度，可能比与江苏北部的相似度更高。因此，在市场分析时，还应当从消费群体的视角来展开。

（4）消费群体市场容量及结构变化分析。对消费群体进行细分，是为了识别某地区某款产品的主体用户是谁。例如，某家具公司通过消费群体分析发现，旗下某款产品的主要用户为25~30岁的人群（占42%），其次为30~35岁的人群（占27%），两者合计占据近七成的市场份额（69%），显而易见，25~35岁人群是该家具消费市场的绝对主力，是行业的主要机会。公司的产品设计风格、营销策划均应该以该年龄段的消费群体为导向，并据此来规划相关的经营策略。

消费群体市场容量分析能够发现更加精准的行业机会，但是还不能成为市场策略制定的充分依据，因为对于不同的用户，其购买的决定因素有所不同，可能因为性别、收入水平、受教育程度的不同而呈现出不同的需求重点。以30岁左右的年轻人在新房装修中的家具需求为例，有些人更看重家具的质量和功能，而有些人更看重设计风格，还有人看重性价比，因此，需要对消费群体的特征进行分析。

2. 用户分析

用户分析是对产品目标消费群体的特征展开全面扫描，以提炼出用户的核心需求、购买动机、行为特征等。它既是以用户为中心的产品设计流程的第一步，也是企业理解用户，将用户需求与企业目标、商业宗旨相匹配，并精确定义产品的目标用户群的理想方法。

（1）用户选购因素及动机变化分析。主要调研用户在选购产品时所考虑因素的重要性变化情况。在当前时点上排在前三位的选购因素构成了产品在市场上的关键成功因素。成长中的因素对企业形成机遇，而衰退中的因素对企业造成威胁。例如，某家具产品2016—2019年在某地的选购因素变化曲线如图2-10所示。

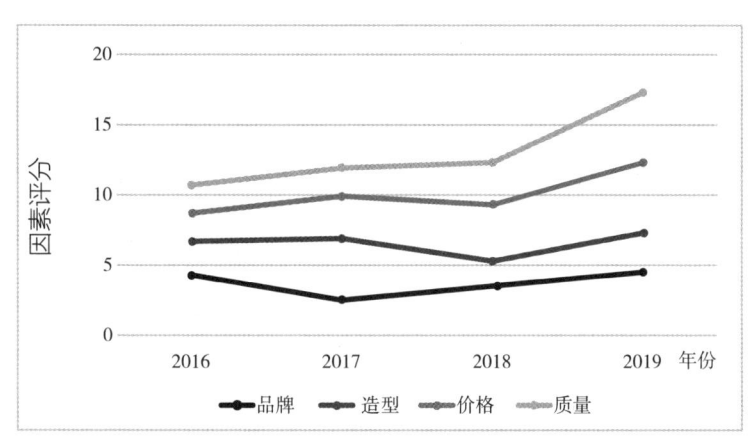

图2-10　某家具产品在某地的选购因素变化曲线

由上图可以看出，对于该地区的目标客户来说，最看重的是家具的质量和价格，尤其是2018年以来，质量和价格因素的重要性更加明显，而客户对品牌的重视程度则增长十分缓慢。因此，结合宏观环境分析可以预见，在2020年该地区的高性价比商品将贡献更大的销售额，而主打高端路线的奢侈品牌则不被看好。

（2）消费者行为的变化。消费者购买行为也称为消费者行为，是消费者围绕购买产品或服务所发生的一切个人行为。从形成消费需求，到购买商品或服务，直至完成消费评价，在消费过程的不同阶段，消费者有着不同的行为和心理活动。一般表现为以下五个阶段。①确认需要：消费者经过深思熟虑或接受刺激而产生某种购买需求。②搜集资料：消费者通过相关人员的影响、媒介物的宣传以及个人经验等渠道获取商品有关信息。③评估选择：对所获信息进行分析、权衡，做出初步选择。④购买决定：消费者最终做出购买决策。⑤购后评价：包括购后满意程度和复购意愿。

用户购买行为分析是在上述一般模型的基础上，结合本企业产品的特征，识别出本企业目标客户选购产品的重要影响因素，进而识别出关键成功因素。以家具的选购行为为例，如表 2-23 所示。

表 2-23　家具选购行为分析

购买行为	影响因素	关键因素识别
信息搜集	广告资讯 亲友口碑 随机事件	形象建立 卖点诉求
品牌选择	市场比较 宣传介绍	卖场建设 销售人员培训
最终购买	促销	促销形式

通过上表分析，可以识别出影响顾客购买行为的关键因素，从而明确年度经营计划中企业应当围绕哪些因素做重点的策略设计和资源投入。

为了更加精准地识别购买行为，需要在用户行为一般模式的基础上，结合本企业目标用户的特征，对用户行为的影响因素进行提炼。

（3）用户画像。用户画像（User Profile）是指根据用户属性、用户偏好、生活习惯、用户行为等信息而抽象出来的标签化用户模型。通俗地说，就是给用户赋予特定的标签，而标签是通过对用户信息进行分析而得出的高度精练的特征标识。通过标签来描述用户，可以更容易地理解用户，并且可以在线上运营中方便计算机处理。

在产品早期和发展期会较多地借助用户画像，帮助产品运营人员理解用户的需求，想象用户使用的场景。产品设计从为所有人做产品，变成为带有某些标签的 3~5 个人群做产品，不仅可以降低产品设计的复杂度，还可以极大地提升营销的精准性。

用户画像的数据内容包括但不局限于以下方面。

① 人口属性：包括性别、年龄等人口基本信息。

② 兴趣特征：浏览内容、收藏内容、阅读咨询、物品购买偏好等。

③ 位置特征：用户所处城市、所在居住区域、用户移动轨迹等。

④ 设备属性：使用的终端设备的特征等。

⑤ 行为数据：访问时间、浏览路径等用户在网站的行为日志数据。

⑥ 社交数据：用户社交相关数据。

在产品琳琅满目的时代，用户画像已经不仅是产品研发设计和客户运营的具体方法，而且是经营策略规划的前置工作。用户画像可以用于市场细分、产品优化、渠道拓展、运营提升、风险控制策略设计。对于每一个应用场景，都有不同的用户标签定义。如市场细分应用场景中，主要是客户的基本属性，包括性别、年龄、地域等；而风险控制应用场景中，主要是用户风险控制标签，包括黄牛标签、异常评分标签等。首先对用户群进行用户标签处理，根据不同的标签进行个性化策略设计，然后在运营层面进行决策运营，实现真正的客户导向。

用户画像有助于实现产品的清晰定位，形成独一无二的客户认知，并据此配套和调整相应的研发、生产、营销等运营模式，在人力资源方面有针对性地引进优秀人才，从而形成整体的、可持续的竞争力。

综上所述，行业环境分析不仅是竞争战略动态调整的依据，也是年度经营目标制定、策略设计、经营资源投放政策制定的依据，是经营分析中外部环境分析的重要内容。

除了宏观环境和中观环境外，一个系统的经营分析还包括企业自身的微观环境分析，正所谓"知己知彼，百战不殆"。

前沿动态：竞争优势理论是否已经过时

竞争优势理论于20世纪80年代由"竞争战略之父"迈克尔·波特提出，之后风靡全球。在当时的背景下，产业结构相对稳定，行业界限较为清晰，消费者的需求较为简单。但是，在如今相互连接和融合的市场动态竞争中，竞争优势理论是否仍然适用饱受争议。

1. 行业规则的改变

在快速变化的市场环境中，新兴市场不断涌现，行业界限变得越来越模糊，竞争者或者合作伙伴可以来自世界任何地方，甚至是任何领域，竞争或者合作将变得越来越不具有确定性。

另外，消费者对一体化、个性化定制等的需求越发强烈，不允许企业墨守成规。以客户为导向进行革新已成为很多企业在战略选择上的优先选项。

2. 协力业者的出现

英特尔前总裁安迪·格鲁夫（Andrew S. Grove）在波特五力分析模型的基础上，重新探讨并定义了产业竞争，提出了第六种力量：协力业者的力量。他认为协力业者指与自身企业具有相互支持与互补关系的其他企业，如电脑公司和软件公司。在互补关系中，该公司的产品与另一家公司的产品互相配合使用，可得到更好的使用效果。协力业者间的利益通常互相一致，彼此间的产品相互支持，并拥有共同的利益。

协力业者的出现打破了企业间以竞争关系为核心的格局。"模块化经济效应"是一个很好的例子。产业模块化是指某一行业一体化或产业的价值链结构逐渐裂变成若干独立的价值节点，通过各价值节点的横向集中、整合以及功能的增强，形成多个相对独立运营的价值模块制造者以及若干模块规则设计与集成者的产业动态分化、整合的过程。它是对传统产业组织形态的突破和创新，降低了进入和退出壁垒，促进了产业的竞争与重组，增加了产品多样化程度。

3. 跨界合作与价值共创成为"新玩法"

廖建文教授等在近几年提出了"生态优势"的概念。这里的"生态"是指具有异质性的企业、个人在相互依赖和互惠的基础上形成的共生、互生和再生的价值循环系统。如亚马逊 Kindle 不做内容出版业务，但是优秀出版商的电子书籍下载量会提升 Kindle 产品的号召力。一方的繁荣并不是以另一方的萧条为代价，而是你中有我、互惠互利。

企业的优势不仅仅来源于内部价值链活动的优化和资源能力的积累，还来源于对外部资源的有效利用，也就是企业组合商业生态圈元素，协调、优化生态圈内伙伴关系的能力。如图 2-11 所示。

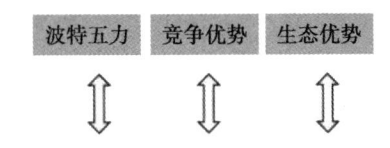

图 2-11　生态视角下的企业优势与利润来源

资料来源：廖建文，崔之瑜. 企业优势矩阵：竞争 VS 生态［J］. 哈佛商业评论，2016（7）.

此外，陈春花教授等重新定义了战略空间，从"竞争逻辑"转到"共生逻辑"。即想做什么——如何为行业重新定义；能做什么——不在于有没有资源和能力，而在于可以连接什么资源和能力；可做什么——不受行业限制，可以跨界。她认为波特最具有代表性的三个竞争理论——总成本领先、差异化与聚焦战略是属于工业时代的战略逻辑。在数字时代，战略逻辑需要改变，即一定不要想与对手竞争、怎样与对手比较，而是去思考如何与他人共生，以获取生长空间。她指出四个战略选择：①做一个连接器；②做一个重构者；③做一个颠覆者；④做一个新物种（见表2-24）。

表2-24 数字时代的战略选择

战略选择	定义	举例
连接器	同时在"跨界"和"连接"上寻求突破，但并不赋予行业新的意义或定义新的价值主张	得到（教育） 快手（工具/社交）
重构者	通过连接行业外部的新资源，给原有的行业带来新的格局和视角，但还在原有行业里"赋新"和"连接"，没有"跨界"	平安（金融） e袋洗（生活服务）
颠覆者	同时在"赋新"和"跨界"上突破，但不连接原有系统之外的其他资源或要素	滴滴（出行） 一条（内容）
新物种	同时在这三个维度上进行突破，全部都做	永辉超市（零售） 无人车（汽车）

资料来源：陈春花，廖建文.打造数字战略的认知框架[J].哈佛商业评论，2018（7）.

我们认为，波特竞争优势理论在数字时代仍然具有意义，而简单地回答"已经过时"或"没有过时"是草率的。

无论是新的规则、新的玩家、新的行业界限、新的商业模式、新的协力业者，还是新的产品的涌现，最终都会形成一个新的圈子（X）。在信息快速流通以及科技迅速发展的时代，在X里出现的"新玩法"只要不会垄断市场，是可以被竞争对手复制和模仿的，那么波特的竞争优势理论仍然具有重要意义。

此外，无论是大工业时代还是数字化时代，其竞争重点仍然是创造独特的产品和服务，想方设法地给顾客带来差异化的体验，满足顾客需求。同样，战略将始终侧重于价值管理，吸引客户并创造长期价值，这是基础。就像波特所说"创新是经济繁荣的核心"。竞争优势不仅仅在于定位，而在于超越竞争的表象去理解未来，去思考未来，去塑造未来。

第三节　微观（企业）环境分析

微观环境分析是对企业内部影响经营活动的各项重大要素进行的分析，既包括了企业竞争能力的分析，也包括了企业经营资源的盘点，还包括了企业利益相关方诉求的梳理。

一、经营复盘

"复盘"的概念源于围棋，指的是在下完一盘棋之后，要重新摆一遍，看看哪里下得好、哪里下得不好，对下得好和不好的都要进行分析和推演，以便找出失误，避免下次再犯。可复用的经验是组织的宝贵财富，而失败的教训有时候比成功的经验更宝贵，因此，复盘的核心是"重现过程，找出差距，总结经验教训"。其思维逻辑如图2-12所示。

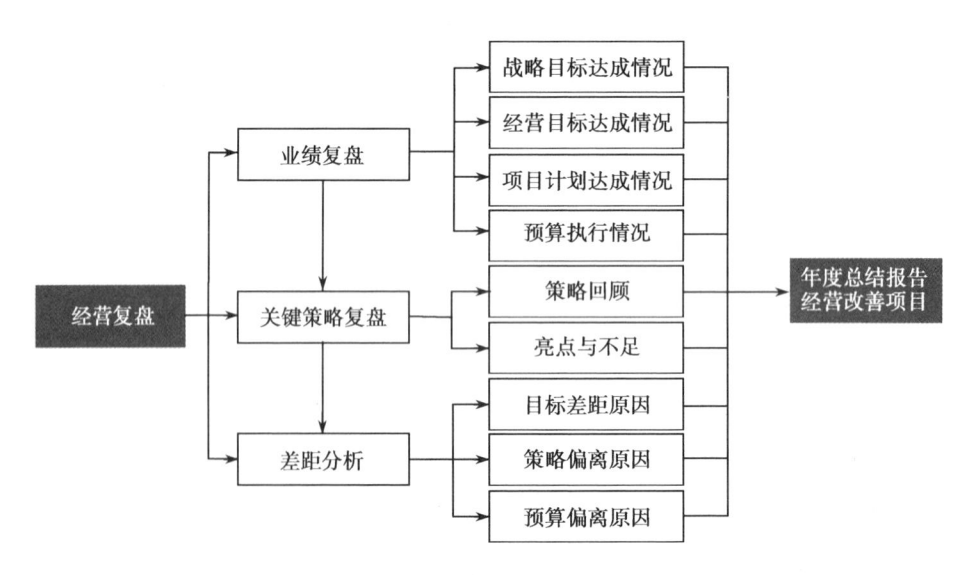

图2-12　经营复盘思维逻辑

上图的逻辑旨在回答以下几个关键问题。

（1）年初的目标完成情况如何？

（2）关键经营指标的业绩数据是多少？

(3) 为了完成上述业绩，运用了哪些策略和方法？

(4) 计划内容与实际情况的差距是多大？变化趋势如何？

(5) 是何种原因导致了计划的偏移？从中总结出：

① 哪些经验是可以复用的？

② 哪些教训是必须避免的？

③ 哪些差距是必须弥补的？

④ 哪些瓶颈是必须突破的？

⑤ 哪些问题是有待进一步分析的？

围绕上述问题，经营复盘通过四大步骤来完成，如图 2-13 所示。

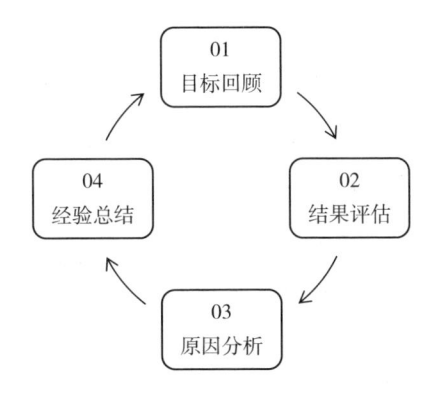

图 2-13 经营复盘四大步骤

第一，目标回顾：对要达成的目标、关键结果进行回顾。一是从结果出发，回顾当初制定的目标体系是否健全、科学；二是回顾目标体系的变更或修正历程，找出在目标项选择、目标值设定、目标衡量标准确定、阶段目标划分，以及目标责任分解等方面的工作有何亮点和不足。如果忽略了目标本身的科学性与合理性，则经营复盘的结论极有可能是错误的，甚至是有危害的。

第二，结果评估：对当年度的经营结果进行客观的评价。一是与年度目标对比，找出差距；二是与往年同期对比，找出变化趋势；三是对比当年度不同时期，如半年度、季度、月度经营数据变化情况；四是与竞争对手比较，找出竞争态势的变化趋势。

第三，原因分析：有果必有因，呈现结果就是为了寻找原因。一是找出良好结果背后的成功因素，分析主客观原因；二是深挖不良结果背后的根本原因，分析不良结果形成的过程。

第四，经验总结：对上述各类原因进行归纳总结，排除小概率事件，提炼出事业成功的一般规律，并形成下一年度的经营举措和行动计划。对于不适宜的措施，应当及时停止或优化；对于经验证有效的适宜措施，应当考虑继续纳入新一年度的经营策略体系；而对于更多的经营活动，则需要借此寻找新的方法和创新思路。

经营复盘的具体内容包括过去一年的所有重要经营活动。为了更加系统地开展工作，可以从四个方面对企业进行复盘。

1. 财务绩效评估

财务绩效评估是从相互关联的四个方面展开的，旨在复盘企业是否获得了高质量的经营回报，如图 2-14 所示。

复盘财务绩效的常用工具是杜邦分析模型（见图 2-15），必要材料是资产负债表、利润表、现金流量表，以及各项具体

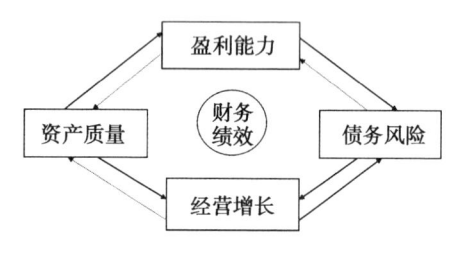

图 2-14 财务绩效评估

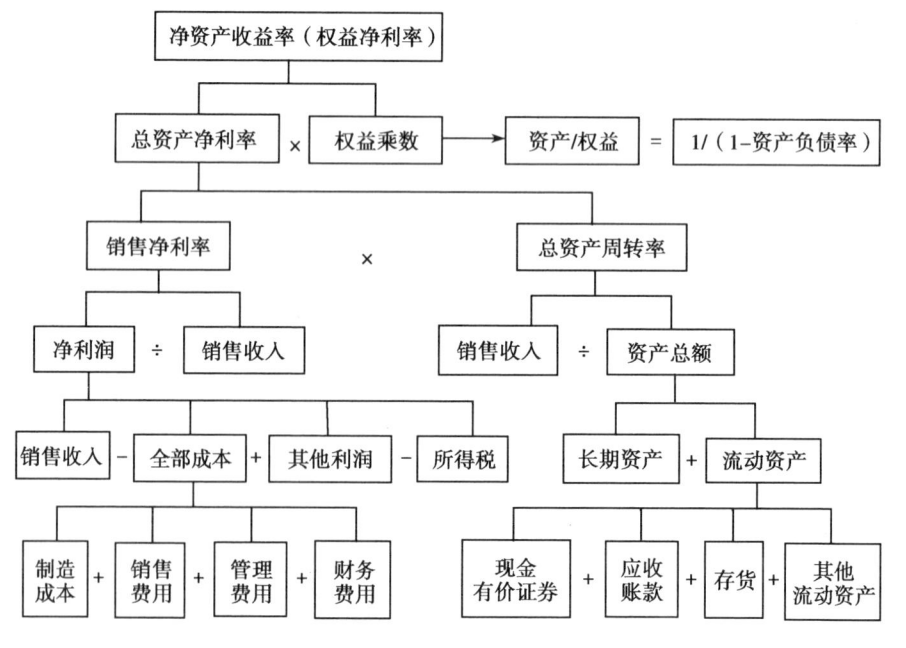

图 2-15 杜邦分析模型

的经营数据，分析结论通常以财务分析报告的形式呈现。

通过专业的财务绩效评估，最终目的是形成经营改善策略，从财务视角对企业运营提出改善方案。

2. 市场绩效评估

市场绩效评估不是关于销售额和毛利率等财务指标或销售指标的评估，而是以客户满意度、品牌影响力为核心的评估。如表 2-25 所示。

表 2-25　市场绩效评估

指标	指标值	XX 财年	第一季度	第二季度	第三季度	第四季度
交期达成率	标杆					
	目标					
	实际					
客户投诉处理及时率	标杆					
	目标					
	实际					
客户保持率/流失率	标杆					
	目标					
	实际					
新客户开发	标杆					
	目标					
	实际					
品牌宣传效果	标杆					
	目标					
	实际					

企业的财务效益来自市场和客户，客户满意度是销量增长的基础，客户和渠道的忠诚度是品牌影响力的体现。

3. 流程和企业成熟度评估

为了实现企业在客户和市场端的高效和专业，需要确保企业内部业务流程的成熟或持续改善。为此，企业必须动态地评估两类运营指标：一是与单个业务流程有关的"流程能动因素";二是与整个组织流程体系有关的"企业能力"。

迈克尔·哈默在《流程再造新工具：PEMM框架》中从流程的设计、执行者、负责人、基础设施和指标5个方面13个因素，对企业流程管理现状进行评估，将企业流程成熟度分为四个级别。通过评估可以显示企业在流程管理方面的水平，比较分析与标杆企业或者目标状态之间的差距，据此通过分析和规划提出改进的策略。

表2-26为流程成熟度评估模型，用于评估业务流程的成熟度，并确定如何改善流程绩效。P-1到P-4各列中的表述定义了每个"流程能动因素"的强度级别，对照这些表述，可以判断自己所评估的流程中各能动因素处于哪个级别。如果表述的情况大致正确（至少80%相符），则把对应的方格涂成绿色；如果勉强正确（相符程度介于20%~80%），则涂成黄色；如果不太正确（最多20%相符），则涂成红色。致力于提升流程绩效级别的企业需要注意：绿色格子表示这些能动因素不会阻碍流程的进展；黄色格子表示企业在这些方面尚有很大的改进余地；红色格子则表示这些问题阻碍了流程更趋成熟。

按照迈克尔·哈默的观点，要建设高绩效流程，需要企业具备四个方面的组织能力：领导力（Leadership）、文化（Culture）、专业技能（Expertise）和治理（Governance）。企业能力越强，流程能动因素就越强，也就能创造出更好的流程绩效。当企业觉得有必要将组织流程变革纳入年度重大项目时，就应当运用企业成熟度评估模型（见表2-27）对企业成熟度进行评估，评估人员应当包括变革计划的骨干成员。如果评估结果显示企业并不具备流程再造或组织变革的能力，则应当缩小范围，对某一部门或战略业务单元（SBU）进行评估，在条件具备的小范围内启动"改革"，再将其扩大到整个企业。

4. 组织发展与成长性评估

组织发展与成长性评估是为了检视员工的知识更新与组织的能力进化情况，确保企业发展的"元驱动力"能够满足未来持续经营的需要。

表2-28为组织发展与成长性评估结果的汇总表。企业可以根据所处阶段和业务特性来确定具体的各项评估指标，并对关键指标展开专项评估。

第二章 经营环境分析

表2-26 流程成熟度评估模型

要素		P-1	P-2	P-3	P-4
设计	目的	流程并非从头至尾重新设计，流程经理主要利用原先的流程部门来改善部门绩效水平	流程从头至尾重新进行了设计，以优化流程绩效	为了优化企业绩效，流程设计考虑了与企业内其他流程和IT系统的匹配	为了优化跨企业流程绩效，流程设计考虑了与客户和供应商流程的匹配
	背景	对流程的投入、产出、供应商和客户都进行了界定	对流程客户的需求有所了解，并已达成共识	流程负责人与其他衔接流程的负责人已就预期流程绩效达成共识	流程负责人与客户和供应商处衔接流程的负责人已就预期流程绩效达成共识
	记录	流程记录主要在部门内进行，但同时关注到公司内参与流程的各部门之间的关联	流程设计有从头至尾的全程记录	流程记录描述了该流程与其他流程的衔接状况，以及对其他流程的期望，并将该流程与企业的系统和数据架构相连接	流程设计电子化，支持了流程绩效和管理的改进，并为环境变化和流程重组的分析提供依据
执行者	知识	执行者能说出所执行流程的名称，并可指出流程绩效的关键衡量指标	执行者能够描述流程的整个运行过程，了解他们的工作会如何影响客户、流程中的其他员工以及流程的绩效指标绩效和实际绩效	执行者熟悉基本业务概念和企业绩效的动因，也能够描述他们的工作如何影响其他流程和企业绩效	执行者熟悉企业所在的行业及其发展趋势，也能够描述他们的工作如何影响跨企业流程和企业绩效
	技能	执行者善于运用解决问题和改进流程的方法	执行者善于团队合作和自我管理	执行者善于进行业务决策	执行者善于变革管理和实施变革
	行为	执行者在一定程度上对流程负责，但主要还是忠于其所在的部门	执行者会努力遵循流程设计，正确执行流程，并尽心配合流程的其他执行者有效开展工作	执行者努力确保流程产生预期结果，帮助企业实现目标	执行者善于查找流程中出现的问题，并提出流程改进方案

续表

要素		P-1	P-2	P-3	P-4
负责人	身份	流程负责人是以非正式的方式负责流程绩效改善的某个人或某群人	企业领导层设立了一个正式的流程负责人职位，并指派有影响力和威信的高级经理担任	在时间分配、精力投入和个人目标上，流程负责人优先考虑流程	流程负责人是企业最高决策层的成员
	活动	流程负责人能够界定和记录流程，并与执行者进行沟通，同时发起一些小型的变革项目	流程负责人能够清楚地阐明流程的绩效目标及未来远景，推动流程再造和流程改进活动，制订实施计划，确保流程按设计执行	流程负责人与其他流程负责人合作，整合所有流程，以实现企业目标	流程负责人为流程制订滚动式战略计划，参与企业层面的战略规划，并与客户和供应商的流程负责人合作，发起跨企业的流程再造活动
	权力	流程负责人游说大家采用新的流程，但只能鼓动部门经理进行流程变革	流程负责人可以组建一个流程再造小组，并实施新的流程设计，对流程新开发的技术有一定的控制权	流程负责人控制流程预算，以及任何会改变流程的项目，并对人事任命和人员评估，以及流程预算有一定的影响力	流程负责人控制流程预算，并对人事任命和人员评估有很大的影响力
基础设施	信息系统	由原来分散的IT系统来支持流程运行	构建一个基于各部门IT系统的整合体系，以支持流程运行	有一个集成式IT系统来支持流程，该系统根据流程需要设计，符合企业标准	支持流程的IT系统采用模块化架构，符合跨企业沟通的行业标准
	人力资源系统	对于流程工作中有助于优化部门绩效和解决部门问题的行为，部门经理予以奖励	流程设计决定了职责范围、工作描述和能力要求，工作培训基于流程管理记录来设计	招聘、培养、奖励和认可制度都基于流程执行结果，并与企业的需求相平衡	招聘、培养、奖励和认可制度都注重强化企业内部和跨企业的合作，强调个人学习和组织变革的重要性
指标	定义	流程有一些基本的成本和质量衡量指标	根据客户要求，为整个流程制定衡量指标	根据企业战略目标来制定流程衡量指标以及跨流程衡量指标	根据跨企业流程目标来制定流程的衡量指标
	运用	管理者利用流程衡量指标来跟踪流程绩效，查找绩效不佳的根源，并推动部门业绩的改善	管理者利用流程衡量指标，将自己的绩效与行业基准、业内最佳绩效、客户需求进行比较，并设定绩效目标	管理者以衡量指标来引导和激励流程执行者，并根据衡量指标制定流程管理规则，用于流程的日常管理	管理者定期评估和更新流程衡量指标和目标，并用于战略规划

资料来源：哈默. 流程再造新工具：PEMM 框架[J]. 哈佛商业评论, 2007 (10).

表 2-27　企业成熟度评估模型

能力		E-1	E-2	E-3	E-4
领导力	了解	企业高层意识到有必要改善运营绩效,但对业务流程的作用认识有限	至少有一位高管深入了解了业务流程的概念,知道企业可以如何利用业务流程来提高绩效,以及流程实施会涉及哪些方面	高管层从流程角度来审视企业,并为企业及其流程制定了愿景	高管层从流程角度来审视自己的工作,并将流程管理视为管理企业的一种方式,而不仅仅是一个项目
	协调	由中层管理人员来领导流程项目	由高管来领导流程项目,并对此负责	高管层对流程项目的看法高度一致,企业各层面都有许多员工协助推动流程再造	企业各级员工都对流程管理表现出极大的热忱,并在流程再造中发挥领导作用
	行为	由一位高管支持并适当参与流程改进	由一位高管从客户利益出发,开设定长远的流程绩效目标,准备好投入资源,进行深度改革,排除障碍,以达成这些目标	高管们以团队形式开展工作,公通过流程来管理企业,并积极参与流程项目	高管层成员以流程方式来开展自己的工作,以流程作为战略规划的重心,并在高绩效流程的基础上发掘新的商业机会
	风格	高管层开始自上而下的层级管理风格,向合作、开放、变革的风格转变	领导流程项目的高管层深信变革的必要性,并将流程作为变革的关键工具	高管层将控制权和职权授予流程负责人和执行者	高管层通过愿景和影响力,而不是命令和控制来发挥其领导力
文化	团队合作	团队合作见于项目工作中,其他场合合作较少,并非常规活动	企业内普遍通过跨职能项目小组来实施改进项目	团队合作是流程执行者的惯常方式,在管理者中间也是司空见惯	与客户和供应商进行团队合作已是屡见不鲜
	客户至上	员工普遍认识到客户至上的重要性,但对于其内在含义却不甚了解,在如何满足客户需求的问题上,也存在不确定和意见分歧	员工认识到客户至上的意义,他们工作的目的是创造卓越的客户价值	员工认识到,客户需要连贯的卓越服务和无缝式服务体验	员工致力于与交易伙伴进行合作,以满足最终客户的需求

第二章　经营环境分析　63

续表

能力		E-1	E-2	E-3	E-4
文化	责任	由管理者对结果负责	一线员工开始对结果负责	员工觉得自己对企业的经营结果负有责任	在服务客户和持续提升绩效上，员工有一种使命感
	对变革的态度	企业内部逐渐认识到进行适度变革的必要性	员工准备好对工作方式进行重大变革	员工准备好迎接重大的多层面变革	员工认识到变革是不可避免的，并认为这是一种正常现象
	员工	只有一小群人深知流程的作用	有一群专家拥有流程再造的实施、项目管理、沟通，以及变革管理等方面的技能	有一群专家拥有大规模变革管理和企业转型方面的技能	整个企业有大量员工拥有流程再造和实施、项目管理、计划管理和变革管理等方面的技能，企业还建立了一个发展和保持该技能基础的正式流程
专业技能	方法	企业使用一种或多种方法解决流程执行问题，并渐进地改善流程	流程再造小组拥有基本的流程再造方法	企业建立了一个正式的、标准化的流程再造模型，并将其与流程改进的标准程序进行整合	流程管理和流程再造已成为企业的核心能力，并已纳入一个正式的系统中，该系统包括了企业环境分析、变革规划、变革实施，以及以流程为中心的创新
	流程模式	企业确定了一些业务流程	企业开发了完整的流程模式，并得到了高管层的认可	企业流程管理模型已传达到整个企业，用于排定项目的优先顺序，并与企业层面的技术和数据架构进行连接	企业扩展其流程模型，与客户和供应商的流程相连接，并在流程模型的基础上制定战略
治理	责任	部门经理对绩效负责，项目经理对改进项目负责	流程负责人对单个流程负责，指导委员会则对企业流程的整体进展负责	流程负责人对企业绩效也负有责任	流程委员会是最高管理机构。流程执行者对企业绩效负责。企业与客户和供应商共同组建指导委员会，以推动跨企业的流程变革

续表

能力		E-1	E-2	E-3	E-4
治理	整合	一个或多个群体倡导和支持各种不同的运营改进方法	有一个非正式的协调机构负责的项目管理，指导委员会则负责为流程再造项目配置资源	有一个正式的项目管理办公室，由首席流程官领导，负责协调和整合所有流程项目。有一个流程委员会负责管理流程整合问题。企业从全局层面管理和部署所有的流程改进方法和工具	流程负责人与客户和供应商的流程负责人合作，以推动跨企业流程整合

资料来源：哈默. 流程再造新工具：PEMM 框架[J]. 哈佛商业评论，2007（10）.

表 2-28　组织发展与成长性评估结果汇总

指标	指标值	XX 财年	第一季度	第二季度	第三季度	第四季度
员工满意度测评	标杆					
	目标					
	实际					
培训有效性评估	标杆					
	目标					
	实际					
关键岗位人员胜任力评价	标杆					
	目标					
	实际					
新产品订货量	标杆					
	目标					
	实际					
新技术开发	标杆					
	目标					
	实际					

经营复盘的输出成果通常以企业年度总结报告的形式呈现。具体包括：绩效分析结论、瓶颈分析结论，以及经营改善项目管理建议。如图 2-16 所示。

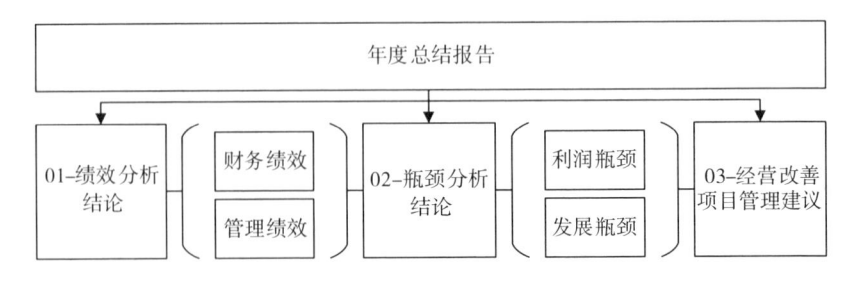

图 2-16　年度总结报告

复盘范围为财年第一个月至复盘当月，未结束的经营周期应根据变化趋势进行业绩预测。用于趋势分析的数据，应排除随机事件的影响；基于对比的分析，应选择有可比性的时间段进行参考，例如，由于受到新冠肺炎的深度影响，2020 年第一季度的经营数据应当做专项分析,而不应将其经营数据纳入历年趋势分析中。

前沿动态:员工满意度与组织绩效

员工满意度,从字面来看,指的是员工对工作和工作环境的满意程度。员工在工作中越快乐,工作环境越有利于轻松地完成工作,员工满意度就越高。

1. 员工满意度的影响因素研究

员工满意度通常被认为是对工作或工作经历进行评估而产生的一种愉悦或积极的情绪(Locke,1975)。员工满意度与许多组织现象密切相关,如动机、绩效、领导能力、态度、冲突等(Parvin & Kabir,2011)。

学术界关于员工满意度的研究很多,最早研究员工满意度的Hoppock(1935)认为可能影响员工满意度的要素包括疲劳、工作单调、工作条件和领导方式等,他更多的是从工作内容、工作条件等物质属性的角度定义员工的工作满意度。随着社会环境的变化,其缺陷日渐明显:员工满意度被不断证明并非主要取决于物质条件。后来,Friedlander等(1986)从社会环境和员工的心理动机出发,认为社会及技术环境因素、自我实现因素、被人承认的因素是员工满意度的主要观测维度。

在我国,许多学者根据国外学者的研究进行了员工满意度的本土化研究。例如,俞文钊(1996)通过对128名合资企业的员工进行研究发现,影响员工总体工作满意度的因素主要有七个:个人因素、领导因素、工作特性、工作条件、福利待遇、报酬工资、同事关系。邢占军等(2001)通过对国有大中型企业职工进行研究发现,员工的工作满意度主要由物质满意度、社会关系满意度、自身状况满意度、家庭生活满意度、社会变革满意度五个维度构成。中国科学院心理研究所的卢嘉等(2001)认为影响我国企业员工工作满意度的因素有五个:领导行为、管理措施、工作回报、工作协作、工作本身。

我们认为,影响员工满意度的维度有物质和精神两个方面。物质方面的要素包括以下内容。

(1)薪酬:薪酬水平是否有竞争力,薪酬机制是否公平公正。

(2)工作条件:是否有利于轻松便利地完成工作,并有助于保持或提升工作时的愉悦情绪。

（3）工作内容：是否有助于产生成就感、降低疲劳感，是否有助于专注地投入工作本身。

精神方面的要素包括以下内容。

（1）管理制度：制度是否科学合理，是否符合公平公正的基本价值观。

（2）企业文化：企业的愿景和使命是否对全员具有感召力，企业的价值观是否能够符合社会主流文化的向善导向。

（3）人际关系：企业上下级之间的沟通是否顺畅无碍，同事之间是否能够充分信任，形成默契。

2. 组织绩效研究

组织绩效是指组织在特定时期内任务完成的数量、质量、效率及盈利情况。组织绩效实现应在个人绩效实现的基础上，但是个人绩效的实现并不一定保证组织绩效的实现。衡量组织绩效的财务指标包括总资产周转率、流动资产周转率、收支比、资产回报率、净资产收益率、用人资本回报率等。

1965年，现代管理学大师斯坦利·西肖尔（Stanley E. Seashore）在《密歇根商业评论》上发表了他最著名的管理研究成果——《组织效能评价标准》。他认为，评估一个组织的绩效需要考虑三个不同层次的问题：一是组织长期总体目标的实现状况；二是由若干短期指标衡量的组织短期经营业绩，这些短期目标综合起来将确定组织的最终经营情况；三是从属性的子指标群所反映的当前经营状况，这些指标能及时反映朝向最终目标的进展或能反映达到成功的可能性大小。三类指标形成了一种金字塔形状的指标体系，一言以蔽之：企业的组织绩效是由以财务指标为核心的一系列业务指标反映的经营成果。

3. 员工满意度与组织绩效的关系

员工满意度和组织绩效之间的关系较为复杂，目前国内外对于两者之间的联系研究甚少。组织绩效不能简单地被视为个人绩效的总和，员工满意度也不完全能够直接带来个人绩效的提升。一些学者认为员工满意度与组织绩效之间存在因果关系，而另外一些学者认为两者之间不存在明显的因果关系。

观点 1：员工满意度与组织绩效之间存在因果关系

支持这一观点的研究如下。

（1）员工满意度较高的组织往往比员工满意度较低的组织更有效（Ostroff，1992）。

（2）哈佛大学的一项研究表明，员工满意度每提高5%，企业盈利随之提高25%。

（3）员工满意度与业务绩效指标、客户满意度和周转率有关（Ryan et al，1996）。

（4）员工满意度与组织绩效之间存在正相关关系，而绩效由生产率、利润、员工流失率和客户满意度等衡量（Harter et al，2002）。

（5）员工满意度对市场绩效有积极影响，这是通过每股收益进行分析的，而市场绩效对财务绩效有重大影响（Evans & Jack，2003）。

（6）较高的资产回报率和较高的每股收益与较高的员工满意度呈正相关（Schneider et al，2003）。

除上述观点外，也有人认为组织绩效的提高会反过来产生高的员工满意度。其代表人物是 Vroom（1964），他指出，良好的绩效会带来各种内在的和外在的回报，进而带来满足感。

观点 2：员工满意度与组织绩效之间没有明确的因果关系

Bakotić 等（2013）对克罗地亚40家公司进行了实证研究，针对员工满意度和组织财务指标之间的关系调查了5806名员工，研究结果表明员工满意度与组织财务指标之间存在正相关关系，但是两者的关联强度较低。这是由于公司内部或外部存在许多不同的因素，它们对组织绩效的直接影响要强于员工满意度。实际上，在很多劳动密集型企业，无论公司的成功程度如何，工人们所获得的薪酬总体相差并不大，因此组织绩效与员工满意度之间的关系并不明显，这是管理机制本身的缺陷造成的。

到目前为止，有关员工满意度与组织绩效之间关系的研究还存在以下困难和不足。

（1）员工满意度与组织绩效是两个非常复杂的变量，它们的影响因素、关系也非常复杂。

（2）员工满意度是一个较为抽象的概念，因此样本数据的有效性很难掌控。

（3）员工满意度是不稳定且易于变化的，这增加了测量的难度。

（4）衡量组织绩效时，很多研究只使用财务指标，而忽视了对非财务指标的分析和研究。

（5）很多研究并未对员工满意度与组织绩效进行长时间的研究和监控，结论说服性不足。

员工满意度与组织绩效关系的研究基于这样的假设：将组织绩效目标逐层分解到每位员工身上，只要每一个人在规定时间内达到了所分配的目标，通常情况下就能确保组织绩效目标的实现。

根据双因素理论，员工满意度越高，工作积极性越大，个人绩效目标就越有可能实现。由此来看，员工满意度与个人绩效具有强相关性，但是难以形成确定的关系函数。尽管如此，员工满意度仍然在一定程度上影响着组织绩效，且在其他影响因素不变的前提下，员工满意度高的公司一定比员工满意度低的公司更成功。

二、利益相关方分析

过去一年的经营结果是企业各类利益相关方共同创造出来的，当经营绩效的结果回顾完成后，就会对利益相关方的诉求产生影响。因此，准确全面地识别企业的利益相关方，对其诉求进行梳理，有助于在来年的经营目标上达成一致，也有利于降低重大经营策略的实施难度。

企业的利益相关方是指企业的经营活动或经营效益对其有重要利益影响的个体和组织，包括企业的股东、债权人、员工、客户及供应商等，也包括政府部门、本地居民、本地社区、媒体及环保组织等。这些利益相关方与企业的生存和发展密切相关，他们有的分担了企业的经营风险，有的为企业的经营活动付出了代价，有的对企业进行监督和制约，企业的经营决策必须要考虑他们的利益诉求和意见。

1. 利益相关方的识别

米切尔评分法是一套简单易行又科学有效的利益相关方识别方法，其由美国学者 Mitchell 和 Wood 于 1997 年提出。米切尔评分法认为，要成为一个企业的利益相关方，至少要符合以下一个维度，如图 2-17 所示。

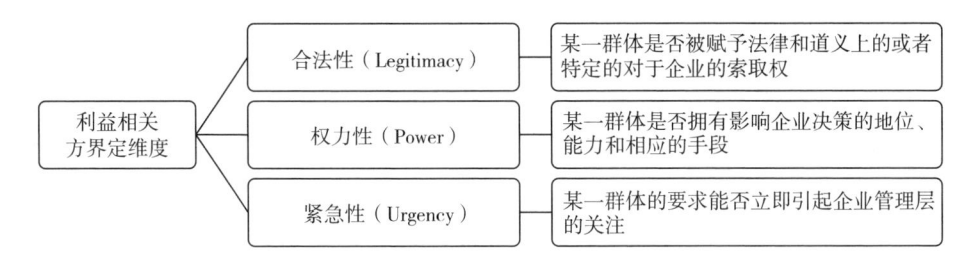

图 2-17 利益相关方界定维度

根据上述维度的符合程度,可以将利益相关方分为三类:确定型利益相关方、预期型利益相关方、潜在的利益相关方。如表 2-29 所示。

表 2-29 利益相关方识别

类型	合法性	权力性	紧急性	说明
确定型利益相关方	√	√	√	为了企业的生存和发展,企业管理层必须十分关注他们的愿望和要求,并设法满足。典型代表:股东、员工、顾客
预期型利益相关方	√	√	—	希望受到管理层的关注,也往往能够达到目的,在有些情况下还会正式地参与到企业决策过程中。这些群体可能包括投资者、员工和政府部门
	√	—	√	这类群体要想达到目的,需要得到另外的更强有力的利益相关方的拥护,或者寄希望于管理层的认可。他们通常采取的办法是结盟、参与政治活动、改变管理层的认知等。典型代表:当地社区、本地居民
	—	√	√	危险的利益相关方,常通过暴力来满足要求。如矛盾激化的员工发动罢工,环境主义者组织示威游行等抗议活动,政治和宗教极端主义者发起恐怖主义活动等
潜在的利益相关方	√	—	—	随企业的运作情况而决定是否发挥其利益相关方的作用。典型代表:接班人
	—	√	—	处于蛰伏状态,当他们实际使用权力或威胁将要使用这种权力时被激活成一个值得关注的利益相关方。典型代表:媒体、银行
	—	—	√	令人烦躁但不危险,麻烦不断但无须太多关注

由于企业和利益相关方的关联因素是不断变化的,因此利益相关方的分类是动态的,任何个人或者群体获得或失去某些属性后,就会从一种类型转化为另一种类型。

2. 利益相关方核心诉求梳理

不同的利益相关方对企业的诉求和影响相差甚远。为方便企业经营计划工作的开展，通常从外部和内部两个方面对利益相关方的核心诉求进行梳理。如表2-30和表2-31所示。

表2-30 外部利益相关方核心诉求梳理

主要外部利益相关方	核心诉求	满足情况	差距	满足策略
政府	经济增长			
	就业岗位			
	产业带动			
	税收			
	环保			
客户	产品功能			
	产品价格			
	客户体验			
供应商	订货量			
	成本与账期			
	长期合作			

表2-31 内部利益相关方核心诉求梳理

主要内部利益相关方	核心诉求	满足情况	差距	满足策略
股东	稳健经营			
	投资回报			
高层	价值体现			
	长期激励			
中层	职业发展			
	经济收入			
研发人员	平台支持			
	创新成就			
营销人员	经济收入			
	个人成就			

续表

主要内部利益相关方	核心诉求	满足情况	差距	满足策略
生产人员	经济收入			
	工作环境			
新员工	学习机会 发展前景			

企业可以根据自身实际，以及年度经营的重点项目规划来定义和细分利益相关方的核心诉求。例如，同为政府诉求，中央政府与地方政府的诉求可能侧重不同，地方政府中的省市部门与镇街的诉求也有所差别。

理想的经营结果是企业所有利益相关方的诉求都得到了满足，但是现实中，由于企业资源的稀缺性和外部环境的复杂性，往往导致无法满足所有人的诉求。因此，在制订经营计划时，企业要从较为保守的局面出发，对利益相关方进行分类，识别出哪些利益相关方的诉求需要优先予以满足。

3. 利益相关方的影响分析

从"利益相关方对企业的影响力"及"企业对利益相关方的满足能力"两方面，可以构建利益相关方影响分析矩阵（见表2-32）。影响力是"合法性＋权力性＋紧急性"的总和，是利益相关方实力的体现。

表2-32 利益相关方影响分析矩阵

		企业对利益相关方的满足能力	
		高	低
利益相关方对企业的影响力	小	安全	潜在风险
	大	机遇与潜在风险并存	高风险

根据上述矩阵，利益相关方可以分为四类。

（1）影响力小且企业很容易就能满足其诉求的利益相关方。这类利益相关方对企业的经营是安全的。

（2）影响力大且企业很容易就能满足其诉求的利益相关方。这类利益相关方对企业而言是一种机遇，其在适当的时机能够帮助企业在经营中增加竞争优势；

但是，正是由于其影响力强大，也可能在企业的具体经营中形成不同意见，从而造成干扰，尤其是其作为外部利益相关方时，对企业的要求和意见可能增加企业的经营压力，或增加沟通成本。因此，这是一类机遇与潜在风险并存的利益相关方，企业应当给予高度关注。

（3）影响力小且企业比较难以满足其诉求的利益相关方。对企业而言，这类利益相关方是一种潜在的风险，其诉求在特定的触媒作用下可能对企业经营形成干扰和负担。

（4）影响力大且企业比较难以满足其诉求的利益相关方。这类利益相关方是企业的高风险因素，很可能造成企业经营计划无法正常实施，企业应当给予密切的关注，并做好相应的风险预判和应对方案。

企业的价值源于众多利益相关方的认可和支持，企业应将建立有效的利益相关方沟通机制作为年度经营计划的重要内容，以便与利益相关方进行更积极、广泛、深入的交流和沟通。应主动倾听利益相关方的期望和诉求，并将重要的反馈意见融入公司经营策略之中。

佳能（中国）在这方面做出了良好的表率，通过表2-33可以看到其有关利益相关方的清晰规划。

表2-33 佳能（中国）利益相关方期望与回应措施

利益相关方	对企业的期望	佳能（中国）的回应措施
行政机关和政府机构	• 贯彻宏观政策 • 诚信守法经营 • 依法纳税 • 带动就业	• 参与政策、规划调研与制定 • 依法合规经营，严格执行零不诚实（ZD）文化 • 专题汇报 • 接受监督和考核
教育和研究机构	• 开展合作	• 社会责任培训与调研 • 为高校教学提供支持
非营利组织	• 保持密切联系，信息共享	• 参与和组织社会贡献活动，保持沟通渠道畅通

续表

利益相关方	对企业的期望	佳能（中国）的回应措施
环境	• 遵守环境法律法规 • 环境保护 • 节能降耗 • 生产绿色产品 • 循环经济	• 建立环境管理体系 • 开展环保培训与宣传 • 践行环保公益 • 环境信息公开 • 全生命周期环境管理
客户	• 提供优质产品 • 优化客户服务 • 保护客户信息安全 • 本地化产品和服务	• 深耕本土，持续创新技术 • 制定质量管理体系 • 建立全方位的服务网络 • 开展客户满意度调查 • 提供专业解决方案
股东和投资者	• 持续创造价值的能力 • 良好的信息披露 • 保护中小投资者的权益 • 廉洁的商业环境	• 建立董事会，召开股东大会 • 保证企业信息公开透明 • 建立投资者关系管理体系 • 强化合规和内控体系
供应商和经销商合作伙伴	• 遵守商业道德 • 公开、公平、公正采购 • 互利共赢、共同发展 • 扶持供应商和合作伙伴成长	• 制定公平、透明的采购政策 • 严格审核与认证 • 加强沟通，搭建交流平台 • 组织开展相关培训，给予多方面支持
员工	• 员工基本权益保障 • 关注员工职业发展 • 员工关爱 • 生活与工作平衡	• 制定并执行职业健康安全管理体系 • 建立长效的人才培训机制 • 建立工会 • 开展员工文化娱乐活动 • 关怀特殊员工
地区和社会	• 加强沟通与交流 • 开展社会贡献活动，支持公益事业 • 民族文化振兴 • 健康行动	• 持续开展"影像公益" • 开展影像文化交流和传播活动 • 组织社会公益活动 • 组织志愿者活动
其他企业	• 公平竞争 • 开展战略合作	• 反对商业贿赂 • 签订战略合作协议

资料来源：佳能（中国）官网。

三、企业竞争力分析

企业竞争力是指在竞争性市场条件下，企业通过培育自身资源和能力，获取外部可寻资源，并综合加以利用，在为顾客创造价值的基础上，实现自身价值的综合性能力。企业竞争力分析是基于价值链和商业模式，对企业竞争优势的分析。

1. 价值链分析

价值链分析由迈克尔·波特于1985年首次提出，它是对顾客价值产生的"链条"进行梳理。从原材料作为投入资产开始，直至产品或服务到达顾客完成销售为止，其中做出的所有价值增值活动都可作为价值链的组成部分。价值链分析旨在找出这些增值活动及其相互依赖的关系，明确企业的各项活动如何创造价值，之后重点针对价值洼地和薄弱地带，通过应用信息技术、金融方案等，发挥这些要素的杠杆作用和乘数效应，以增强企业的竞争能力。如图2-18所示。

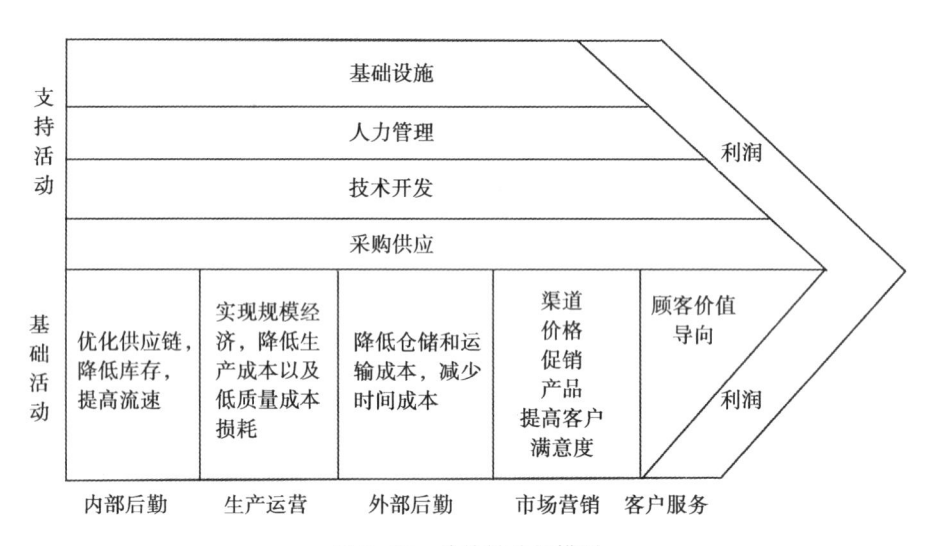

图2-18 价值链分析模型

从企业微观视角来看，价值链分析主要针对企业内部增值活动。实践中，价值链分析一般不会局限于企业内部，而是与行业分析相结合，从产业视角来审视价值产生的核心环节、核心企业，以及重点节点环节与节点企业。因此，价值链的范畴包括从核心企业内部向后延伸到供应商，向前延伸到分销商、服务商和客户之间的价值路径。由于价值链中作业之间、公司内部各部门之间、公司和客户之间以及公司和供应商之间的各种关联会影响整体价值链的业绩，因此应当制定具体的措施进行协调、管理和控制，从而提高企业整体竞争力。如表 2-34 所示。

表 2-34　价值管控措施

类型	价值领域	价值洼地	增值方案
基础活动	生产运营		
	内部后勤		
	外部后勤		
	市场营销		
	客户服务		
支持活动	基础设施		
	人力管理		
	技术研发		
	采购供应		

前沿动态：价值网是什么

"价值网"这一概念最早由 Adrian Slywotzky 在《利润区》(*Profit Zone*) 一书中提出，他认为："由于客户需求的增加、互联网的影响以及市场的高度竞争，价值链具有越来越多的增值环节，并且结构变得更加复杂和多样化。企业应将价值链理论和战略管理思想相融合，从而树立以顾客需求为主导的价值网理念。"美国学者大卫·波维特在《价值网》(*Value Nets*) 一书中指出："价值网是一种新业务模式，它将顾客日益提高的苛刻要求与灵活及有效率、低成本的制造相连接，采用数字信息快速配送产品，避开了代价高昂的分销层；将合作的提供商连接在一起，以便交付定制解决方案；将运营设计提升到战略水平，适应不断发生的变化。"

西南财经大学罗珉和李亮宇在《互联网时代的商业模式创新：价值创造视角》一文中指出，价值链是工业经济时代的价值创造载体，而价值网是互联网时代的价值创造载体和经营模式。他们认为，与价值链不同的是，价值网经营模式依靠中介技术来联结顾客,通过促进厂商与顾客的价值互动和价值协同来为顾客创造价值。相对于传统价值链的线性思维,价值网不仅考虑一种静态的线性经济活动,还考虑动态的网络经济活动,一并实现虚拟和实体的紧密结合。另外,价值链一般都是以厂商的资源或经验、知识的单一维度来实施价值创造的,而价值网更强调要从厂商和消费者社群两个维度来考虑价值创造。

综合国内外各类观点发现,目前无论是学术界还是企业界,对"价值网"是什么尚未形成广泛的共识或权威的定义。比较普遍的观点认为,价值网的出现是因为价值链理论已经不能解释互联网时代的商业形态。这种观点想当然地将价值链当作了一条单向不可逆的"链条"。我们认为,"价值网"并不是"价值链"的替代者或升级版,而是"价值链"的网状形式。价值链是一种立体的客观存在,并非书面上展示的图形模样,互联网作为一种连接器,将价值链中的各方重新连接起来,本质上并没有改变价值创造的逻辑。

2. 商业模式分析

商业模式分析是从商业逻辑出发,厘清一个业务经营单位的运作模式和盈利模式,发掘并强化其能够在竞争中立于不败之地的壁垒。我们通常采用"商业画布"对商业模式进行剖析,如图2-19所示。

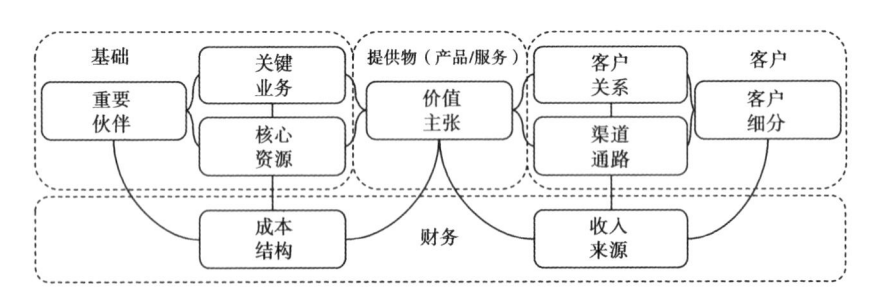

图2-19 商业画布

商业画布从4大板块9个维度描述了企业创造价值、传递价值、获取价值的基本原理。

(1)价值主张。价值主张体现了公司对于用户而言存在的意义:企业通过其产品和服务能够向用户提供何种利得?满足了目标客户的何种需求或期望?为客户解决了什么问题,或消除了什么痛点?

以一台豪华商务轿车为例,其价值主张往往是多个方面的。首先,作为交通工具，其能够为尊贵的客户或其他乘坐人员提供舒适的驾乘体验，增加旅途的愉悦感，降低疲劳感。其次，作为效率管理辅助工具，其质量上乘，降低了故障率，为车主提供了随时随地可靠出行的便捷性，减少了车主的时间浪费。最后，作为社交媒介，其所代表的文化充当了商务场景中的沟通桥梁，有助于在同一品牌文化的拥趸者之间形成共同的话题。豪华品牌本身也是一种身份符号，有助于彰显车主的实力和追求，从而增强车主与对方的信任感。如果豪华商务轿车用于接送客户，又表达了企业对客户的尊重。因此，豪华商务轿车的价值主张离不开其作为交通工具的基本价值，但是更重要的是其附加价值。

（2）关键业务。关键业务是支撑商业模式有效运作的一系列重要活动，主要活动类型有生产型活动、问题解决型活动和资源整合与链接型活动。如图2-20所示。

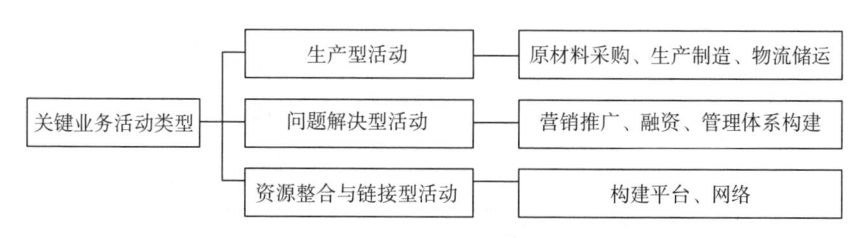

图2-20 关键业务活动类型

设计商业模式的时候，应当确定对应的关键业务活动，这些活动既是构成价值主张的基础，也是影响成本的要素。在一个企业中，可能同时包含上述三种活动，也可能包含其中的一两种。

以生产型活动为主的商业模式以制造业为代表，主要以向客户提供产品这一价值载体为目标，包括产品的设计、制造、储存运输，标准化程度高，规模化效应明显。

以问题解决型活动为主的商业模式以服务业为代表，如投资、咨询、营销策划等，主要以帮助客户解决对应的难题为目标。这类商业模式的定制化特点比较突出，边际成本降低幅度有限，因此规模化优势不明显。

以资源整合与链接型活动为主的商业模式以平台经济为代表，其通过网络将不同行业、不同领域的资源链接起来，产生新的价值。这类商业模式需要可靠先进的技术和庞大的市场规模做支撑，通过资源和能力的整合，往往能实现颠覆性的效果和多赢的目标。

（3）核心资源。分析商业模式有效运作所需的核心能力和资源是什么，它们的组合能否构成企业的核心竞争优势。在资源盘点中，分析关键资源的特性有四个维度，这也是评估核心竞争力的四个标准：第一，资源和能力是有价值的吗？第二，资源和能力是稀缺的吗？第三，资源和能力是难以模仿的吗？第四，资源和能力是不可替代的吗？

根据上述四个维度，对本企业的核心资源进行评估，可以得到四种组合，每种组合对应的竞争优势不同，资源的业绩回报也不同，如表 2-35 所示。

表 2-35　衡量持久性竞争优势的四种标准组合

资源和能力是否有价值	资源和能力是否稀缺	资源和能力是否难以模仿	资源和能力是否不可替代	竞争后果	业绩评价
否	否	否	否	竞争无优势	低于平均回报
是	否	否	是/否	竞争对等	平均回报
是	是	否	是/否	暂时的竞争优势	平均回报至高于平均回报
是	是	是	是	持久性的竞争优势	高于平均回报

资料来源：希特，爱尔兰，霍斯基森. 战略管理：竞争与全球化（概念）[M].8 版. 吕巍，等译. 北京：机械工业出版社，2009.

根据资源分析的四种竞争后果和业绩评价结论，企业就可以明确应当在哪些资源的哪些特性方面加大投入，引进哪些战略性的资源，从而将企业的整体竞争优势提升一个层次。

（4）重要伙伴。绝大多数商业模式的有效运作要依赖重要的合作伙伴，包括供应商、经销商、品牌加盟商、外协加工商、联合组建的研发中心等。现代企业的竞争已经不是单个企业之间的竞争，而是产业链与产业链之间的竞争，企业不太可能脱离合作伙伴独自向客户提供价值。

分析重要合作伙伴，我们要回答的问题是：我们为什么需要合作伙伴？我们的关键合作伙伴是谁？我们从合作伙伴那里获得什么核心资源？我们的合作伙伴从事什么关键活动？我们的哪些合作伙伴决定了业务的核心竞争优势？本企业商业模式中的哪些主要环节必须通过合作伙伴完成？其中，为什么需要合作伙伴是检讨商业模式的抓手。

很多情况下企业选择引入合作伙伴来协助完成客户价值的创造和交付，主要有以下原因。

① 将自己不擅长的部分工作外包给专业机构，能够迅速弥补短板，提升总体的运营绩效。但是需要注意的是，本企业创造商业价值的核心工作应当掌握在自己手中。

② 面对投入巨大的业务计划，联合其他有实力的企业组成联合体，可以分担风险，实现抱团发展。

③ 通过与区域性的龙头公司合作，利用现成的渠道通路进入特定的区域市场，能够避免重复建设和同质化竞争，同时加快市场布局速度。

合作伙伴分析可以帮企业更好地梳理竞争优势的来源，进而找到更快捷的优势塑造路径。

（5）客户关系。客户关系是企业与客户群体之间建立的利益关系和情感关系。对于不同的商业模式，其客户关系的类型和深度各不相同，维护成本也不同。

按深度分，客户关系可以分为以下四个层次。

① 普通交易关系：公平买卖。

② 优先供应关系：客户可享受VIP待遇，走绿色通道获得优先供应。

③ 合作伙伴关系：企业与客户之间在高度互信的基础上，长期稳定地合作。

④ 战略联盟关系：企业与客户之间是目标一致的战略合作关系，甚至会相互参股或合资经营。

按企业与客户的互动方式分，客户关系可以分为以下四种类型。

① 助理型关系：企业的客户代表或销售人员基于业务关系进行客户关系维护。

② 自助服务型关系：客户在企业的平台上自主下单、跟进交付进度，企业主要针对异常情况进行分析和处理。

③ 社区社团型关系：客户深度参与到企业的产品设计、营销推广等环节，企业与客户的关系并不局限于交易关系，不随着交易的结束而结束。

④ 双重身份型关系：在以互联网用户原创内容（User Generated Content，UGC）为代表的业态中，内容的生产者同时也是内容的消费者，客户具有了双重身份。在国内，从早期的百度贴吧，到后来的微博、知乎，至今日的微信、抖

音，均是这一类关系的典型代表。

明确客户关系的类别和特点，有助于企业找到客户关系提升的方向，制定更科学的目标体系。

（6）渠道通路。渠道通路是企业产品或服务抵达目标用户的路径，是产品分销、市场开拓、品牌建设的基础。通过分析渠道通路，可以预见一种商业模式的竞争力。具体分析内容如下。

① 渠道风格与品牌调性是否匹配，这将影响客户对品牌的认知。

② 渠道覆盖的广度，这将影响业务的规模。

③ 渠道的促销能力，这将影响客户的购买决定。

④ 渠道的服务能力，这将影响产品的交付和客户体验。

⑤ 渠道的客户运营能力，这将影响客户的转化和复购。

一种价值主张是通过特定的渠道到达客户的，渠道更广、更短，对客户的响应更灵敏，业务对市场的反应就更快，该模式就更有竞争力。

（7）客户细分。一种商业模式应当对市场进行细分，基于用户画像确定的具有共性的目标客户群体，明确谁是真正重要的客户，以及企业要为谁创造价值。常见的市场类型包括大众市场、利基市场和多边平台。

大众市场是指客户需求大致相同，不同细分客户之间没有太大区别的市场。一些基本的生活必需品面对的主要是大众市场。面对这类市场，首要考量的因素不是差异化，而是市场共性的需求。

利基市场是指只针对一个细分领域的小市场，而且通常是优势企业忽略和放弃的市场。一些主流产品的周边产品往往面对的是此类市场，如鼠标、手机壳等。

多边平台是集合多个细分客户群体，产生多个收益流，且相互依赖的平台。如腾讯公司作为一个平台型连接器，通过QQ和微信两大平台连接了各个年龄阶段、各种职业的多个细分客户群体，并依托这一平台孵化了广告、游戏等多种盈利模式。

面对不同的细分市场类型，采取不同的竞争战略才是明智、可行的。

（8）成本结构。实现产品价值的各类必要投入项目所占成本费用的比例，决定了该商业模式的竞争优势方向。根据"变动成本"和"固定成本"的不同比例，可将实现竞争优势的生产方式分为以下三种。

① 规模经济。通过扩大单品生产规模，成功降低单个产品的固定成本占比，实现边际收益的增加。

② 范围经济。通过不同产品共享设备和基础设施，实现混业经营或多元化经营，成功提升资源利用率，从而获得总投资回报的增加。

③ 适度规模经济。通过将产量控制在一个合理的范围，从而以较少的投入获得最高的利润率。

具体采取哪种方式，应当由企业的发展战略和竞争战略决定。从成本结构角度分析，有利于选择最合适的方式。

（9）收入来源。从企业内部投资的角度看，商业模式是一套将资源转化为用户价值，进而转化为企业收入的机制。收入来源分析就是搞清楚客户愿意为什么价值付费，客户当前是如何付费的，有没有让客户更加便利和低成本的付费方式。通常，企业的收入来源可能有好几种类型，下面以一家书店为例来解释说明。

① 商品销售收入：通过提供客户所需的商品和服务，以交易方式获得营业收入，这是最常见的收入来源类型。例如，书店的图书销售收入。

② 计费使用：企业提供某种产品供客户使用，而非销售给客户，并向客户收取费用。例如，书店为读者提供文献查询平台，向读者计时收费。

③ 订阅费：企业提供可预期的内容，客户付费阅读。例如，书店提供最新书籍的连载更新，向读者收取订阅费用。

④ 会员费：企业按年度、季度或月度等周期收取一定的会员费用，将产品和服务组合打包，以更加优惠的方式卖给忠实客户。例如，书店面向常购客户办理会员卡。

⑤ 特许经营费/授权费：企业将自己的品牌或资质授予符合条件的其他企业，进而收取费用。例如，书店在其他区域发展加盟商，收取加盟费。

⑥ 广告费：企业凭借自身拥有的信息分发能力，发布宣传广告，收取广告费用。例如，书店向自己的特定客户群发布精准广告，或在店面张贴文化活动宣传海报，从而收取广告费。

收入来源的类型可以多样、机制设计可以复杂，但是在客户接触界面应当简单直接。在互联网时代，企业跨行业整合资源的可能性比以往更大，通过将不同需求的相关方整合在一起，彼此实现资源互补，参与的各方企业都获得收入，而终端用户完全免费的情况比比皆是。因此，企业应定期盘点自身的商业模式，分析收入来源类型的变化情况，明确哪些收入来源为公司做出了更大的贡献，哪些收入来源具有更大的增长潜力。

今天，商业模式的变革已经层出不穷，新兴产业通过新的商业模式正在颠覆传统的商业模式，传统产业唯有加强商业洞察，部分或者全部地重塑自身的商业模式，才能获得竞争优势。此外，无论是新兴产业的企业，还是传统产业的企业，其商业模式能够运行的基本条件是建立起自己的战略壁垒。

常见的壁垒有以下三类。

第一，认知壁垒。即在细分市场进行战略定位，突出差异化特色，通过品牌营销，积累本公司产品在客户心中的认知优势，逐步形成产品的文化内涵和无形价值，甚至在客户认知中实现"品类＝品牌"。例如，"去火凉茶＝王老吉""火锅≈海底捞"等。

认知壁垒能够形成并长期存在，还需要有一整套战略配套措施，如表2-36所示。

表 2-36　认知壁垒战略配套措施

战略模块	关键领域	配套措施	目标
产品	产品定位		
	产品布局		
研发/设计	产品研发		
	技术研发		
	创新公关		
生产	生产方式		
	生产组织		
营销	市场/客户		
	渠道		
人力资源	组织架构		
	人才结构		
外部关系	品牌传播		
	形象公关		

第二，规模/成本壁垒。规模经济是由于一定的产量范围内，固定成本可以认为变化不大，那么新增的产品就可以分担更多的固定成本，从而使总成本下降。这样，企业就能够以尽可能低的成本生产，推出市场售价最低的产品，其他企业由于难以在价格上抗衡，不得不走差异化路线，或者退出市场。这样，企业就形成了规模/成本壁垒。

第三，创新壁垒。创新壁垒是指企业通过技术积累、技术攻关、专利布局、产品研发策略设计等方式，在技术层面形成的壁垒，可以让跟随者无法在短期内实现系统模仿。

根据吴贵生教授的研究，广义的创新壁垒包括以技术壁垒为主的一系列配套措施，如图 2-21 所示。

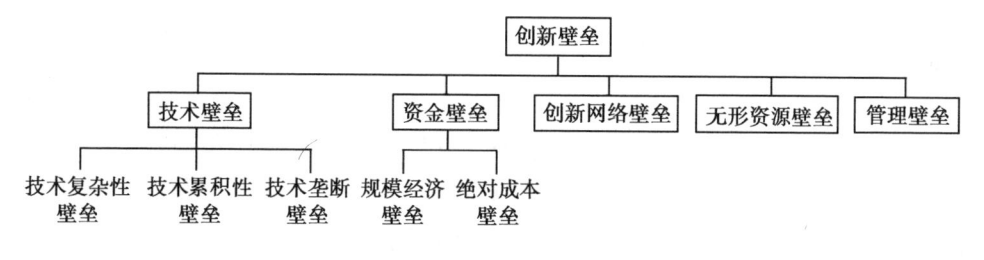

图 2-21 中国企业开发条件下的创新壁垒

其中，技术复杂性壁垒和技术累积性壁垒是最常见的创新壁垒。技术复杂性一方面是指核心技术要素的掌握难度大；另一方面是指产品结构的每一个要素之间，开发和制造过程的每一个环节之间是相互依赖的，除非整体复制，否则在局部的复制难以实现整体的目标。

根据上述模型，企业可以规划自己的创新壁垒建设策略，如表 2-37 所示。

表 2-37 创新壁垒建设策略规划

创新壁垒		技术要素 1	技术要素 2	策略
技术累积性壁垒	技术攻关			
	技术迭代			
技术复杂性壁垒	要素复杂性			
	产品结构复杂性			
	过程复杂性			
	交互复杂性			

续表

创新壁垒		技术要素1	技术要素2	策略
技术垄断壁垒	核心技术领先			
	专利布局			
	技术标准			
技术要素获取路径壁垒	自主研发			
	合作伙伴			
	技术引进			
资金壁垒	研发投入阈值			
	最小有效投产规模			

3. 核心竞争优势分析

核心竞争优势源自企业的核心竞争力。1990年，美国著名管理学者哈默尔和普拉哈拉德提出核心竞争力（Core Competence）模型。他们认为，随着世界的发展变化、竞争的加剧、产品生命周期的缩短以及全球经济一体化的加强，企业的成功不再归功于短暂的或偶然的产品开发或灵机一动的市场战略，而是企业核心竞争力的外在表现。按照他们给出的定义，核心竞争力是能使公司为客户带来特殊利益的一种独有技能或技术。

企业核心竞争力是建立在企业核心资源基础上的企业技术、产品、管理、文化等的综合优势在市场上的反映，是企业在经营过程中形成的不易被竞争对手仿效，并能带来超额利润的独特能力。从客户视角来看，企业的核心竞争优势也是影响客户选择的关键要素。在激烈的竞争中，企业只有具有核心竞争力，其核心竞争优势才会持续。企业应从以下七个方面进行核心竞争优势的规划。

（1）品牌：客户认知优势。

（2）资金：比竞争对手更加雄厚的资金实力。

（3）产品：目标用户对产品的核心价值诉求、客户体验、附加值。

（4）成本：比竞争对手更低的成本费用。

（5）交期：比竞争对手更快的交期。

（6）品质：比竞争对手更好的产品品质。

（7）服务：比竞争对手更好的售后服务。

以上优势的目标和实现策略并不能独立地制定出来，而是必须结合企业整体经营指标进行统筹规划，如图2-22所示。

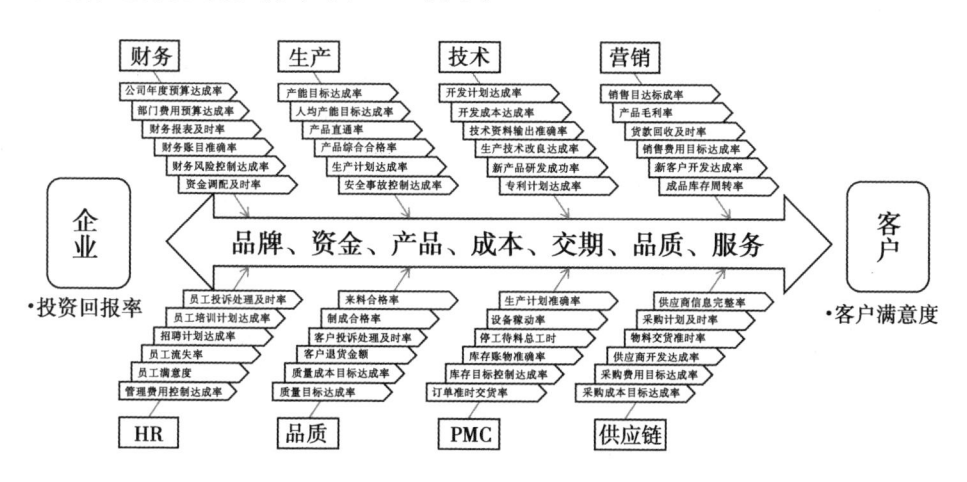

图 2-22 核心竞争优势规划

在一定程度上，经营企业就是经营优势，没有优势的企业是没有未来的。企业的核心优势是一种竞争能力，这种能力的形成与企业拥有何种资源分不开。

四、资源盘点与分析

企业是一组资源的结合体，资源既是企业的组成要素，也是企业的经营对象。资源的数量和质量决定着企业如何履行各项经营职能，也决定企业之间的差别——任何两个企业都不可能具有完全相同的资源形态。

企业所拥有的经营资源的类型和结构直接决定着企业的竞争优势。只有基于资源分析的策略设计，才具有更高的可行性；只有基于资源分析的目标，才能最大化地体现资源利用效率。在经营计划的框架里，企业的资源既包括当前已有的资源，也包括在经营周期内企业可以获取的资源。对于前者，我们需要进行资源盘点；对于后者，则需要分析企业的资源获取能力。

1. 资源盘点

资源盘点是对企业各类资源进行分类的基础上，以清单形式对资源进行梳理的过程。

（1）企业资源清单梳理。通常将资源分为有形资源和无形资源两类，如表2-38所示。

表 2-38 企业资源清单

资源类型		说明	清单内容
有形资源	财务资源	企业的资产、资金	企业资本结构 企业流动资金、债务水平及盈利情况
	实物资源	企业的厂房、设备、原材料、存货	企业厂房及地理区位 设施设备规模及现代化程度 原材料及其供应渠道和能力
无形资源	组织资源	企业的组织结构、管理模式，以及计划、控制和协调系统	企业的组织架构及报告关系 企业管理模式和管理人员的水平 企业内部计划、控制和协调系统的有效性
	技术资源	知识技术的含量和储备	专利、商标、版权和商业秘密
	人力资源	知识技能、员工关系、管理能力和组织惯例	人员数量、结构及变化 员工知识、经验、能力、素质 员工技术水平、专业资格、流动情况 工资水平、激励政策的功效
	创新资源	创意、科技能力、创新能力	研究开发人员的比重、创新能力
	声誉资源	企业商誉和社会关系网络	企业形象 在客户中的声誉、品牌知名度、产品认可度 在供应商和经销商中的声誉 与政府、银行、社区等的社会关系和交往方式

在上述资源分类盘点的基础上，企业还需分析经营资源的特性，明确本公司的资源是否优于竞争对手。

（2）关键资源特性分析。资源特性是指资源对于企业经营计划的价值大小，通常从以下几个方面来评价。

① 资源的不可模仿性：该资源是否在获取路径上具有复杂性，或与公司存在独特的关联，从而使得竞争对手短时间内无法复制。

② 资源的折耗速度：该资源是否会快速损耗，是否需要不断补充。

③ 资源的应变力：该资源是否能够适应不同的环境，在业务调整和变化的时候，是否依然能够发挥作用。

④资源的不可替代性：该资源是否是企业经营中必不可少、无法替代的。

⑤资源的获取成本：该资源的获取难度和成本如何。

⑥资源的可掌控性：本企业对该资源是否有足够的掌控力。

针对上述情况，可以采用3分制来进行评分，如表2-39所示。

表2-39　关键资源特性分析

资源类型		关键资源形态	资源特性（3分：优于对手；2分：优势相当；1分：弱于对手）						汇总
			不可模仿性	折耗速度	应变力	不可替代性	获取成本	可掌控性	
有形资源	实物资源	设备/原材料							
	财务资源	现有资金、融资渠道和手段							
无形资源	人力资源	学历、数量、工作年限							
	组织资源	商业模式、组织结构							
	技术资源	技术状况、技术储备、技术开发能力及企业经营诀窍							
	声誉资源	品牌知名度、品牌忠诚度、政府关系							
	创新资源	创意、科技能力、创新能力							
		汇总							

根据资源分析结果，可以得到资源管控的重点和策略。例如，对于不可替代的资源，应当想办法降低其获取成本，加强其可掌控性；对于不可模仿的资源，应当想办法在折耗速度和应变力方面进行提升。

2. **资源获取能力分析**

资源如此重要，但现实中拥有经营所需一切资源的企业少之又少。从经营计划的视角来看，有些资源尽管企业当前并不具备，但是只要在未来经营周期中需要的时刻能够具备，也可以先假定企业具备这样的资源。

如何判断企业未来是否有可能具备相应的资源呢？这就需要对企业的资源获取能力进行分析。企业的资源获取能力主要取决于两个方面：一是企业无形资源的价值，如企业资质、品牌价值、外部关系、美誉度等；二是企业的财务能力。

（1）无形资源价值分析。有形资源必须通过各种方式筹集，再投入到企业的经营活动中去；无形资源则不仅是企业经营的投入物，更是企业经营活动的成果和积累。有形资源的取得相对容易，而无形资源的积累则要花相当长的时间，且有一定的难度，因而往往成为企业竞争优势的关键。

有形资源的使用受时间、空间限制，有损耗性；无形资源一旦形成，就可以同时、反复地使用，且在使用过程中增值，这种特性可以增加企业的活力。

无形资源是企业获取有形资源的基础。由于积累优势（马太效应）的存在，无形资源越具优势，企业的整体资源获取能力就越强。例如，企业在人才市场的美誉度（雇主品牌）有助于获取优秀的人才；企业与科研机构的项目合作关系有助于获取创新资金的支持；等等。我们可以通过表2-40，对无形资源的价值进行分析。

表2-40 无形资源价值分析

资源类型	资源项目	资源价值
组织资源		
技术资源		
人力资源		
创新资源		
声誉资源		

（2）财务能力分析。财务能力直接决定企业获取资源的能力，良好的财务能力指标是企业融资的基本条件。通常从以下方面对财务能力指标进行分析，如图2-23所示。

```
                    财务能力指标
    ┌─────────┬─────────┼─────────┬─────────┐
收益性指标  安全性指标  流动性指标  成长性指标  生产性指标
```

图2-23 财务能力指标

① 收益性指标。收益性指标反映了企业一定时期内的收益及获利能力，体现了企业通过自身发展获取资源的能力。收益性指标具体内容如表2-41所示。

表2-41 收益性指标

收益性指标	基本含义	计算公式
资产报酬率	反映企业总资产的利用效果	（净收益+利息费用+所得税）/平均资产总额
所有者权益报酬率	反映所有者权益的回报	税后净利润/所有者权益
普通股权益报酬率	反映股东权益的报酬	（净利润－优先股股利）/平均普通股权益
普通股每股收益额	反映股东权益的报酬	（净利润－优先股股利）/普通股股数
股利发放率	反映股东权益的报酬	每股股利/每股利润
市盈率	反映股东权益的报酬	普通股每股市场价格/普通股每股利润
销售利税率	反映企业销售收入的收益水平	利税总额/净销售收入
销售毛利率	反映企业销售收入的收益水平	销售毛利/净销售收入
销售净利润率	反映企业销售收入的收益水平	净利润/净销售收入
成本费用利润率	反映企业为取得利润所付出的代价	（净收益+利息费用+所得税）/成本费用总额

② 安全性指标。安全性指标反映了企业一定时期内的偿债能力，决定了企业通过债权融资获取资源的能力。安全性指标具体内容如表2-42所示。

表2-42 安全性指标

安全性指标	基本含义	计算公式
流动比率	反映企业短期偿债能力和信用状况	流动资产/流动负债
速动比率	反映企业立刻偿付流动负债的能力	速动资产/流动负债
资产负债率	反映企业总资产中有多少是负债	负债总额/资产总额
所有者（股东）权益比率	反映企业总资产中有多少是所有者权益	所有者权益/资产总额
利息保障倍数	反映企业经营所得偿付借债利息的能力	（税前利润－利息费用）/利息费用

③ 流动性指标。分析流动性指标的目的在于观察企业一定时期内的资金周转

状况，掌握企业资金的使用效率。这类指标的数值越高，代表企业获取资源的能力越强。流动性指标具体内容如表 2-43 所示。

表 2-43 流动性指标

流动性指标	基本含义	计算公式
存货周转率	反映存货的周转速度	销售成本/平均存货
应收账款周转率	反映年度内应收账款转为现金的平均次数	销售收入/平均应收账款
流动资产周转率	反映流动资产的使用效率	销售收入/平均流动资产总额
固定资产周转率	反映固定资产的使用效率	销售收入/平均固定资产总额
总资产周转率	反映全部资产的使用效率	销售收入/平均资产总额

④ 成长性指标。成长性指标反映了企业一定时期内经营能力的发展变化趋势，决定了企业通过股权融资获取资源的能力。一个企业即使收益性指标高，但如果成长性指标不好，也就表明其发展的后劲不足，未来盈利能力可能较差，从而难以获取资本市场的认可。成长性指标具体内容如表 2-44 所示。

表 2-44 成长性指标

成长性指标	基本含义	计算公式
销售收入增长率	反映销售收入变化趋势	本期销售收入/前期销售收入
税前利润增长率	反映税前利润变化趋势	本期税前利润/前期税前利润
固定资产增长率	反映固定资产变化趋势	本期固定资产/前期固定资产
人员增长率	反映人员变化趋势	本期职工人数/前期职工人数
产品成本降低率	反映产品成本变化趋势	本期产品成本/前期产品成本

⑤ 生产性指标。分析生产性指标的目的在于观察企业一定时期内的生产经营能力、经营水平和生产成果的分配等。生产性指标具体内容如表 2-45 所示。

表 2-45 生产性指标

生产性指标	基本含义	计算公式
人均销售收入	反映企业人均销售能力	销售收入/平均职工人数
人均净利润	反映企业经营管理水平	净利润/平均职工人数
人均资产总额	反映企业生产经营能力	资产总额/平均职工人数
人均工资	反映企业经营成果分配情况	工资总额/平均职工人数

将以上五大类指标的结果用雷达图的形式表示出来，就可以清晰地看到财务

能力的优势和劣势。如图 2-24 所示。

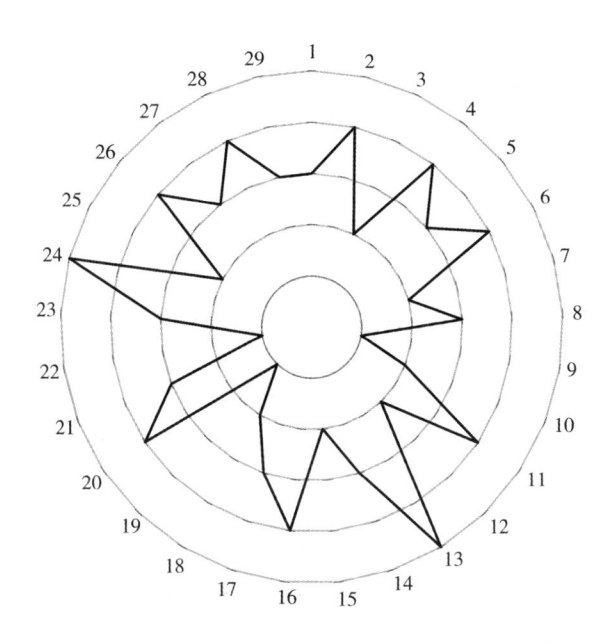

图 2-24　财务能力分析雷达图

注：图中数字分别为五类指标中各个具体指标的代号。

前沿动态：成熟市场的行业领先者如何面对竞争

成熟市场的行业领先者看上去风光无限，但实际上危机重重。下文将以零售行业为例来说明，面对激烈变化的外部市场，成熟市场的行业领先者如何保持竞争优势。

科尔斯公司于 1914 年创立，总部位于澳大利亚墨尔本，目前在澳大利亚全国有 800 多家超市。

罗伊摩根研究所（Roy Morgan Research）2017 年的研究表明，沃尔沃斯（Woolworths）占据了澳大利亚最大的市场份额（35.7%），其次是科尔斯（33.2%），这对科尔斯如何有效地利用有限的资源来获取利润提出了挑战。因此，作为微观经济学分析的案例，科尔斯具有典型而重要的研究价值。

下面我们来分析市场上的新进入者将如何影响科尔斯的未来发展，以及科尔斯可以采取哪些行动来保持竞争力。

1. 行业基本特征分析

在杂货和超市零售商市场中，科尔斯处于竞争寡头地位。该市场的主要竞争对手是 Woolworths、Aldi、Foodland / Drakes、Costco、IGA、OTR、7-11。科尔斯的渠道主要有线下实体店、线上店铺以及与壳牌（Shell）合作的 Coles Express（小型超市）。

有研究者将零售行业描述为竞争激烈且高度集中的行业。阿尔迪（Aldi）和开市客（Costco）被称为"折扣运营商"，它们以更低的价格来吸引消费者，另外，亚马逊生鲜服务进军澳洲市场的计划，带来了更加激烈的市场竞争形势。

罗伊摩根研究所 2017 年的数据显示，寡头垄断市场的三大超市占据了澳大利亚 90% 以上的市场份额。2017 年，澳大利亚客户在沃尔沃斯消费了 322 亿美元，占市场份额的 35.7%，比 2016 年下降 0.6%；而在科尔斯消费了 300 亿美元，占市场份额的 33.2%，与 2016 年相比几乎没有变化。

为了使利润最大化，市场上的价格战总是不断发生。在寡头垄断的情况下，企业面临通货紧缩的压力。目前，价格战战略已被科尔斯采用。与此同时，其竞争对手沃尔沃斯在公司内部进行了整合，而不是保持战略不变去扭曲市场（Zappone，2009）。

根据斯威齐的拐折的需求曲线，寡头垄断厂商推测其他厂商对自己价格变动的态度是：跟跌不跟涨。这就是说，如果一个寡头垄断厂商提高价格，行业中的其他寡头厂商都不会跟着改变自己的价格，因而该寡头厂商销售量的减少是很大的；如果一个寡头厂商降低价格，行业中的其他寡头厂商会将价格下降到相同的水平，以避免销售份额的减少，因而该寡头厂商销售量的增加是很有限的。

所以，在寡头垄断行业，除非成本大幅度变化，厂商预计竞争对手也将调整价格，否则厂商不会轻易变动产量和价格。

假设科尔斯在一个简单的需求规则下设定一个低于沃尔沃斯的价格，以较低的价格提供较高的产品数量。从短期来看，企业可以通过降低价格提升经济效率，产生更高的经济利润，但从长远来看，这可能会导致经济效率低下。此外，经济学家还认为，这种双头垄断性质的战争威胁到农民和消费者的利益（Keith，2012）。

2. 市场状况的变化

当一家新公司进入市场时，现有的公司通常会在自己的业务中使用与新进入者相同的策略来阻击对手的进攻。澳大利亚零售市场中的新进入者是阿尔迪。该公司的扩张战略正在剥夺科尔斯的利益，而科尔斯正努力应对阿尔迪带来的威胁。阿尔迪提供完美的低价替代产品，采取积极的价格领先战略，促使消费者改变偏好和购物选择地点。收益上的影响将迫使科尔斯进行改变，应对阿尔迪的价格领先战略。

一开始，科尔斯的产品价格远远高于平均固定成本。随着阿尔迪进入市场，市场供给增加，顾客对科尔斯的需求减少，科尔斯也随之降价，这对科尔斯的边际收益产生了影响。因此，短期来看，科尔斯的利润会持续降低，但是利润还是正增长的。从长远来看，由于竞争压力，科尔斯的价格会进一步下降，理论上，直至科尔斯的价格等于其平均总成本，其经济利润为零。这将推动市场进入一个更高效、竞争更充分的环境。

此外，阿尔迪的小型店铺为消费者带来了更灵活、更方便的消费体验。为了争夺和留住顾客，科尔斯不得不租赁较小的店铺。虽然通过更新零售店，科尔斯增加了越来越多的店面，但店面面积对销售额的推动作用越来越小。这是一个经典的经济难题，企业将创新战略和扩张战略视为解决问题的手段，但在很多方面，它使问题变得更糟。

3. 创新正在颠覆商业模式

罗伊摩根研究所首席执行官米歇尔·莱文（Michele Levine）表示："在线零售在澳大利亚还不是很普遍，但亚马逊生鲜服务的到来将改变这一局面。"

经济学家约瑟夫·熊彼特（Joseph Schumpeter）指出，经济是通过创新来发展的，但代价是那些被创新者甩在后面的公司。在以技术为基础的颠覆方面，亚马逊等创新者已表示有意大举进入澳大利亚市场，将其电子商务模式扩展到杂货行业。

通过推动零售价格大幅下跌，并迫使零售商在电子商务基础设施上投资数亿美元（这可能需要数年时间才能带来回报），亚马逊生鲜将对零售商的利润产生实质性影响。

利用博弈论，假设科尔斯和亚马逊生鲜有两种策略来增加销售额：①投资电子商务；②投资实体店。

由于每个公司都有两种策略,那么就有四种可能的行动组合:①两家公司都投资电子商务;②两家公司都投资实体店;③科尔斯投资电子商务,亚马逊生鲜投资实体店;④科尔斯投资实体店,亚马逊生鲜投资电子商务。

如果任意一家公司在其他所有公司的策略确定的情况下,其选择的策略是最优的,那么这个组合就被定义为纳什均衡。根据收益矩阵,科尔斯投资电子商务实现纳什均衡,而亚马逊生鲜投资实体店实现纳什均衡。由于两家公司的行为不相互关联,所以此处的纳什均衡可以为双方提供最大的利润。如表2-46所示。

表2-46 科尔斯与亚马逊生鲜的收益矩阵

		科尔斯	
		投资电子商务	投资实体店
亚马逊生鲜	投资电子商务	获利 / 盈利空间缩小	亏损 / 盈利空间相同
	投资实体店	亏损 / 获利	亏损 / 获利

亚马逊生鲜正在澳大利亚的主要市场建设基础设施,为市场提供了一个全新、高效和方便的购物平台。亚马逊生鲜将推出在线零售店,并可能通过收购像IGA这样的中型连锁店进行扩张。亚马逊生鲜收购了美国的全食超市(Whole Foods),这表明亚马逊生鲜采用了多种增长战略来获得未来的市场份额。

为了在市场上保持竞争力,科尔斯需要加大对电子商务基础设施建设的投资力度,扩大产品和服务范围。与此同时,科尔斯需要采用动态定价方式,并在仓储、供应链系统和交货方面进行优化,以便在消费者预期上升时提供更快、更可靠的交货服务。

值得一提的是,寡头垄断在本质上是低效的,亚马逊生鲜的进入势必会削弱科尔斯和阿尔迪的市场力量,将市场推向一个竞争更加激烈的环境。随着零售市场新进入者的出现,科尔斯必须采取创新的方法来吸引顾客,例如,供应链管理将在扩大市场份额中发挥关键作用,快速和高效的交付系统将是保持竞争力的关键。

科尔斯公司近年来开发了一种网上购物系统，通过"点击—提货"的理念降低了分销成本。与此同时，阿尔迪也意识到了全球网上购物需求的增长力，并与天猫建立了合作伙伴关系，提供跨境电子商务服务。

第四节　经营分析工具与分析成果

通过前三节的环境分析，我们对企业战略、行业、企业自身不同层面影响因素的变化有了全面的了解，接下来就需要综合这些变化趋势得出结论。首先通过SWOT模型来汇总前三节的分析结论，然后将分析结论应用于战略盘点与调整、年度总结报告，以及经营改善项目管理，作为经营分析的主要直接输出成果。

一、SWOT分析

SWOT模型将企业内外部条件及各方面内容进行汇总，帮助企业将资源和行动聚集在自己的强项和机会最多的地方。如图2-25所示。

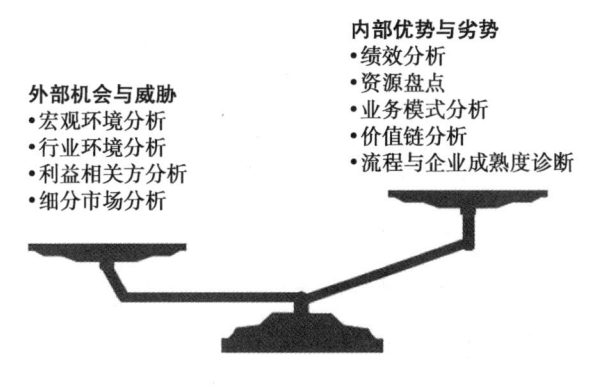

图2-25　SWOT模型

上图的"天平架构"形象地说明了SWOT分析的原理：找到对企业有利的机会，并发挥企业的优势，充分利用机会来谋求发展，同时清晰地了解企业的威胁，并避免这种威胁击中企业的劣势。某企业的SWOT分析结论如表2-47所示。

表 2-47 某企业的 SWOT 分析结论

SWOT	结论	来源
优势	客户忠诚度高	经营分析 – 微观环境分析 – 经营复盘 – 市场绩效
	员工满意度高	经营分析 – 微观环境分析 – 经营复盘 – 组织与成长
	现金流良好	经营分析 – 微观环境分析 – 经营复盘 – 财务绩效
	轻资产结构	经营分析 – 微观环境分析 – 企业竞争力分析 – 商业模式分析
劣势	客户总数少，且开发难度大	经营分析 – 微观环境分析 – 经营复盘 – 市场绩效
	产品单价高，成交周期长	经营分析 – 微观环境分析 – 企业竞争力分析 – 商业模式分析
	基层营销人员激励体系不完善	经营分析 – 微观环境分析 – 利益相关方分析 – 内部利益相关方分析
	供应链管控能力弱	经营分析 – 微观环境分析 – 经营复盘 – 内部流程绩效
机会	海外市场机会	经营分析 – 宏观环境分析 – 社会因素分析
	技术革新机会	经营分析 – 宏观环境分析 – 技术因素分析
	线上营销机会	经营分析 – 中观环境分析 – 竞争分析
威胁	更加强大的市场参与者进入本领域	经营分析 – 中观环境分析 – 竞争分析
	现有商业模式过于依赖线下面对面销售，新进入者开始抢占线上先机	经营分析 – 微观环境分析 – 企业竞争力分析 – 商业模式分析
	人工成本持续上升	经营分析 – 宏观环境分析 – 社会因素分析

根据 SWOT 分析结果，将内部优势/劣势和外部机会/威胁逐一匹配，可以得出四种不同的策略。

（1）内部优势和外部机会匹配，得出 SO 策略，即增长型策略。

（2）内部劣势和外部机会匹配，得出 WO 策略，即扭转型策略。

（3）内部优势和外部威胁匹配，得出 ST 策略，即多元化策略。

（4）内部劣势和外部威胁匹配，得出 WT 策略，即防御型策略。

SWOT 策略分析如表 2-48 所示。

表 2-48　SWOT 策略分析

	优势（S）	劣势（W）
	S1：客户忠诚度高 S2：员工满意度高 S3：现金流良好 S4：轻资产结构	W1：客户总数少，且开发难度大 W2：产品单价高，成交周期长 W3：基层营销人员激励体系不完善 W4：供应链管控能力弱
机会（O）	SO（增长型策略）	WO（扭转型策略）
O1：海外市场机会 O2：技术革新机会 O3：线上营销机会	S1S4O1：加大国际市场开发力度 S2S3O2：组建面向未来的前沿技术研发创新机构 S1S3O3：开发高端产品线上营销模式	W1O3：实行线上品牌宣传，拓展客户范围 W1O2：开发新产品，面向中基层市场 W2O2：与XX大学联合成立产学研平台 W3O1：加大产品出口，完善营销人员激励体系
威胁（T）	ST（多元化策略）	WT（防御型策略）
T1：更加强大的市场参与者进入本领域 T2：现有商业模式过于依赖线下面对面销售，新进入者开始抢占线上先机 T3：人工成本持续上升	S1T1：强化产品核心卖点，凸显差异化的独特优势 S1S3T2：稳固线下市场，并实现由线下到线上的迁移 S2S4T3：实行精兵战略，提升人员效能	W3T3：优化营销人员结构与激励体系 W4T1T3：实行供应链流程再造，建立C2M模式

上述四种策略的具体内容需要结合发展战略盘点与调整、年度总结报告及经营改善项目管理来完善。

二、发展战略盘点与调整

随着外部宏观环境的变化越来越快，世界的联系比以往任何时候都更加紧密，一地的变化往往影响到全球的经济，导致曾经能够预测5—10年的中长期战略不复存在。企业亟待改变以往那种战略不能轻易调整的观念，进一步缩短战略的盘点与调整周期，实现在发展中超前预测、即时调整、动态调整。当前，很多公司根据年度SWOT分析结论，对企业发展战略进行滚动规划。

发展战略的滚动规划或调整主要围绕以下问题展开，如表2-49所示。

表 2-49　发展战略调整需要回答的问题

战略层面	需要回答的问题	企业实际	优化要点
使命	企业为什么存在？ 企业存在的价值是什么？（对社会、客户、员工） 目前的使命是否足以支撑企业的发展？是否需要优化与调整？		
愿景	企业未来想要实现什么样的预期、蓝图或梦想？ 愿景是否遇到了瓶颈？是否需要重新定义和完善？		
战略目标	未来 3—5 年企业发展的目标是什么？财务目标有哪些？管理目标有哪些？ 截至目前这些目标的达成状况如何？问题是什么？		
业务战略	未来企业将进入哪些产业？产业发展策略是什么？一体化还是多元化？截至目前产业战略是否需要调整？ 企业未来要重点开发哪些产品？这些产品的竞争优势是什么？截至目前产品战略是否需要调整？ 企业的客户定位标准是什么？企业该如何持续满足？截至目前客户战略是否需要调整？ 企业的目标市场在哪里？目标市场竞争态势如何？如何参与竞争？截至目前市场战略是否需要调整？		
职能战略	为了实现业务战略，企业在市场营销、产品研发、集成供应链、财务投资、人力资源等维度需要准备哪些工作？ 以上工作进展状况如何？是否需要优化？		

三、年度总结报告

在经营分析、复盘的基础上，需要对过去一年的得失进行总结，形成书面的总结报告。年度总结报告并无固定的格式，但其基本内容一般包括：上年度经营目标达成情况，上年度重点经营指标未达成的原因及改善措施，对重点工作完成情况、完成效率等各维度的结论性总结（见图 2-26）。

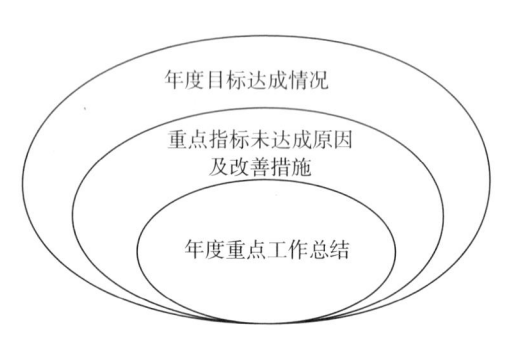

图 2-26　年度总结报告基本内容

需要注意的是，年度重点工作总结是年度总结报告的重中之重，需要进行全方位、一分为二的深入剖析，看到重点工作亮点外的不足、不足中的优点，以及工作本身的价值、由重点工作间接带来的其他价值。

四、经营改善项目管理

如果说年度总结报告主要是找出问题和经验,那么经营改善项目管理就是解决问题和应用经验。我们通常将年度总结报告中输出的重要问题、瓶颈和改善措施,结合经营分析的结论,作为新一年的改进项目。

经营改善项目管理通常需要经历六个步骤,如图 2-27 所示。

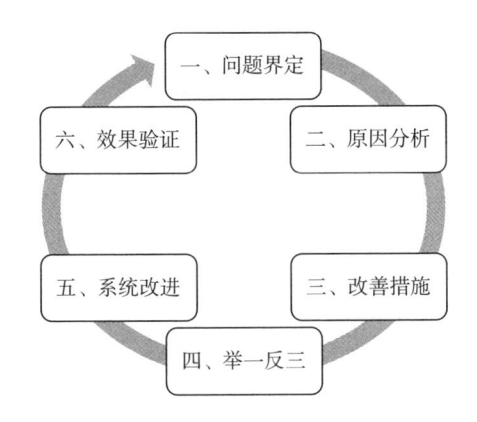

图 2-27 经营改善项目管理六个步骤

1. 问题界定

科学地界定问题,是解决问题的前提。在实际工作中,我们经常遇到一些似是而非的问题,实际上并未触及问题的本质,如"人才招聘难度大""企业流程不完善"等,若不清晰地界定问题,往往抓不住重点,错将症结当作问题。

问题的界定一般需要从四个方面展开。

(1)明确问题的前提和假设。任何问题都是基于一定的前提形成的,有些前提是显性的,如"企业的薪酬预算总额""从业人员数量"等,而有些前提是隐性的,如"企业所处发展阶段""企业文化对员工的隐性要求"等。

以"XX 岗位的人才招聘难度大"这一"问题"为例,其显性前提包括但不限于以下方面。

① 该岗位的人才是否供应充足?是否为稀缺人才?

② 该岗位的工作职责是否可以被分解,以降低工作难度?

③ 该岗位的薪酬福利是否可以上调,以更高的回报来吸引人才?

④ 该岗位的激励机制和发展通道是否完善？是否对潜在目标人选有吸引力？

其隐性前提也有诸多方面，具体如下。

① 公司的企业文化是否对该类岗位的人才有吸引力？

② 团队氛围是否有利于留住人才？

③ 招聘人员的技能是否合格？

总之，需要先就问题产生的前提达成一致，即哪些条件可以改变，哪些暂时无法改变，哪些不能改变，在此基础上形成的问题才可能是真正的问题。例如，通过对上述前提的梳理，我们发现"人才招聘难度大"并不是一个真正的问题，真正的问题可能是"本企业的薪酬福利和留人环境对XX岗位的稀缺人才吸引力不足"，很显然，重点问题在薪酬福利和留人环境，而非招聘技能。

（2）厘清问题的本质。常见的错误是将表象当作问题本身，或未能区分"目标""问题"与"方案"。例如，"XX岗位的人才招聘难度大"就是一个典型的表象特征。通俗地说，"问题 = 目标 – 现状"，问题是为了实现某种目标而需要解决的困难和障碍。

（3）明确问题的构成要素。构成一个问题的基本要素包括：问题的主体（是什么方面有困难）、问题的背景（在什么场景和目标下形成了困难）、问题的本质（具体是什么困难或障碍）、问题的程度（困难的严重程度，对实现目标的影响程度）。例如，"本企业的薪酬福利和留人环境对XX岗位的稀缺人才吸引力不足"这一问题的基本要素如下。

① 问题的主体：薪酬福利体系、留人环境（企业文化、团队氛围、激励机制、职业发展通道、工作环境等）。

② 问题的背景：XX岗位的人才比较稀缺，属于供不应求的状态。

③ 问题的本质：企业管理体系成熟度问题。

④ 问题的程度：人才不能满足业务需要，影响到业务正常开展，形成了业务发展的瓶颈。

（4）准确描述问题。问题的描述应当精准，必要时应当量化表达。例如，"本企业的薪酬福利和留人环境对XX岗位的稀缺人才吸引力不足，一季度人员到岗率不足60%，留存率不足50%，造成X个项目不能正常开工"。只有精准地描述问题，才能精准地解决问题。

2. 原因分析

找到问题是经营改善项目管理的第一步，此外还需要对问题的原因进行深入的分析，既要找出直接原因，还要找出根本原因。

由丰田佐吉提出的5WHY分析法被全球企业广泛用于问题的原因分析，即对一个问题点连续以5个"为什么"来自问，以追究其根本原因。当然，实际工作中可能问得更多或更少，主要是引导解决问题的人努力避开主观或自负的假设和逻辑陷阱，从结果着手，沿着因果关系链条，顺藤摸瓜，直至找出原有问题的根本原因为止。

5WHY分析从以下三个角度来实施。

（1）为什么会发生？从"生产制造"的角度。

（2）为什么没有发现？从"检验"的角度。

（3）为什么没有从系统上预防？从"体系"或"流程"的角度。

每个角度连续问5次或N次，得出最终结论。只有以上三个角度的问题都探寻出来，才能发现根本问题，并寻求解决。每个成功的企业都曾无数次深挖问题背后的根源，因此都积累了一套自己的原因分析方法，可以将其与5WHY分析法结合使用。

3. 改善措施

针对产生问题的直接原因和根本原因制定改善措施，对于一些需要通过跨部门协作、组建专门团队、统筹多方资源去实施的措施，应当予以立项。

改善措施应明确责任人和完成时间。另外，应按照项目管理的专业要求，组建项目团队，制订项目计划，建立管控机制。

4. 举一反三

经营改善措施经验证有效后，应当针对类似问题和类似过程，横向展开检查，制定相应的改善措施，实现举一反三的效果，最终形成组织的知识积淀。

5. 系统改进

经营改善项目管理还应考虑到系统改进的需要，即问题整改完成后，应识别制度、工作方法、流程、资源等系统内存在的问题及缺陷，建立或完善流程制度，通过表单、模板、流程文件进行固化，形成机制。另外，要加强日常检查，持续改善，以杜绝相同问题再次出现。

6. 效果验证

问题往往是根据轻重缓急分阶段解决的。对于紧急的问题，需要采取临时性应急措施来阻止问题的扩大，降低损失；而针对根本性的系统改善问题，则可能需要作为年度经营改善项目来推进。如图 2-28 所示。

临时性应急措施	• 可立即执行，并能阻止问题扩大，及时止损
永久性整改措施	• 针对问题的根本原因，彻底地解决问题，防止再次发生
长期持续性措施	• 将部分永久性整改措施化为日常管理动作，预防问题出现
举一反三改善	• 同类问题全面核查，并有效整改
系统改善	• 流程机制固化一段时间后，检查是否可预防相同问题再次发生
验收关闭	• 对应标准和要求，验收确认，关闭项目

图 2-28　问题类型与改善层级示意图

综上所述，结合年度经营复盘的瓶颈分析，以及经营分析的趋势预判，按照问题解决的一般逻辑来形成年度经营改善项目，是经营计划制订涉及的重要内容。这些经营改善项目将纳入未来一个年度的整体经营策略之中，形成各部门的具体工作计划。

第三章　集团/公司/SBU经营计划

伟大的工程是设计出来的，优秀的企业同样需要规划。如何将美好的蓝图变成现实？首先需要一幅详尽的施工图纸。

第一节　经营目标的制定

目标是指未来计划达成的业绩和状态。企业经营目标是指未来一个周期内，企业所要实现的经济目标和社会价值。经营计划中所指的目标，首先是财务目标，如销售额、市场份额、利润等，其次是事关企业长远健康发展的非财务目标，如客户满意度、管理成熟度、员工满意度等。一套经营目标系统，就是企业经营的导航仪，是企业经营状态的衡量标尺。不够科学的目标比没有目标更加糟糕，科学的目标是基于环境、资源、能力和现状分析的未来预测。因此，与其说目标是制定的，不如说目标是预测出来的，因为科学的目标本身也是一种客观存在。人们只能根据经营管理的规律去追寻这种目标，而不能忽视它的存在，另外创造一套自己喜欢，但脱离了客观规律的目标。目标的制定离不开对产品、成本、战略、市场的分析。

一、产品结构与生命周期分析

经营目标是对未来一年的"客观存在"进行的预测，未来一年的经营结果是未来的产品创造的。因此，首要明确的是：企业未来的产品组合可能是什么？这就需要对当前和未来的产品结构进行分析。

1. 产品结构分析

著名的"波士顿矩阵"为我们提供了良好的分析工具，如图3-1所示。

```
                        相对市场份额
  高                                          低
┌─────────────────────────┬─────────────────────────┐
│         明星            │         问题            │
│ 利润：高、稳定、增长中   │ 利润：低、不稳定、增长中 │
│ 现金流：中              │ 现金流：负              │
│ 战略：维持增长率，或投资 │ 战略：增加市场份额或收缩/│
│      以增加增长率       │      放弃               │
├─────────────────────────┼─────────────────────────┤
│         金牛            │         瘦狗            │
│ 利润：高、稳定          │ 利润：低、不稳定        │
│ 现金流：高、稳定        │ 现金流：中或负          │
│ 战略：维持或增加市场份额 │ 战略：收缩/放弃         │
└─────────────────────────┴─────────────────────────┘
```

市场增长率（纵轴：高→低）

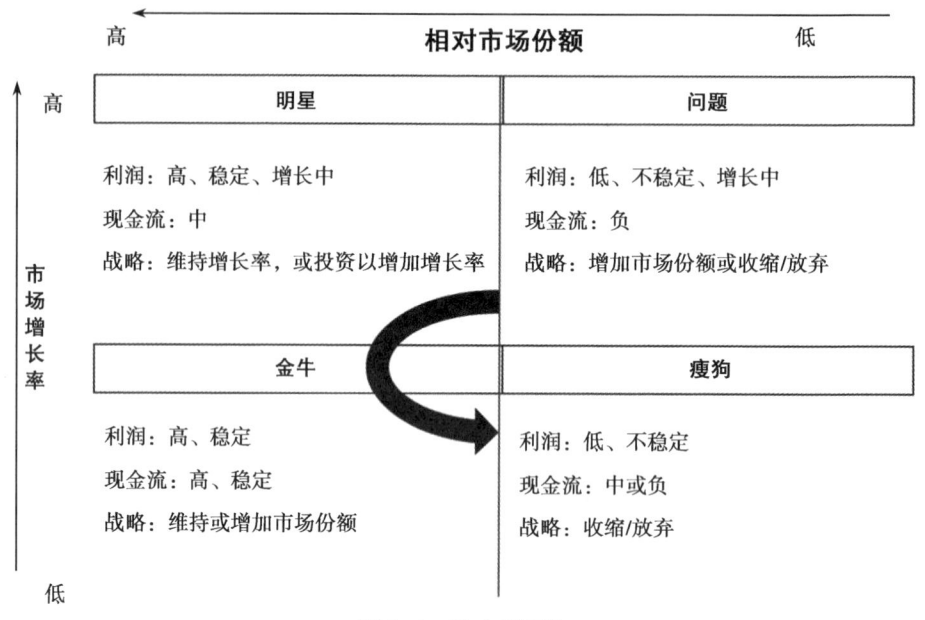

图 3-1　波士顿矩阵

波士顿矩阵（BCG Matrix），又称为"市场增长率-相对市场份额矩阵""产品系列结构管理法"等，由美国著名的管理学家、波士顿咨询公司创始人布鲁斯·亨德森于 1970 年首创。

波士顿矩阵认为，一般决定产品结构的基本因素有两个，即市场引力与企业实力。市场引力包括整个市场的销售量（额）增长率、竞争对手的强弱及利润的高低等。其中，反映市场引力的综合指标——销售增长率，是决定企业产品结构是否合理的外在因素。

通过以上两个因素的相互作用，会出现四种不同性质的产品类型，形成不同的产品发展前景。

■ 销售增长率高、市场占有率低的产品群（问题产品）。
■ 销售增长率和市场占有率"双高"的产品群（明星产品）。
■ 销售增长率低、市场占有率高的产品群（金牛产品）。
■ 销售增长率和市场占有率"双低"的产品群（瘦狗产品）。

从单一产品看，一款产品的生命历程一般是从问题产品开始，经历明星产品、金牛产品阶段，至瘦狗产品阶段结束。从产品阵列看，一个企业同时存在问题产品、明星产品、金牛产品，表明企业具备可持续发展的潜力，潜力的大小则与各类别产品的结构相关。产品结构分析有助于企业根据产品类型制定不同的销售目标和资源投放政策，不断地淘汰无发展前景的产品，保持问题产品、明星产品、金牛产品的合理组合，实现产品及资源分配结构的良性循环。

（1）明星产品（Stars，指高增长、高市场份额的产品）。这类产品因符合市场的需求，处于持续的高速增长中，并且已经占有了较高的市场份额，如同一颗冉冉上升的新星。明星产品有着美好的未来，是企业未来希望之所在，对于当下而言，其是否产生现金流，是否能够盈利是不重要的，重要的是确信其未来能够带来巨大的回报。此类产品往往需要巨大的前期投入，无论是厂房、设备，还是人力、渠道等，前期的投入规模是未来竞争力的决定因素。明星产品是由问题产品继续投资发展起来的。

企业不能没有明星产品，但群星闪烁也不是好事。原因在于：一是多个产品需要更加庞大的资金投入，反而不利于集中资源培育一款数一数二的产品；二是多个产品的差异化会干扰企业高层管理者的视线，导致其难以确定哪颗星才更有未来，这时必须具备识别"行星"和"恒星"的能力，将企业有限的资源投入到能够发展成为现金牛的"恒星"上。在战略选择上，要使明星产品发展成为金牛产品，应采用增长战略。

（2）问题产品（Question Marks，指高增长、低市场份额的产品）。这类产品处于投资培育市场阶段，带有较大的风险。产品可能利润率很高，但占有的市场份额很小，往往是一个公司的新产品。为发展这类产品，公司必须增加设备和人员，以便跟上迅速发展的市场，并超过竞争对手，这就意味着大量的资金投入。"问题"一词非常贴切地描述了公司对待这类产品的态度，因为这时公司必须慎重回答"是否继续投资发展该产品"这个问题。只有那些符合企业发展长远目标、企业具有资源优势、能够增强企业核心竞争力，并能够大概率成长为明星产品的问题产品才会得到肯定的回答。对于得到肯定回答的问题产品，企业甚至会不惜放弃近期收入来着力培育，因为问题产品一旦发展成为明星产品，其市场份额必将有较大的增长；对于得到否定回答的问题产品，则适合采取收缩战略。

（3）金牛产品（Cash Cows，指低增长、高市场份额的产品）。这类产品是企业现金流的主要来源，但未来的增长前景是有限的。金牛产品是成熟市场中的领导者。由于市场已经成熟，企业不必大量投资来扩大市场规模，同时作为市场中的领导者，该产品享有规模经济和高边际利润的优势，因而给企业带来大量现金流。企业往往用金牛产品产生的现金来支付账款并支持其他三种需大量现金的产品。金牛产品适合采取稳定战略，目的是保持市场份额。

（4）瘦狗产品（Dogs，指低增长、低市场份额的产品）。这类产品既不能产生大量现金，也不需要投入大量现金，其没有希望改进绩效。一般情况下，这类产品常常是微利甚至是亏损的，瘦狗产品的存在更多的是由于感情上的因素，或各种历史原因。虽然一直微利经营，但像人养了多年的狗一样恋恋不舍，不忍放弃。其实，瘦狗产品通常要占用很多资源，如资金、管理部门的时间等，多数时候是得不偿失的。瘦狗产品适合采取收缩战略，目的在于出售或清算业务，以便把资源转移到更有利的领域。

波士顿矩阵的精髓在于把战略规划和资本预算紧密结合了起来，是现金流规划的经典工具，它把一个复杂的企业行为用两个重要的衡量指标分为四种类型，用四个相对简单的分析来应对复杂的战略问题。该矩阵帮助开展多种经营的公司确定哪些产品宜于投资，哪些产品宜于操纵以获取利润，哪些产品宜于从产品组合中剔除，从而使产品组合达到最佳经营成效。

2. *产品生命周期分析*

产品生命周期理论是美国哈佛大学教授雷蒙德·弗农（Raymond Vernon）于1966年在其《产品周期中的国际投资与国际贸易》一文中首次提出的。

产品生命周期（Product Life Cycle，PLC）是产品的市场寿命，即一种产品从开始进入市场到被市场淘汰的整个过程。弗农认为，产品的生命和人的生命一样，要经历形成、成长、成熟、衰退这样的周期。就产品而言，也就是要经历一个开发、引进、成长、成熟、衰退的阶段。在产品生命周期的每个阶段，产品的销量和利润并非是完全同步的，这是我们制定年度经营目标时必须要考虑的因素。如图3-2所示。

（1）开发期：是指产品开发、尚未投入市场的阶段。此时的产品没有任何销量，由于还在持续投入阶段，产品的利润实际上处于持续亏损之中。

（2）引进期：是指产品投入市场初期，尚未完全形成稳定销售的阶段。此时的产品尚未建立起品牌效应，亟须大力宣传推广，虽然可能产生一定的销量，但是销量增加需要一个过程,在销量增加到足够的量之前,制造成本都会相对较高。这时企业通常不能获利,反而可能亏损。

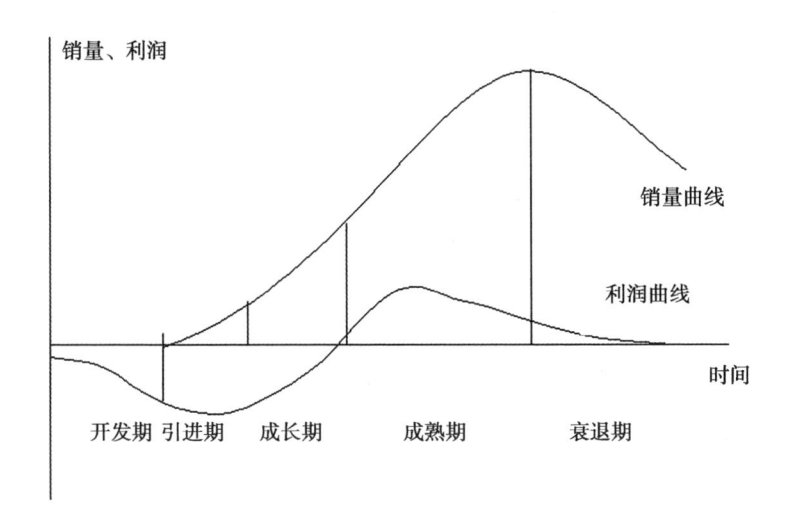

图 3-2　产品销量和利润曲线

（3）成长期:是指产品销量稳定高速增长的阶段。有了前期的积累,销售规模开始扩大,带来单位成本的下降,使得此阶段产品的销量和利润双双走上了上升通道。经营计划需要尽可能精确地预测销售规模的增幅,以便制定相应的经营策略和资源政策。

（4）成熟期:是指产品由新产品变成普通产品,市场销量由高速增长变为低速增长的阶段。此阶段来临的主要原因是同质化竞争加剧,市场趋于饱和,产品销售的难度增大,促销投入相较之前有增无减,导致产品利润降低。

（5）衰退期:是指产品销量持续下降,进入淘汰的阶段。主要是因为产品已经不适应外部宏观环境的变化,尤其是社会环境的变化。此阶段的特征是销量和利润均出现了持续下滑。

根据产品生命周期不同阶段的销量和利润曲线变化规律,可以更加有效地预测经营目标,避免目标制定时进行简单的线性预测带来的误差。同时,也有助于根据产品所处阶段,对季节性目标进行科学分解,避免将年度目标简单地平均分配到每个月。实践中,一般是对每个产品的季节性目标进行预测,进而得出总体经营目标。如表 3-1 所示。

表 3–1 产品销量 / 利润预测

产品类别	产品	当前销量 / 利润	季节性目标预测	年度目标预测	预测依据
明星		销量：			
		利润：			
金牛					
问题					
瘦狗					

注：①季节性时段应当根据产品本身的淡旺季来划分。②预测依据来源于第二章的经营分析，应当说明每个产品的具体依据。③此处的目标预测是基于往年增长率对正常增长情况的预测，不包括随机事件带来的影响。此处的预测值也并非最终的目标，而是等待修正的基数。

二、盈亏平衡分析

盈亏平衡点（Break Even Point，BEP）又称为零利润点、保本点、盈亏临界点、损益分歧点、收益转折点，通常是指全部销售收入等于全部成本时（销售收入线与总成本线的交点）的产量。以盈亏平衡点为界限，当销售收入高于盈亏平衡点的收入时，企业盈利；反之，企业亏损。盈亏平衡点可以用销售量来表示，即盈亏平衡点的销售量；也可以用销售额来表示，即盈亏平衡点的销售额；还可以根据企业经营计划的需要，以产品单价、变动成本、固定成本等因素来表示。盈亏平衡分析的步骤如下。

1. 线性回归分析

盈亏平衡分析的前提是成本与销量呈线性关系。在盈亏平衡分析模型中，总成本分为固定成本和变动成本。通过对观测数据进行线性回归分析，可以确定分析对象产品是否符合这一条件。

（1）对于单一产品，或者单品生产企业，在一段时间内生产条件不变的情况下，收集该段时间内不同时间点对应的销售量及其总成本，制作出"销售量－总成本"的散点图。然后观察这些点的分布，如果这些点呈现线性趋势，则总成本与销售量之间存在直线相关，用 $C=C_F+C_V Q$ 表示，其中 C 表示总成本，Q 表示销售量，C_F 表示固定成本，C_V 表示单位产品的变动成本。对模拟直线采用最小二乘法，则可以把 C_F、C_V 表示出来，如图 3-3 所示。

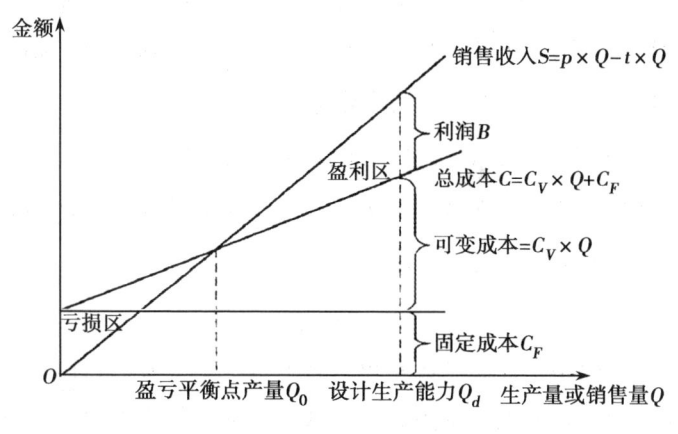

图 3-3 线性盈亏平衡模型

根据线性拟合结果（见图 3-3），结合盈亏平衡点的定义，可知分析模型为：
$$B=PQ-C=PQ-(C_F+C_V Q)=(P-C_V)Q-C_F$$
盈亏平衡点的保本量 $Q_0=C_F/(P-C_V)$，保本额 $S_0=P\times Q_0=C_F/cmr$。

其中，B 为利润；P 为单价；C 为总成本；C_F 为固定成本；C_V 为单位产品的变动成本；Q_0 为盈亏平衡点处的销售量；S_0 为盈亏平衡点处的销售额；cmr 为产品贡献毛益率。

（2）对于生产多种产品的企业，要确定总成本与销售量之间是否呈线性关系，可以用多元线性回归来拟合。

在一段时间内生产条件保持不变的情况下，收集该段时间内不同时间点上总成本 C 与各产品销售量 Q_i 的数据，用（C_j，Q_{j1}，Q_{j2}，…，Q_{jn}）表示。其中 C_j 表示第 j 时间点上的总成本，Q_{ji} 表示第 j 时间点上第 i 种产品的销售量，$j=1$，2，…，m，$i=1$，2，…，n。

检验总成本 C 是否可以用各产品销售量 Q_i 线性表示出来，为此用统计软件（SPSS、Stata 等）进行线性回归，得到模型拟合度 R_2。若 R_2 值接近 1，说明总成本 C 可以用各产品销售量 Q_i 线性表示出来，而且 R_2 值越接近 1，拟合度越好，线性关系越明显。

但各产品之间也有可能存在共线性，因为一种产品的良好收益会掩盖其他产品的不良情况。在这种情况下可以采用逐步回归法进行成本拟合，这样可以消除多重共线性。分别做 C 与 Q_i 的一元线性回归，$i=1$，2，…，n。得到拟合度 R_{i2}，按 R_{i2} 值从大到小依次把对应的产品销售量选入回归模型，每选入一种产品的销售量都要进行检验。用 F 值作为检验统计量，若 $F \geqslant F$ 临界值，则回归模型增加这种产品的销售量作为解释变量，否则剔除。

若线性回归得到的模型拟合度 R_2 不接近 1，则总成本 C 与各产品销售量 Q_i 之间不存在线性相关或存在弱线性相关，那么该企业的盈亏平衡是非线性的，就不适合用线性盈亏平衡模型进行分析。

2. 平衡点计算

根据回归分析模型，在假定产销量一致的情况下，我们可以很容易地得到影响经营绩效盈亏的各要素的平衡点计算公式，从而计算出产量、产品价格、单位产品的可变成本、年固定成本、生产能力利用率等因素的盈亏平衡点。

在销售收入等于总成本的情况下：

$$S=PQ=C=C_F+C_V Q$$

其中，S 为销售收入；P 为产品单价；Q 为销售量／产量；C 为总成本；C_F 为固定成本；C_V 为单位产品的变动成本。设 Q_D 为设计年产量，则各要素的盈亏平衡点（BEP）如下。

（1）产量盈亏平衡点：$Q_{BEP}=C_F/(P-C_V)$。

（2）产品价格盈亏平衡点：$P_{BEP}=C_V+C_F/Q_D$。

（3）固定成本盈亏平衡点：$C_{FBEP}=(P-C_V)/Q_D$。

（4）单位产品变动成本盈亏平衡点：$C_{VBEP}=P-C_F/Q_D$。

（5）生产能力利用率盈亏平衡点：$E_{BEP}=(Q_{BEP}/Q_D)\times 100\%$。

计算出上述各要素的盈亏平衡点后，就可以根据企业的资源和能力，结合环境的利好趋势，确定经营目标和经营策略。

3. 盈亏平衡经营决策

从盈亏平衡的理论视角来看，企业应当追求的是利润最大化，而非产量和销售收入的最大化，因此，选择利润最大化时的产量，设计利润最大化、成本最小化的生产策略才是合理的。现实中，由于产销不一致、成本性态更加复杂等原因，企业经常存在两个盈亏平衡点。如图 3-4 所示，某企业的盈亏平衡点位于 A 点与 B 点，即当企业产量在区间 $Q=[Q_1,Q_3]$ 时，企业都可以获得利润。

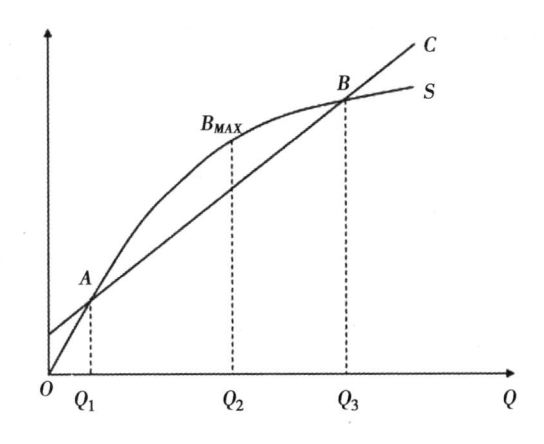

图 3-4　现实中企业的两个盈亏平衡点

但是，只有当产量为 Q_2 时，企业才能获得最大利润。因此，当经营复盘发现当前的产量、成本、销售收入都在上升时，需要依据盈亏平衡点分析结果调整经营策略和目标。例如，当产量处于区间 $[Q_2，Q_3]$ 时，在成本不变的情况下，应当降低产量，向 Q_2 回归；当产量小于 Q_2 时，应当增加产量。

更进一步，如果企业存在盈亏情况不一的多个产品，即有的产品盈利，有的产品亏损，则从企业整体盈亏的视角来看，要确定是否需要对亏损产品进行减产或停产，应分析亏损产品的闲置生产能力是否能够用于其他产品的生产，产生范围经济效应。

（1）如果亏损产品的生产能力是专属的，即使减产，其闲置生产能力也无法用于其他方面，则根据其贡献毛益（销售收入－变动成本）是否为正，决定是否继续生产。如果贡献毛益为正，则应继续生产，因为尽管本产品的利润是亏损的，但是其销售收入可以补偿一部分固定成本的损失，从总体上减少公司的亏损；如果贡献毛益为负，则应停产。

（2）如果亏损产品的生产能力可以用于其他方面，则根据转产相对毛益（转产产品毛益－当前产品毛益）是否为正，决定是否转产。如果转产产品的贡献毛益大于当前产品，则应转产，以便补偿更多的固定成本损失。

总之，从盈亏平衡的角度看，企业应按照累计贡献毛益对固定成本补偿的快慢进行经营决策，按贡献毛益率大小来规划经营目标和策略，决定资源投放的重点，以实现快速保本获利。但是，在对宏观环境有稳定预期的基础上，有部分企业并不会选择将一时的盈亏作为最重要的经营目标,为了未来更大的收益,这些企业可以忍受暂时的亏损。这种理性的亏损通常被视为一种战略投资,为企业长远发展的战略目标服务。

三、战略目标分解

制定年度经营目标时,还需要考虑企业中长期战略目标分解在当年度的任务。当前,企业通常采用滚动规划的方式对企业战略目标进行修正,修正后的目标应当纳入经营计划。

企业的战略目标是层层支撑的:企业愿景的实现依赖于发展战略目标的实现,发展战略目标的实现依赖于竞争战略目标的实现,竞争战略目标的实现依赖于职能战略目标的实现。因此,制定年度经营目标时必须考虑这些目标的系统性和一致性,确保年度经营目标的实现能够支撑公司战略目标的达成。如图 3-5 所示。

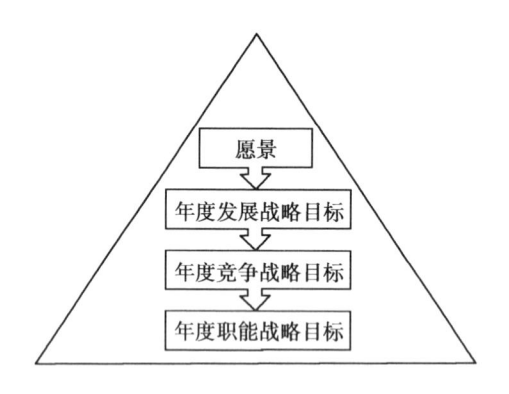

图 3-5 战略目标分解

四、市场需求预测

从外部视角看,企业的经营目标来源于市场需求。市场需求的变化是一个相对稳定,但持续不断的过程。市场需求可以通过经验来预测,也可以通过历史数据进行建模分析。

1. 市场需求类型

$$市场需求 = 客户数量 \times 购买力 \times 购买意愿$$

需要注意的是，年度经营计划中所指的客户数量，是具有显性需求和潜在需求的客户的数量之和。由于年度经营的周期比月度、季度更长，因此可以对潜在需求甚至隐性需求设计策略，进行开发和引导。如表 3-2 所示。

表 3-2　市场需求类型

市场需求类型	客户购买力	客户满意度 / 品牌认可度	策略导向
显性需求 （可满足）	强	高	关系营销
	中	中	品牌强化、定价策略
	弱	低	子品牌
潜在需求 （可开发培育）	强	高	促销策略
	中	中	定价策略
隐性需求 （暂时无法满足）	强	高	研发引领

2. 市场需求预测模型

除了经验法以外，我们可以通过多元回归模型（Multiple Regression Model）对市场需求进行预测。

$$y=\beta_0+\beta_1 x_1+\beta_2 x_2+\cdots+\beta_k x_k+\varepsilon$$

其中，β_0，β_1，β_2，$\cdots$，β_k 是参数；ε 是被称为误差项的随机变量；y 是 x_1，x_2，$\cdots$，x_k 的线性函数加上误差项 ε；ε 是包含在 y 里面但不能被 k 个自变量的线性关系所解释的变异性。

3. 预测方法的选择

根据历史数据预测未来目标时，需要根据业务的时间序列数据特征来选择合适的预测方法。首先判断该业务在时间序列数据变化上是否存在趋势性，其次判断是否存在季节性。对于存在趋势性和季节性的业务，应当采用季节性预测法；对于存在趋势性但不存在季节性的业务，应当采用趋势预测法；对于不存在趋势性，但存在季节性的业务，应当采用季节性预测法；对于既不存在趋势性，也不存在季节性的业务，应当采用平滑法进行预测。

在每一种方法中，又可以根据实际情况，选择具体的某一种方法，如图 3-6 所示。

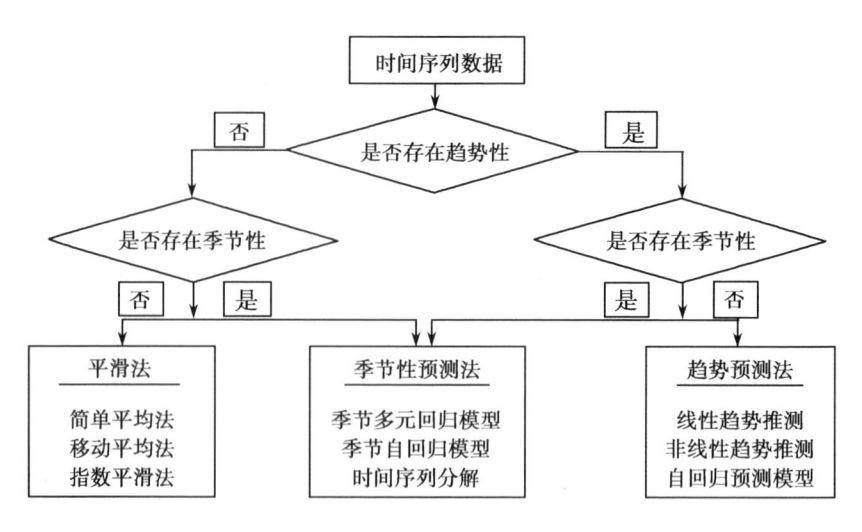

图 3-6　预测方法的选择

五、企业经营目标的制定

企业经营目标包括业务类目标和组织类目标，如表 3-3 所示。

表 3-3　企业经营目标

业务类目标	组织类目标
销售额：	人均利润：
总体市场份额：	客户满意度：
利润指标：	管理成熟度：
销售量：	员工满意度：
……	……

在对年度目标预测的基础上，结合内外部环境分析结论，可以对预测结果进行适当的修正，形成初步的年度经营目标。

此时形成的经营目标是公司层面的整体目标，还需要根据组织结构将目标分解到各部门，根据季节性特征将目标分解到不同的季度和月份；根据各部门和各月份的目标，制订具体工作计划；根据分解的目标和计划，制订资源配置计划，形成经营预算；最后结合预算对目标的可行性做最后的评审、推演，确保目标的科学性。

第二节　绘制年度经营战略地图

战略地图是以平衡计分卡的四个层面（财务层面、客户层面、内部层面、学习与成长层面）目标为核心，通过分析这四个层面目标的相互关系而绘制的企业战略因果关系图。

2004年1月，平衡计分卡的两位创始人罗伯特·卡普兰（Robert S. Kaplan）和戴维·诺顿（David P. Norton）出版了《战略地图——化无形资产为有形成果》一书，标志着战略地图这一划时代管理工具的问世。战略地图解决了企业战略和经营计划方面几十年来存在的顽疾：企业由于无法全面、系统、具体地描述战略目标及其关键主题之间的逻辑关系，导致管理者之间及管理者与员工之间无法沟通，对战略无法达成共识。

战略地图的核心思想是：企业只有通过运用人力资本、信息资本和组织资本等无形资产（学习与成长），才能创新和增加战略优势与效率（内部流程），进而使公司把特定价值带给市场（客户），从而实现股东价值（财务）。将这一思想用一张因果关系逻辑图表示出来，就是战略地图，如图3-7所示。

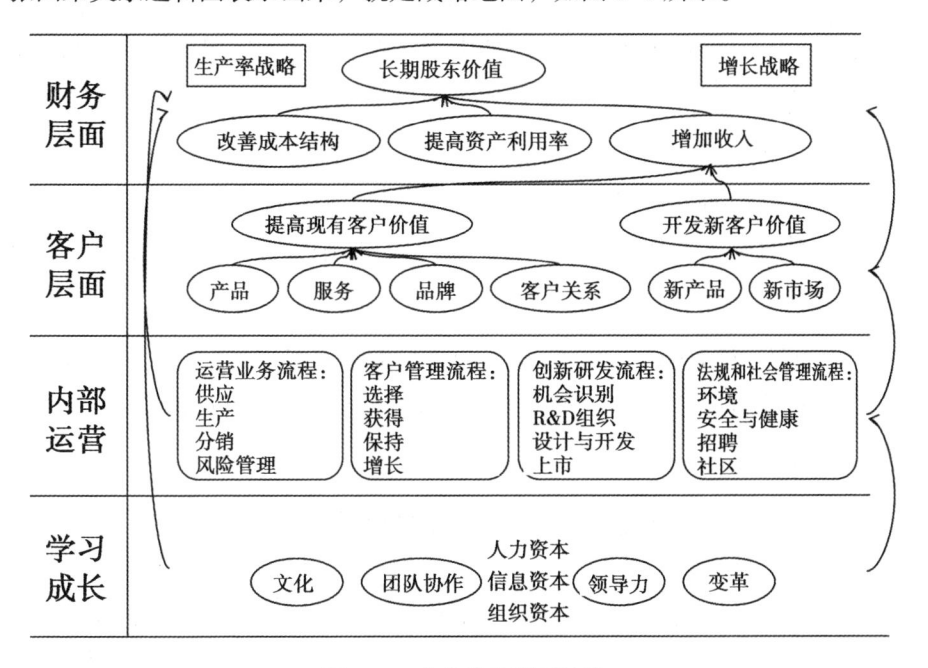

图3-7　企业战略地图示例

绘制企业年度经营战略地图的步骤如下。

1. 确定企业年度经营战略目标和关键策略

年度经营战略地图中的目标是企业的战略目标，其关键策略是财务、客户、内部运营和学习成长层面的重要方向。

例如，企业的年度战略目标是 XX 明星产品的市场份额实现第一；XX 问题产品的研发取得重大技术突破；XX 金牛产品的利润率保持在 XX%；等等。

为此，企业将在财务层面进一步提升净资产投资回报率和利润率；在客户层面进一步加强明星产品品牌定位；在内部运营层面重构客户导向的产品研发和敏捷生产流程体系；在学习成长层面加强人才梯队和创新能力建设。

2. 确定客户价值

为了实现企业经营目标，需要确定企业每一款产品的客户价值主张及其策略。例如，对于"物美价廉"的产品，如何进一步加强其使用功能，降低售价；对于"优质优价"的产品，如何进一步定义当前和未来一年客户对优质产品的需求，并确定以何种传播方式形成客户对价值的准确认知。

3. 确定战略举措

为实现产品的客户价值，并在客户心中建立对应的认知，最终取得财务效益和实现全面经营目标，企业应当确定在平衡计分卡的各个层面实施哪些最关键的战略举措。例如，建立或完善运营业务流程、客户管理流程、创新研发流程、法规和社会管理流程等。

4. 形成指标与行动方案

根据战略举措的成功要素，设计行动方案，匹配资源需求，并形成一系列衡量指标。

年度经营战略地图将企业最高经营目标按照企业运行的逻辑，分解为具体的执行方案，形成目标达成的评价指标，是目标与行动计划之间的桥梁。

第三节　公司组织架构调整

组织架构调整之所以是年度经营计划的重要工作，是因为企业的目标和关键策略需要各个职能部门来承接。

首先，调整组织架构是为了更好地实施经营策略。基于之前的价值链分析和商业模式分析，结合企业经营目标，对原有业务的运营体系进行调整和优化，对重点业务流程进行重构，可以在组织结构上强化企业竞争优势。

其次，调整组织架构是为了整合资源。将业务主流程的关键环节整合在一个部门，可以消除管理壁垒，降低沟通成本，而将有些权力过于集中，但无助于流程效率改善的关键环节分割在不同部门，又可以降低风险和难度，从而在整体上提升资源配置效率。

一、组织设计的基本原则

组织设计分为组织架构设计和岗位设计。其中，组织架构设计事关组织的正常运转，是企业一切管理机制设计的基石。科学的组织架构设计应当遵循八大原则。

（1）服务战略和目标的原则。组织架构的功能结构应当确保企业战略和经营目标是可实现的。

（2）专业化原则。组织架构应当体现专业化分工原则，以便提升效率，降低人员匹配的难度。

（3）统一指挥原则。组织架构应当确保一个岗位收到的同一类事务指令是统一的，避免政出多门、多头领导。

（4）分工协调原则。以专业化分工为原则划分组织职能，即一个部门承担的职能应当是比较集中、比较少的，如果职能跨度太大，则很难找到能够胜任的人员来完成部门的工作。除分工原则外，还应当体现协调原则，即部门边界的确定应当便于业务活动的上下游衔接，关键流程的接口应当清晰。

（5）有效管理幅度原则。不同层级的管理者能够有效管理的下属数量不同，需要根据公司的管理工作难度等情况来确定。在互联网技术越来越多地应用于业务沟通的背景下，有效管理幅度也在扩大。

（6）层级原则。组织应当是有层级的，层级体现的是目标的分解原则，不同的层级对应不同的责任、权力和能力要求。通常，组织的层级越多，指令的传递链条就越长，组织运作的效率也会相应地降低，因此在组织设计的时候应谨慎地评估层级设置的合理性。当前越来越多的企业追求扁平化的组织，就是为了提升组织对外部变化的响应速度。

（7）集分权原则。为了兼顾组织运行的效率和风险管控，应当将业务中的日常事项和重大事项区分开来。对于日常事项，尽量通过分权来实现组织的例行管理，而对于重大事项和例外事项，应当保留组织集中讨论决策的权力。

（8）权责对等原则。组织的职能划分就是一种责任范围界定，同时也必须明确完成这些责任的对等权力。

与此对应，岗位设计应当遵循五大原则。

（1）实际需要原则。一个部门该设置什么岗位，该设置多少岗位，应当基于计划期内的业务发展需要而确定，而非根据公司现有人员数量和结构确定。应该"因事设岗"，避免"因人设岗"。

（2）最少岗位数量原则。应当在战略分解和工作分析的基础上，根据负荷分析，确定组织有效运作必须具备的最少岗位数量。如果岗位设置不足，则组织存在先天缺陷，不大可能实现其战略目标。例如，一家企业决定从代工制造转向打造自主品牌，则应当设置的必备岗位包括市场部经理，而不是只有销售经理就可以了。同样，如果一家企业设置的岗位数量远超所需，则必然出现人浮于事、推诿扯皮的现象。

（3）最低职务岗位原则。岗位设计时，应当考虑组织有效运转所必需的最低岗位和职务，超过必需级别的高配，可能导致资源浪费，而低于必需级别的将就，则影响岗位业绩目标的达成。例如，如果某制造企业拥有业内领先的技术和设备，可以做出同行难以做出的高难度产品，则其销售部门只需要设置最基本的销售员就足够了；如果某贸易公司的产品没有特别的卖点和品牌影响力，需要靠更大的销售团队来推广，则其销售部门需要设置的最低必需岗位应当是销售主管。

（4）协调配合原则。岗位不能只是基于分工而设置，还要基于岗位之间的联系而设置，所有岗位的协同运作应当能够确保组织整体功能的实现。

（5）人事结合逐步过渡原则。在组织架构调整时，大多数企业都存在着各种各样的人员安置难题，有的人员不符合新岗位的任职资格，有的又超过了岗位的要求，"人"的现状很难完全与新岗位体系的"事"一一对应起来。如果无法按照理想状态实现一步到位的调整，比较稳妥的做法是设置部分过渡性的岗位，降低组织和岗位调整的难度，同时增强组织在用人方面的灵活性。

组织设计原则和步骤归纳如图 3-8 所示。

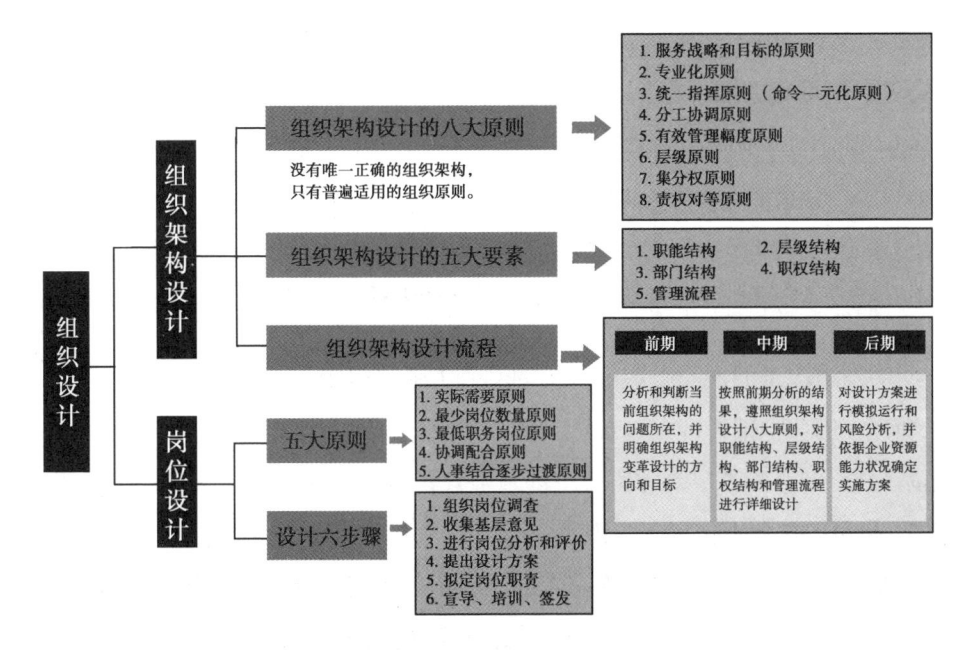

```
组织设计
├── 组织架构设计
│   ├── 组织架构设计的八大原则
│   │   没有唯一正确的组织架构，
│   │   只有普遍适用的组织原则。
│   │   → 1. 服务战略和目标的原则
│   │     2. 专业化原则
│   │     3. 统一指挥原则（命令一元化原则）
│   │     4. 分工协调原则
│   │     5. 有效管理幅度原则
│   │     6. 层级原则
│   │     7. 集分权原则
│   │     8. 责权对等原则
│   ├── 组织架构设计的五大要素
│   │   → 1. 职能结构  2. 层级结构
│   │     3. 部门结构  4. 职权结构
│   │     5. 管理流程
│   └── 组织架构设计流程
│       ├── 前期：分析和判断当前组织架构的问题所在，并明确组织架构变革设计的方向和目标
│       ├── 中期：按照前期分析的结果，遵照组织架构设计八大原则，对职能结构、层级结构、部门结构、职权结构和管理流程进行详细设计
│       └── 后期：对设计方案进行模拟运行和风险分析，并依据企业资源能力状况确定实施方案
└── 岗位设计
    ├── 五大原则
    │   → 1. 实际需要原则
    │     2. 最少岗位数量原则
    │     3. 最低职务岗位原则
    │     4. 协调配合原则
    │     5. 人事结合逐步过渡原则
    └── 设计六步骤
        → 1. 组织岗位调查
          2. 收集基层意见
          3. 进行岗位分析和评价
          4. 提出设计方案
          5. 拟定岗位职责
          6. 宣导、培训、签发
```

图 3-8 组织设计原则和步骤

二、组织架构形态

组织架构形态是以责、权、利为核心形成的组织功能分布与关联框架，它清晰地表达了组织的指挥链。随着消费者体验和市场响应能力越来越重要，组织架构形态也由传统的直线 – 职能型结构逐步向扁平化结构演变。

1. 直线 – 职能型结构

直线 – 职能型结构是最常见的组织架构形态。它在横向上将价值链划分为多个职能模块，每个模块是一个专业的部门，如市场、研发、采购、生产、销售；在纵向上将隶属关系划分为多个层级，每个层级拥有不同的权责，如总经理、总监、经理、主管、专员等。

职能型组织是大工业的产物。它有效地保证了整个企业按照最高负责人的计划指令来运作，突出了专业分工的重要性，有利于实现标准化的大规模生产。如图 3-9 所示。

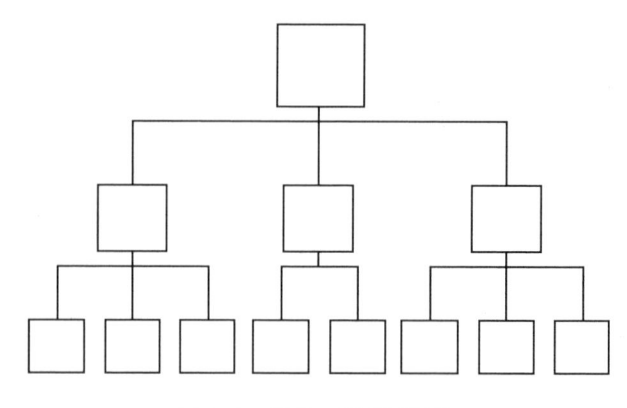

图 3-9 直线 – 职能型结构

职能型组织中的部门在职能分工的基础上还可以进一步按产品、客户或地理位置细分。例如，销售部可以按产品分为销售一部（A 产品系列）、销售二部（B 产品系列）；可以按客户分为销售一部（个人客户、家庭客户）、销售二部（机构客户）；也可以按地理位置分为销售一部（国内）、销售二部（国外）；等等。

传统直线 – 职能型组织运作多年后，组织规模越来越大，层级越来越多，很多企业都出现了机构臃肿、人员膨胀、效率下降的问题，伴随而来的是庞大的成本支出和不断缩小的利润空间，以至于在一些细分市场的份额争夺中，一些大企业败给了反应灵敏的小企业。为了从根本上消除这类弊端，事业部制应运而生。

2. 事业部制

1924 年，时任美国通用汽车公司总裁的斯隆，面对通用汽车旗下众多企业的盈利问题，借鉴"联邦分权"制度的思路，在通用汽车公司建立了事业部制，取得了巨大的成功。

事业部制将组织中的业务单元划分为一个个独立的利润中心，总部只保留了基本的管理职能，每个事业部实行独立核算、自负盈亏的管理原则。如图 3-10 所示。

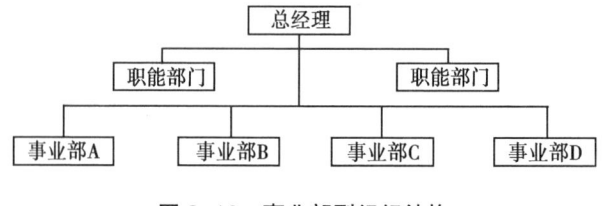

图 3-10 事业部型组织结构

事业部制显著增强了企业应对市场变化的决策效率，也有效提升了企业整体盈利水平，但事业部制本质上仍然是一种职能型组织，带有职能型组织的缺陷基因——在每个事业部内部，仍然按照传统的职能架构来运行。

此外，本位主义的副作用也更加明显，在一些事关全局的利益分配问题上，事业部容易与总部产生分歧，甚至脱离总部的掌控。

面对变化越来越快的市场，职能型组织的缺点日益突出：按照汇报关系，处于业务一线的人员需要对上级负责，按照自上而下的指示开展工作；但事实上，一线业务人员很可能比上级管理人员更加了解客户的需求和市场的实际情况，即一线人员做出的决策更贴近客户需求，同时决策速度更快，组织效率更高。因此，压缩组织层级，建立客户导向型的扁平化组织的呼声渐高。

3. 矩阵式组织

矩阵式组织是组织向扁平化阶段进化的产物。扁平化组织与职能型组织的根本区别在于：职能型组织是一种纵向决策组织，决策指令自上而下，成果汇报自下而上，是一种生产导向型组织；而扁平化组织是一种横向决策组织，决策源于客户端的动态，其余皆是支持协同团队，是一种客户导向型组织。

矩阵式组织保留了原有职能型组织的一定层级和职能部门，在此基础上设立了多个项目组，这些项目组根据其业务存续时间，可以是临时的，也可以是永久的，其目的在于统筹企业内部各个职能模块的资源，为达成项目目标服务。项目组和职能部门同时接受更高层管理者的管理，如图 3-11 所示。

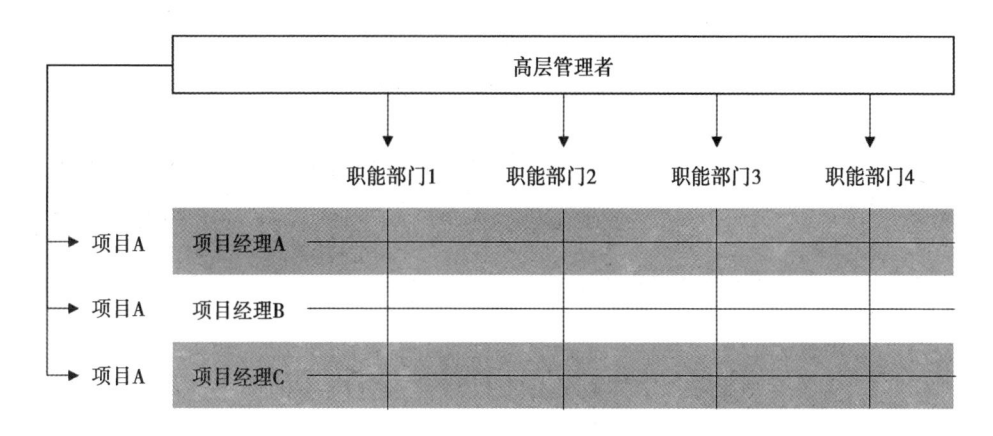

图 3-11 矩阵式组织结构

矩阵式组织是最常见的重大攻关项目团队管理方式，项目团队的成员来自原有的职能部门，身兼原部门成员和项目组成员两重身份。这种方式有效地打破了原有的部门墙，实现了职能部门资源的统筹协调。但是矩阵式组织双重管理的属性，使得其成员在身份认同上具有先天缺陷：来自不同部门的成员对项目组的归属程度差异较大，来自相对"弱势"部门的成员对项目经理的配合度往往较高，而来自"强势"部门的成员则会谋求更多的主导权，与项目经理的配合度更多地取决于个人主观意愿。

4. 流程型组织

流程型组织是以关键业务流程为基础的组织形式，它不再划定封闭的部门，而是一种开放的网络化组织，也不再以常设的固定部门为单位实行模块化管理，而是实行以客户需求为起点，以客户满意为终点的端到端管理。流程型组织通常由一名流程经理或一个小组负责整个业务流程的全面管理，由业务团队负责流程的业务，从而大大增加了团队的协同性，彻底消除了部门墙。如图 3-12 所示。

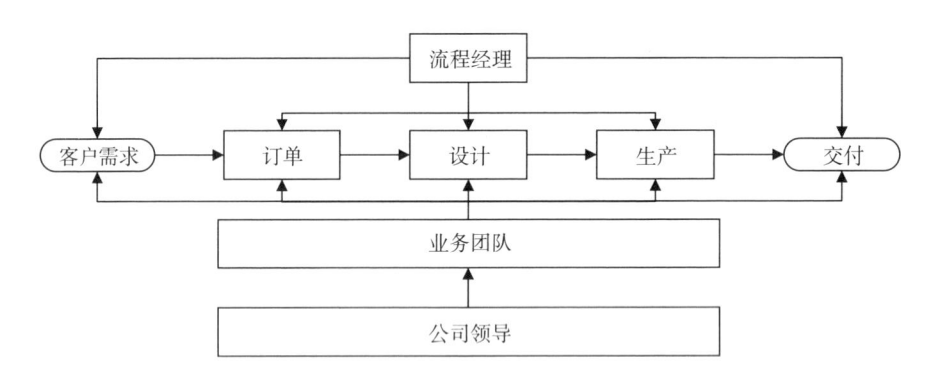

图 3-12　流程型组织结构

在流程型组织中，业务的相关决策均被移到了靠近客户的一线团队，企业最高领导层不再是业务的直接运营管理者，而是扮演支持者的角色。因此，流程型组织是组织扁平化的更高阶段。

第四节　公司组织分工运作机制

组织架构代表了组织的功能，运作机制使功能得以正常发挥。组织架构是静态的分工，而运作机制是动态的分工。

一、多级业务矩阵模型

我们将组织架构中的各个部门按照其功能性质分为事业单位和职能单位：事业单位是指其功能价值能够直接通过经营业绩表示的组织单元；职能单位是指其功能价值不能够直接通过经营业绩表示的组织单元，其需要通过支持、服务或管理事业单位来实现经营绩效。

以矩阵方式表示事业单位和职能单位的关系，可以得到业务矩阵模型，即将事业单位按照业务逻辑横向排列，将职能单位纵向排列，表示一种关系：不同层面的职能单位，其价值在于服务和管理业务链条上的所有事业单位，换言之，事业单位只需要管好自己范围内的业务就可以了，与职能服务相关的事项都应该交给该线条的职能单位来负责。例如，为了替 SBU（战略业务单元）减轻人员管理的压力，让 SBU 轻装上阵，应当在 SBU 设置 HRBP（人力资源业务合作伙伴）这一角色，替 SBU 管理好人员的招聘、培训、绩效、薪酬、员工关系等。

同理，在事业单位内部、职能单位内部，也可以进一步分为事业单位和职能单位，得到二级、三级业务矩阵模型，如图 3-13 所示。

一级业务矩阵 （集团内部的职能单位与事业单位关系）	总部	供应链中心	生产中心	子公司	SBU
	人力资源	HRBP……			
	财务	财务分析、产业分析、全面预算……			
	法务	合规性义务、风险管控……			
	公关	品牌形象、外部关系、应急体系……			
二级业务矩阵 （事业单位内的职能与业务关系）	生产中心	分厂-1	分厂-2	分厂-3	分厂-4
	供应链	集中采购、并行生产计划、战略库存……			
	品质	TQM、APQP……			
	工程	产能平衡……			
三级业务矩阵 （职能单位内部的职能与业务关系）	人力资源	HRBP-1	HRBP-2	HRBP-3	HRBP-4
	COE（专家）	胜任力素质模型、测评技术、培训体系、绩效分析、薪酬分析……			
	SSC（共享交付）	入离职办理、出勤记录、薪酬核算、福利发放、信息查询……			

图 3-13　多级业务矩阵模型

多级业务矩阵是对各部门在企业经营这一主题上的关系定位，明确关系后，还需要明确各部门的基本功能。

二、各部门分工运作机制

企业应当基于部门功能分工、部门业务流程规律、部门绩效目标，建立各部门内部运作机制。

1. 市场部门运作机制

市场部门在企业经营中发挥了龙头的作用，其内部运作机制是部门"四大功能"和"两小功能"的关联活动，如图3-14所示。

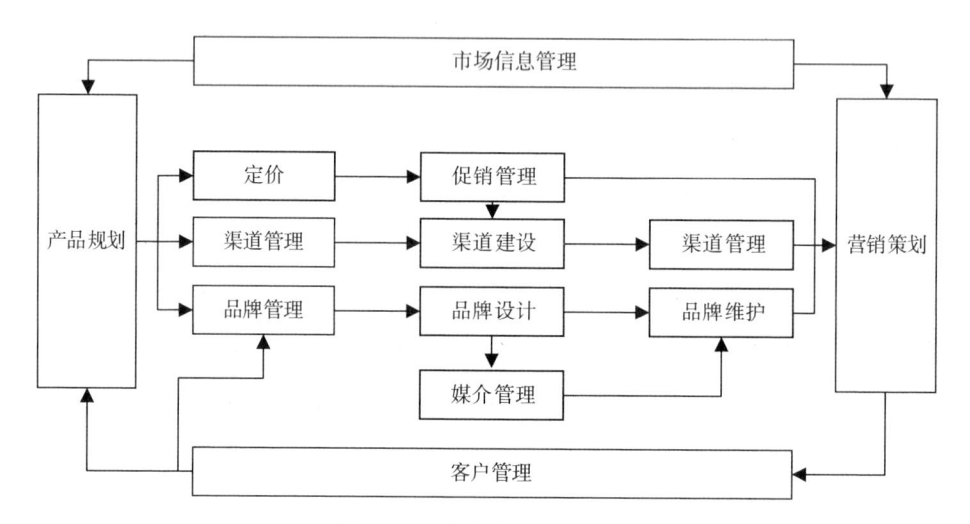

图3-14 市场部门运作机制

"四大功能"具体如下。

（1）市场信息管理：通过市场调研、用户分析，进行市场需求预测、市场情报管理等，这是产品规划和营销策划的基础。

（2）产品规划：根据市场信息，对产品生命周期进行管理，规划产品布局，形成针对目标客户的产品阵列，并根据用户购买力和产品特征制定合理的产品价格。

（3）营销策划：根据市场信息、促销目标、渠道实力和品牌定位，制定产品营销策略，并对销售人员进行培训。

（4）客户管理：根据营销效果对客户的满意度、忠诚度进行管理，进一步加强其品牌认知，并根据客户反馈意见开展产品的迭代升级。

"两小功能"具体如下。

（1）渠道管理：根据产品特性，制定渠道建设策略，实施渠道的开发和激励，对渠道经营业绩进行管理。

（2）品牌管理：根据产品使用价值，提炼品牌内涵，通过媒介管理，形成顾客认知。

市场部门的运作逻辑是：以市场信息为基础，以产品规划为核心，以营销策划为主要任务，通过品牌、渠道、促销方案的设计，管理客户的认知和满意度，以达到持续稳健地扩大市场份额的目的。

需要注意的是，市场部门并非销售部门，销售部门作为开发客户，直接将产品交付给客户的部门，是一线作战部队，而市场部门更像是制订作战计划的参谋部门。因此，相对于销售部门来说，年度经营计划主要是市场部门的工作。

2．研发部门运作机制

研发部门运作机制包括纵向的实力与价值创造，以及横向的项目管理。如图3-15所示。

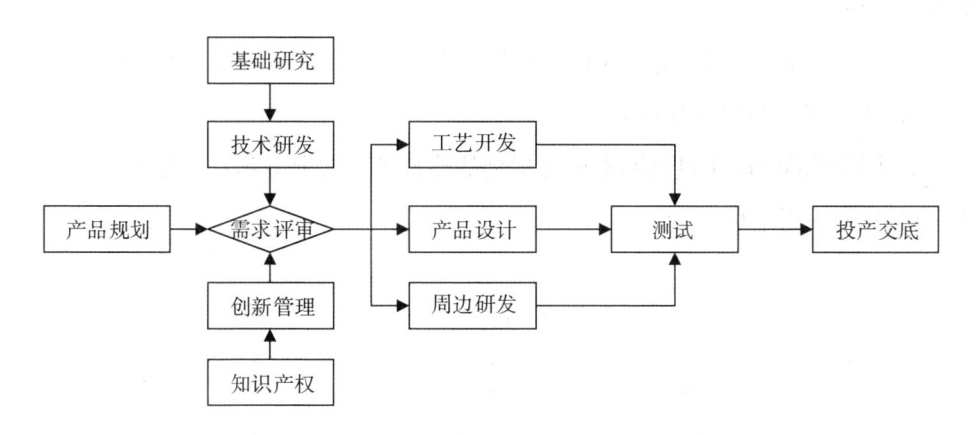

图 3-15　研发部门运作机制

从纵向看，研发部门以知识产权为边界，进行创新管理，包括对创新方向、创新人员、创新体制、创新激励、创新设施等创新资源和机制进行管理。在价值方面，从基础研究和技术研发两方面展开技术的积累，以获取技术优势。

从横向看，研发部门从承接市场部门的产品规划出发，通过需求评审后，进行工艺、产品、周边（包装、衍生物、UI等）的设计和开发，直至测试、打样、投产，对所有新产品的开发工作行使项目管理职能。

3. 生产与供应部门运作机制

生产与供应部门运作机制的本质是围绕交期达成和品质管理，对产品从物料到成品的实现过程进行管控。如图 3-16 所示。

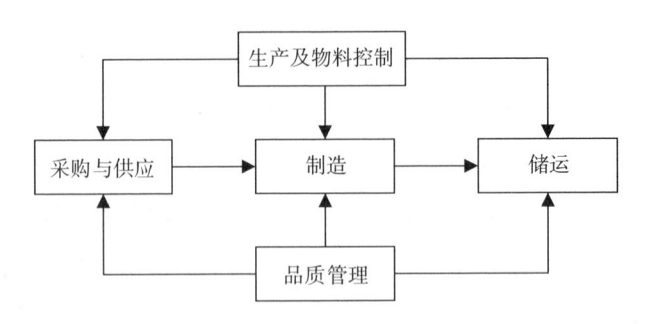

图 3-16 生产与供应部门运作机制

在年度经营计划工作中，对生产与供应部门运作机制的关注点如下。

（1）从物料到成品的机制是否顺畅、高效、可靠，是否能够支撑产品交期和质量的达成。

（2）更高的经营目标能否通过生产与供应部门运作机制的改善来实现。

4. 人力资源部门运作机制

人力资源部门运作机制的本质是根据战略部署，对业务活动提供人力或组织能力的支持。如图 3-17 所示。

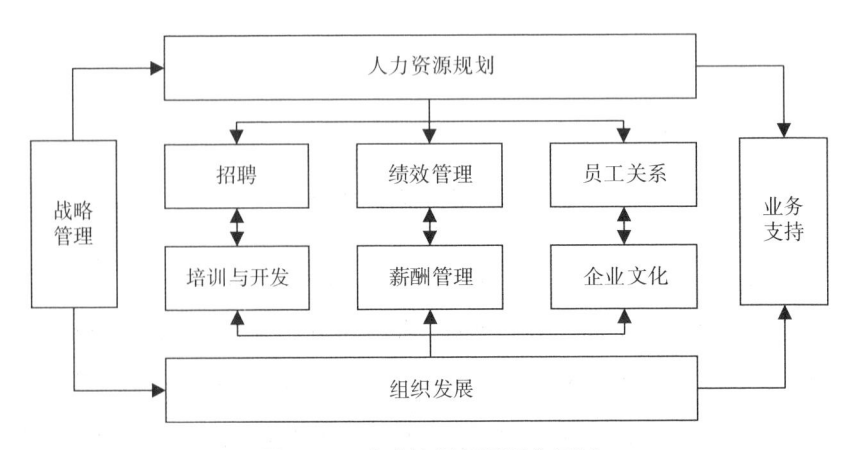

图 3-17 人力资源部门运作机制

在年度经营计划工作中，对人力资源部门运作机制的关注点如下。

（1）人力资源部门作为业务部门的战略伙伴，通过人力资源规划，指导招聘、绩效管理、员工关系、培训与开发等工作的开展，为业务发展提供人力支持。

（2）人力资源部门作为组织变革的先锋，通过主导组织发展，打造优秀团队、企业文化，建立薪酬激励体系，来形成良好的组织能力，落实战略管理举措。

5. 财务部门运作机制

从经营计划的视角来看，财务部门内部具有以下三种职能。

（1）商业财务：负责预算管理和经营分析，为企业经营目标、计划的制定和调整提供参考依据，为企业战略目标的动态调整提供业绩预测和数据支持。

（2）专业财务：负责资金管理、成本管理、风险内控体系建设等，为企业经营提供财务方面的专业建议和专业操作。

（3）运营财务：负责订单与票据、收付款项、账务等日常会计事务的管理，以及财务付款和订单处理流程的优化，为企业经营提供资源配置和效率支持。

三种内部职能都是为了承接企业战略，实现企业经营资金的价值最大化。如图 3-18 所示。

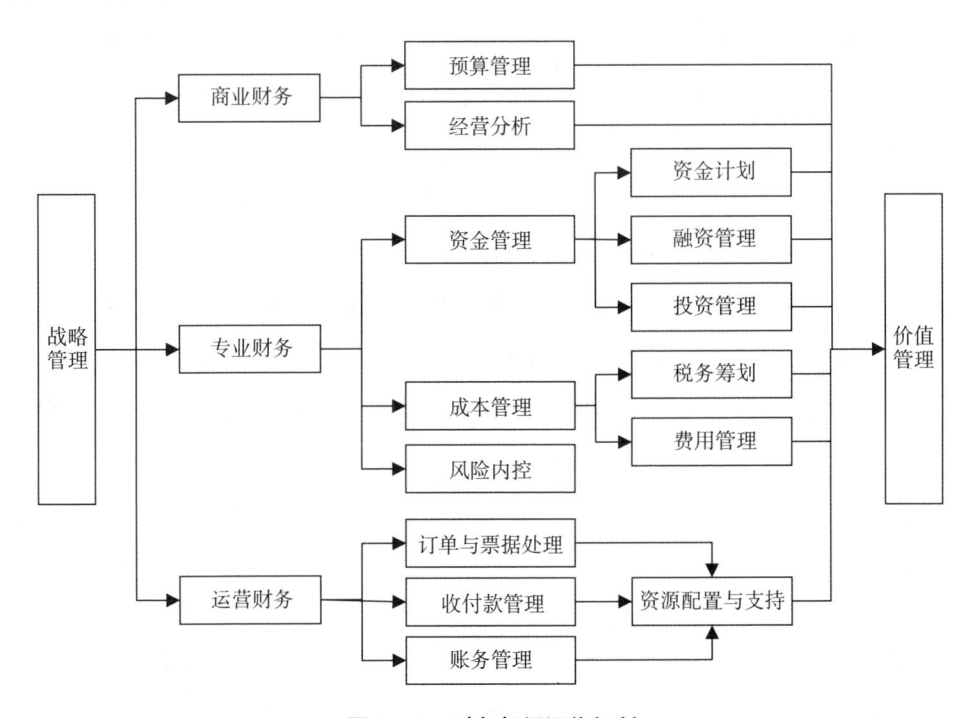

图 3-18 财务部门运作机制

三、各部门协同运作机制的创新探索

随着生产力的发展、物质的极大丰富,以及信息技术对社会的深刻改变,快速占领消费者的心智成为企业经营决胜的关键,这对传统的企业各部门协同运作机制提出了挑战,要求企业打破传统的内外部组织界限,打破部门之间的传统划分标准,围绕"客户响应力"探索新的协同运作机制。截至目前,学术界和企业界已经进行了许多卓有成效的创新,具体如下。

(1)人力资源部门打破界限,与业务部门融合,产生了"HRBP"这一角色,形成了人力资源三支柱模型。

(2)财务部门打破界限,与业务部门融合,兴起了"业财融合"这一火热的实践。

(3)海尔集团打破传统的正三角形组织架构,建立了以用户需求为服务起点和以用户需求的满足为服务终点的闭环管理流程。实现用户需求满足的管理单元就是各种各样的自主经营体。自主经营体的特征是:自创造、自驱动、自运转。

(4)2006年8月,华为苏丹代表处在总结一个通信网络项目投标失败教训的基础上,打破原有部门边界,建立了一个以客户经理(AR)、解决方案专家/经理(SR/SSR)、交付专家/经理(FR)为核心,面对面主动对接客户、聚焦项目、能够快速反馈和响应的一线作战单元,从而更深入精准地理解和把握客户需求,并形成了独具特色的项目核心管理团队组织模式——"铁三角"。

(5)2009年,为避免功能的重复建设和维护,更合理地利用技术资源,阿里巴巴打破淘宝、天猫的部门界限,组建了"共享事业部",把淘宝、天猫两个平台中公共通用的业务功能沉淀到共享事业部,并在经过几年的运营之后,于2015年底正式启动"中台战略",构建了符合数据时代要求的"大中台、小前台"组织机制和业务机制。中台整合了整个集团的运营数据和产品技术能力,向各前台业务提供强有力的支撑,使得一线前台团队在面对瞬息万变的市场时能够更敏捷、更快速地响应,快人一步占得先机。

事实上,不少企业管理的创新成果源于军队,中台战略最早也是从美军作战单元发展而来的。第二次世界大战时,美军以军为单位作战,越战时,以营为单位作战,而到了中东战争时,则以7~11人的小班排为单位作战,形成当今最灵活的军事组织，其背后的底气源自强大的中台支撑能力，包括远程炮火群支持、情报支持、技术支持等。

商场如战场，中台赋能、前台作战、前后协同、灵活组织已经成为当今时代部门间运作机制的主要特征，只有消灭传统的部门墙、数据墙、系统墙，企业整体才能形成有效的战斗力。

第五节　人事任命

有了清晰的组织运作机制，就需要对组织运作的关键人员进行人事任命。任命对象包括各部门负责人、与经营相关的委员会、工作小组负责人、重点项目负责人等。

为避免选人用人的草率和失误，企业应当制定重大人事任命的全流程管控制度，包括人才选拔标准、人才盘点程序、人才选拔机制和程序等。

一、修正关键岗位胜任力素质模型

随着年度经营策略的改变，应当每年对关键岗位的胜任力素质模型进行审阅和修正，并将其作为新一年的人才选拔标准。

1973年，哈佛大学教授戴维·麦克利兰（David McClelland）提出了"胜任力"这一概念，它是一组用于区分绩效卓越者和绩效平庸者的深层次特征。胜任力素质模型被人们形象地称为"冰山模型"，"胜任力"即冰山下面的部分。如图3-19所示。

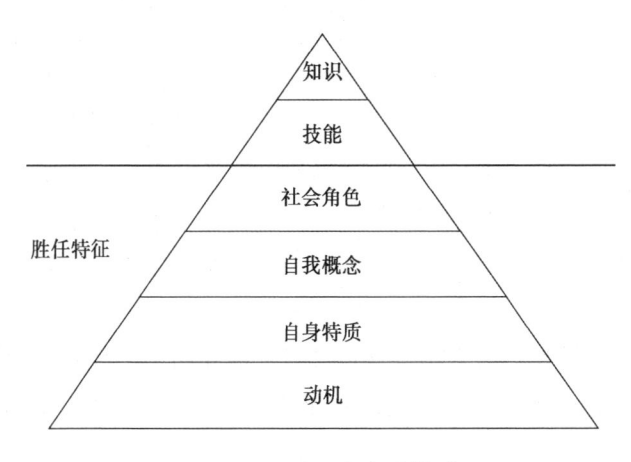

图 3-19　胜任力素质模型

胜任力素质模型是针对特定岗位而言，能够出色完成岗位职责所应具备的一系列胜任力特征的组合结构。以某公司事业部总经理为例，其胜任力素质模型如表 3-4 所示。

表 3-4　某公司事业部总经理胜任力素质模型（节录）

素质	定义	描述	典型行为	权重
成就动机	推动组织取得卓越绩效的强烈愿望和责任感	有成就动机的人更加愿意打破现状，挑战更高的目标	● 勇于面对有挑战性的目标 ● 乐于解决工作中的问题 ● 对工作责任有充分的担当	略
风险思维	提前预防风险，降低经营不确定性的意识	具有风险思维的人更能够带领组织实现稳健的经营，增强组织的风险抵御能力	● 敏锐洞察并客观评估风险 ● 预测风险并制定应对措施	略
运营管控	做出高质量成果的能力	运营管控能力优秀的人能够以更高的效率完成组织的目标	● 建立数据化运营体系 ● 制订行之有效的计划 ● 总结并主导实施改善	略
沟通能力	能够协调不同意见，取得他人支持的能力	有沟通能力的人可以大幅提升运营的效率，避免方案因意见分歧而被搁置	● 准确识别相关方深层次诉求 ● 发掘一致性诉求并形成共识 ● 求同存异制定一致行动方案	略
变革主导	带领组织革除自身弊病，重塑组织生命力的能力	具有变革主导能力的人能够发现现状与最佳实践之间的差距，并凝聚各方力量做出自我改变	● 准确评估变革的成本与收益 ● 有效化解变革的压力与矛盾	略
团队激励	发掘团队潜质，激励成员创造出更大价值的能力	具有团队激励能力的人可以用活并不完美的团队，实现优势互补，提升整体战斗力	● 以身作则成为员工标杆 ● 发掘员工潜质并辅导提升 ● 用人所长并合理授权 ● 营造组织归属感和自豪感	略
决策能力	根据现有信息判断趋势，做出最有力决定的能力	具有决策能力的人可以更快更准确地识别问题和机会，并及时抓住机会，赢得未来	● 抓住主要矛盾分析问题 ● 能够当机立断 ● 敢于承担相应的未知风险	略

将胜任力素质模型作为人员选拔标准时，需要给每一项胜任力要素赋予相应的权重，并且对每一项胜任力要素的水平层级做出划分。以"决策能力"为例，其水平层级如表 3-5 所示。

表 3-5　"决策能力"水平层级

要素水平	定义
初级	能够根据日常程序做出决策；或针对授权范围内的事项做出正确的决策
中级	能够在日常程序之外，根据不完整的信息做出决策；或针对临时紧急突发事件做出常规授权范围之外的正确决策
高级	打破现有决策程序和习惯，力排众议，根据极其有限的信息做出正确的决策

修正后的胜任力素质模型可用于下一年度的人才选拔，以确保人员的能力与组织的目标、岗位的权责相匹配，进而确保业绩的达成。

二、实施年度人才盘点

人才盘点是企业对内部人员的数量和质量进行梳理，并分类制订人才发展计划的行为。人才盘点是企业每年都应开展的常规管理活动，它不仅是上级对下级的阶段性评价，还是管理者提升团队管理能力的良机，更是人事调动的重要依据。

1. 人才盘点内容

人才盘点盘什么？这是首先要搞清楚的问题。从盘点的直接目的来看，就是要评估出人员的当前价值（绩效）和未来价值（潜力），并且判定这种价值是否可持续（任用风险），在此基础上，识别出组织内部的明星员工、中坚力量和一般员工。最常用的人才盘点工具是潜力与绩效九宫格，如图 3-20 所示。

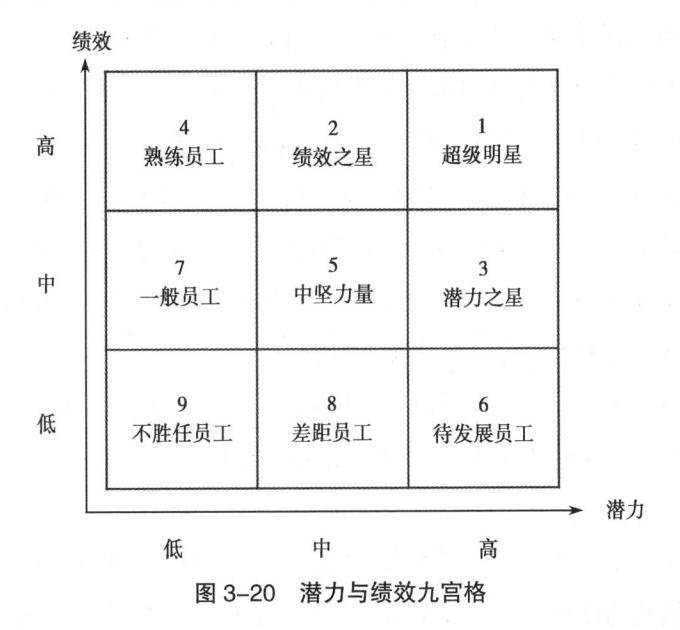

绩效	低潜力	中潜力	高潜力
高	4 熟练员工	2 绩效之星	1 超级明星
中	7 一般员工	5 中坚力量	3 潜力之星
低	9 不胜任员工	8 差距员工	6 待发展员工

图 3-20　潜力与绩效九宫格

人才盘点九宫格通过"潜力"和"绩效"两个维度各自三个等级的组合，将企业内部员工分为以下九个类型。

（1）超级明星：绩效与潜力双优的人才，有能力承担更高层级的任务。对于此类人才，应当重点关注，赋予更大的责任和权限，制定有针对性的激励措施，并及时将其提升到能够胜任的更高职位。

（2）绩效之星：绩效优秀且潜力尚可的员工，是企业的业务骨干、保障经营效益的基本盘。对于此类人才，应当在挖掘和提升潜力的同时，适当让其承担更大的责任和新任务，并注重其能力的更新和转型升级。在留人策略方面，应确保薪酬的外部竞争力。

（3）潜力之星：绩效一般但潜力很大的员工，是企业的重点发展对象。对于此类人才，应当加强绩效辅导，设定更高的挑战目标，制订能力和业绩提升计划，同时确保薪酬竞争力。

（4）熟练员工：绩效优秀但潜力偏低的员工，是企业经营效益的稳定贡献者。对于此类人才，应当充分发挥其当前角色的价值，同时开展基本的知识和技能更新培训。

（5）中坚力量：绩效与潜力均尚可的员工，是实现企业经营效益的基础力量。在一家发展较好的企业中，此类人才往往在数量上是主力。对于此类人才，应当针对其现有的潜力，重点提升绩效，将其培养为业务骨干。在企业变革关口，应提前对此类员工的潜力进行盘点和评估，为其匹配更好的价值创造机会，将其转化为潜力之星，使之成为变革的支持者和贡献者。

（6）待发展员工：绩效不佳但潜力较好的员工，是企业不能轻易放弃的后备人才。对于此类人员，重在找出绩效不佳的原因（可能是工作方式方法不当，也可能是部门的用人方式不对，抑或是工作动力不足），针对具体原因破除绩效瓶颈，并持续观察其绩效表现，将其转化为潜力之星。

（7）一般员工：绩效一般且潜力偏低的员工，可胜任一定的工作，但难以挑战更高的目标。对于此类员工，应当加强绩效辅导，尝试通过专项培训突破其原有局限。

（8）差距员工：绩效偏低但潜力尚可的员工，可能是因为员工自身具备的一定能力还未转化为绩效。对于此类员工，应当通过系统的绩效管理，严抓绩效改进，或调整岗位，将其能力发挥出来。

（9）不胜任员工：绩效与潜力均偏低的员工，一般不能胜任当前和未来的工作。对于此类员工，可以降级或调整到与其能力匹配的岗位，也可以考虑淘汰。

在上述九种人员中，第1、2、3号格里面的人员是企业年度经营计划关于人事任命的重点人选来源。任命前，企业应当对以上人员进行一对一面谈，确定其承担相应责任的意愿，并对其任用风险进行评估，具体包括以下两点。①流失风险：候选人员流失的概率、时间，可能导致流失的原因，以及流失可能带来的影响。②道德风险：候选人员在新的岗位上舞弊的可能，以及可能带来的影响。

2. 人才盘点程序

人才盘点一般通过"人才盘点会"来完成。在盘点会之前，主导部门一般需要召开沟通会，说明盘点目的和盘点程序，统一思想认识和盘点标准，介绍参与人员和角色，安排相关数据和材料的准备工作，以及宣布工作纪律等。其中，人才盘点涉及的角色及其分工如下。

（1）被盘点人：所有被评价的对象，一般包括各部门基层管理人员及其以上人员。被盘点人一般不参与与本人有关的人才盘点会。

（2）盘点人：被盘点人的直属上级。盘点人的职责是向盘点会陈述本部门被盘点人的基本情况，并回答其他盘点人的提问。

（3）参与人：被盘点人的间接上司，或上下游部门的间接上司。其职责是参与对被盘点人的讨论。

（4）主持人：组织盘点会，引导盘点会的流程，把控盘点人的提问质量、提问方向，确保人才盘点不跑题。为了最大限度地保证人才盘点会讨论的公平公正性，主持人一般不能由与盘点人和被盘点人存在利益关系的人担任。通常，这个角色由人力资源部人员、组织发展专家或外部顾问担任。

（5）观摩人：全程观摩人才盘点会，听取盘点讨论结果，并针对重大分歧和矛盾做出最终决策。一般由企业的总经理担任。

有了上述准备之后，人才盘点的工作将按照以下流程展开。

（1）人才初步定位。在人才盘点会召开前，人力资源部会针对被盘点人进行潜力测评，并整理被盘点人的绩效数据。盘点人应当根据人才的绩效数据和潜力测评数据，结合日常观察，对被盘点人进行综合评价，将被盘点人初步列入人才九宫格的对应位置。如图 3-21 所示。

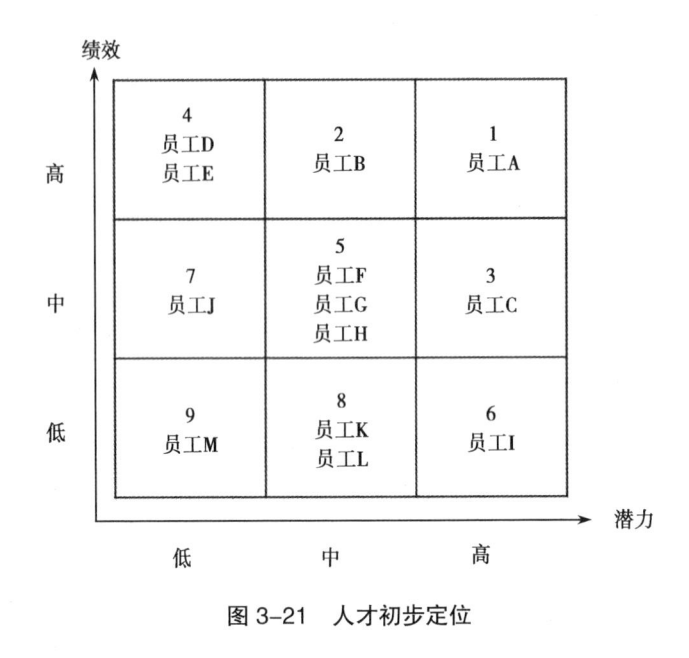

```
绩效
高 |  4      |  2      |  1
    | 员工D   | 员工B   | 员工A
    | 员工E   |         |
中 |  7      |  5      |  3
    | 员工J   | 员工F   | 员工C
    |         | 员工G   |
    |         | 员工H   |
低 |  9      |  8      |  6
    | 员工M   | 员工K   | 员工I
    |         | 员工L   |
      低        中        高      潜力
```

图 3-21　人才初步定位

绩效方面主要统计关键指标的业绩数据。潜力方面可以根据胜任力素质模型进行评价，此处可以结合自评和 360 度评价，以便更全面地发掘潜力方面的信息。

初步定位的人才九宫格中，第 1—9 号的人员分布应当大致符合正态分布原则，如果大部分人员都集中在水平相近的某两三个格子里，则说明评价标准制定得过高或过低，应重新审定标准。

（2）人才定位评审。人力资源部组织召开人才盘点会，对初步定位的人才九宫格的准确性进行讨论评审。盘点人需要对每一位员工的九宫格定位理由进行陈述汇报；主持人需要针对陈述中的模糊之处进行确认；参与人应当对不足之处进行补充，对错误之处提出纠正；观摩人应当全程仔细听取陈述意见，并对重要人员的定位分歧进行决策。

（3）确认最终结论。主持人汇总各方讨论意见，综合回溯重要员工的盘点标准、盘点过程和盘点结论，由盘点会现场记录人员对人才九宫格进行调整修改，并由全体参与人员最终确认。确认后的盘点结果将用于人才发展策略的制定，以及重要人事任命对象的选拔。

3. 防止人才盘点工作失效

人才盘点工作中最常见的失效行为是将人才盘点会开成了辩论会，使其偏离了对人才进行客观评估的目标，演变成了一场不同"帮派"之间的博弈。

为了避免这一点，首先要始终坚持统一明确的评价标准；其次，评价要依据翔实的数据进行，对于没有数据的定性评价，应当通过典型事例和标杆对比来分析；最后，盘点人一定要在严格遵守盘点会规则的基础上，清晰完整地表述人才的信息，并始终坚持客观、公平、服务大局的原则。

三、人才选拔

组织架构调整带来的岗位空缺需要及时选拔合适的人才来补充。对于一些需要熟悉企业自身情况的岗位，一般采取内部调任或竞聘的方式来物色人选。对于有一定规模且管理较为完善的企业，竞聘不失为一个很好的选人方式。海尔、腾讯、中国平安等著名企业在其发展壮大的过程中，都采用了人才"赛马机制"，坚持"千里马不是相出来的，而是跑出来的"这一选人理念，为人才创造展示才华的机会，提供挑战更高目标的平台，甚至建立内部创业的激励机制。下面具体介绍企业内部竞聘机制的运作流程。

（1）成立评审委员会。人力资源部组织相关部门负责人和公司领导组成评审委员会，并召开评审委员会会议，由评审委员会根据公司空缺岗位及其胜任力要求，确定拟竞聘岗位及相应的基本条件。

（2）制订竞聘计划。人力资源部根据评审委员会确定的人员需求制订竞聘计划。竞聘计划应包括竞聘岗位、人数、资格要求、竞聘方式、竞聘测试内容和实施部门、竞聘开始和结束时间、竞聘预算等。

（3）发布竞聘公告。人力资源部应将竞聘资格和其他竞聘相关事项在公司内部发布，并确保每位员工均能获悉公告信息。公告应包括拟竞聘岗位、竞聘条件、申请程序、申请有效时间、是否允许一人竞聘多个职位等内容。

（4）个人报名。在人力资源部发布竞聘公告后，员工本着自愿参加的原则报名，在规定时间内填写竞聘申请表并提交人力资源部。

（5）资格审查。人力资源部对竞聘申请表进行登记整理，并初步审查申请人的竞聘资格，将竞聘申请人员名单及其报名表送交评审委员会。对不具备竞聘资格者需将报名表返还本人，并说明不符合原因，申请人如有异议，需在规定的期限内向评审委员会提起申诉。

（6）业务理论和能力测试。人力资源部将符合竞聘条件的申请人的名单在公司内部公布，并通知申请者本人准备参加测试。人力资源部对竞聘申请人组织相应岗位的专业能力、管理能力等方面的测试。测试结果应以评分的形式记录下来。

（7）竞聘答辩。竞聘者根据人力资源部的安排在完全公开的环境下进行演讲和答辩，一般情况下各级员工均可列席。评审委员会根据竞聘岗位所需的能力素质，围绕竞聘者关于未来的工作规划进行提问，并根据演讲和答辩的情况评定分数。列席员工均可现场提出个人意见和问题，供评审委员会参考。

（8）考察公示。人力资源部对竞聘者的实际表现予以考察、核实、公示，广泛收集公司员工的意见，并将考察结果和反馈意见提交评审委员会。

（9）确定人选。评审委员会结合竞聘者的业务理论和能力测试结果、竞聘演讲和答辩结果以及考察公示结果，对每个竞聘者进行综合评分，最终确定聘任人员。

（10）赴任面谈。人力资源部将评审委员会评定的竞聘结果向公司全体员工公布，并会同就任岗位所在部门负责人，与拟任竞聘人员面谈，制订未来的能力提升计划，包括心态、格局、团队、业务能力、领导力等内容。

对于在竞聘过程中表现优异但因名额限制未能被聘任的人员，应将其列入重要人才储备中，并对其职业发展给予特别指导。

竞聘申请表和竞聘评价表分别如表3-6和表3-7所示。

四、举办任命仪式

适当的任命仪式可以强化赴任人员的责任感，有助于赴任人员角色的快速转化；同时也是公司向全体员工宣布有关授权和决定的方式，可以为赴任人员顺利开展今后的工作打下一定的基础。在具体的任命环节应当注意以下事项。

（1）任命和任命仪式可以分开进行，任命仪式可以与誓师大会一同举行。

（2）可以直接任命为目标岗位负责人，也可以先任命为工作代理人。

（3）任命发布可以先在一定范围公开，再向全员公开。

（4）以正式通知或总经理办公会议等形式向任命对象、相关人员宣布。

表 3-6　竞聘申请表

姓名		部门		现岗位	
入职时间				学历	
毕业院校				专业	
联系方式					
竞聘岗位					
工作经历（含入职前后，请注明时间段、部门、岗位及职务、工作成果）：						
参加培训情况（含入职前后，请注明培训课程名称）：						
在公司期间主要工作业绩描述（列出成果清单，可另附页）：						
对竞聘岗位的理解和工作规划（请另附页）：						

表3-7 竞聘评价表

竞聘岗位_____ 　　　　　　　　　　　　　　竞聘日期：_____

竞聘人：	部门及岗位：
评价人：	部门及职位：

请评价人本着公平、公正的原则，从德、能、勤、绩、关键胜任力匹配度五个方面对竞聘人进行评分，并做出综合评价。

评价要素	评价内容	得分				
^	^	完全不合格	低于目标要求	符合目标要求	高于目标要求	非常出色
德	坚持原则，正直诚信，公平公正，受人尊敬	1	2	3	4	5
德	践行企业文化的表率，为实现企业的愿景和使命做出积极贡献	1	2	3	4	5
德	善于倾听不同意见，有宽阔的胸襟气度接纳优秀的不同意见者	1	2	3	4	5
德	廉洁自律	1	2	3	4	5
能	对行业趋势有深刻理解	1	2	3	4	5
能	熟悉本岗位业务，对本岗位目标、责任的理解准确到位	1	2	3	4	5
能	对本岗位的工作规划具有很强的科学性	1	2	3	4	5
勤	勤于学习，钻研业务，不断提高业务水平	1	2	3	4	5
勤	遵纪守法，服从组织安排，热爱本职工作	1	2	3	4	5
勤	工作责任心强，吃苦耐劳，勇于承担责任	1	2	3	4	5
勤	善于进行工作总结，发扬优点，克服不足	1	2	3	4	5
勤	作风踏实，办事果断，注重实效，不推诿扯皮	1	2	3	4	5
绩	能正常完成工作计划内的任务，有明显的成果	1	2	3	4	5
绩	能创造条件完成重要的临时任务，成果明显	1	2	3	4	5
绩	本年度原岗位绩效考核成绩	1	2	3	4	5
胜任力	成就动机	1	2	3	4	5
胜任力	风险思维	1	2	3	4	5
胜任力	变革主导	1	2	3	4	5
胜任力	团队激励	1	2	3	4	5
胜任力	决策能力	1	2	3	4	5
总分						

结论：

评价人签字： 　　　　　　　　　　　　　　日期：

总之，人事任命应当在制度上确立人才选拔的标准和程序，在仪式上宣告责任的归属，从而形成经营责任落实的基础。

第六节　经营策略大纲

同经营目标一样，经营策略也来自经营分析，是对各项分析结论的整合。企业应当在发布下年度经营目标的同时，发布重大经营策略大纲。

一、策略整合

由于分析角度不同，通过经营分析得到的策略往往是零散而不系统的，且并非都是决定年度目标实现的关键策略，因此需要对各项策略进行整合，形成系统的重大经营策略。如表 3-8 所示。

表 3-8　策略整合（1）

策略来源	策略	策略分级	是否为关键策略
SWOT 分析			
战略盘点与调整			
经营改善项目管理			
年度总结报告			

1. 策略来源

根据经营分析的成果，可以从 SWOT 分析、战略盘点与调整、经营改善项目管理、年度总结报告中导出经营策略。有一部分策略也可以从上一步，即经营分析的角度直接得到，如 PEST 分析、竞争分析、利益相关方分析等。

2. 策略分级

对来自经营分析的各类策略，按统筹主体划分策略级别，分为公司级策略、跨部门级策略、部门级策略。

公司级策略是需要公司最高经营决策机构来统筹实施的策略，如企业并购、组织变革、新业务导入。

跨部门级策略是需要多个部门联合起来，组建专门的项目组来统筹实施的策略，如跨部门的业务流程优化、新产品研发。

部门级策略是各部门内部可以统筹实施的策略，如实施员工关怀计划、优化部门内部的业务流程。

3. 关键策略

根据策略是否决定年度目标的实现，筛选出关键策略。若干相互关联的关键策略组合起来就形成对企业经营具有重大影响的策略，即企业经营的重大策略。通常情况下，公司级策略都是重大策略。

4. 整合策略

将重大策略按不同类型进行合并整合，形成整合策略，如表3-9所示。

表3-9　策略整合（2）

策略来源	重大策略	整合策略
SWOT分析		
战略盘点与调整		
经营改善项目管理		
年度总结报告		

整合方法如下。

（1）合并同类策略：将不同分析角度得出的同类策略合并为一个统一的策略。

（2）删除重复策略：将不同来源导出的解决相同问题的重复策略予以删除。

（3）贯通上下游策略：将相互关联的上下游策略联系起来，形成一个整体策略。

（4）取舍不相容策略：评估相互矛盾的不相容策略，根据其综合价值进行取舍。

（5）划分竞争策略类型：结合竞争战略类型，将整合后的策略进行分类，以便支撑竞争战略的实施，便于后期分解为具体的行动计划。例如，某产品的改款如果是对外观、功能、客户体验等方面的设计优化，则一般属于专业化战略的相应举措；而如果是对材料成本、功耗的设计优化，则可能是低成本战略的相应举措。同样是产品多元化策略，如果是基于客户需求变化而提出的新产品计划，则可归入差异化战略的相应举措；而如果是基于竞争压力，选择开发更低成本的产品，试图进入下沉市场，则可能是低成本战略的相应举措。划归战略类型的意义在于为后续配套行动方案的制定指明方向，避免将策略本身当成目标。

二、策略大纲

整合后的经营策略框架通过特定的书面形式表达出来，就是企业经营策略大纲，它是企业在未来一年开展经营活动的总体规划和系统布局，是工程中的设计施工图。具体包括以下内容。

（1）公司经营目标：通过经营分析确定的下一年度企业整体的经营目标及其关键指标，该目标及指标下一步有待分解到各个部门。

（2）业务竞争战略：根据行业环境分析结论综合确定。

（3）重大经营策略：根据内外部环境分析结论，基于瓶颈和发展目标确定。

（4）总体工作部署：基于目标和重大经营策略制定的总体分工和行动方案。

三、公司经营目标及策略规划发布

通过正式的会议或仪式发布公司的整体经营目标和策略规划大纲，有助于强化经营目标和策略的严肃性，更好地落实经营者的责任。

公司目标的发布解决以下三个方面的问题。

一是落实公司治理关于总经理的定位。总经理作为公司经营的最高负责人，将企业战略转化为具体目标是其最重要的职能之一。

二是推进组织的同向。组织同向的前提是目标同向。

三是呈现给核心管理团队一个清晰的企业发展思路，使其有明确的方向实现个体在组织中的价值。

发布会的重点注意事项也是与此相对应的，具体如下。

（1）发布公司整体经营目标和策略，呈现给核心管理团队一个明确的未来。

（2）总经理亲自发布，公司目标由此自上而下地展开。

（3）发布会应当实现企业目标同向，凝聚团队共识，为目标分解打好基础。

从分析法的视角来看，企业整体目标和策略的制定是不可分割的。目标作为一种未来状态,是受策略决定的;策略作为实现目标的手段,是可以根据目标来设计的。总体上,目标和策略是相辅相成的。但是,企业经营规划要落到实处,就需要将总体目标和策略分解到各个职能组织,形成具体的经营计划。

第四章 部门经营计划

公司整体经营目标和经营策略制定后,需要分解到各个部门,形成部门的工作目标、经营管理策略,以及具体行动计划,如同工程分包一样,最终形成上下一体的目标体系和激励体系。

第一节 经营目标与策略分解

从部门的角度来看,无论是公司级的经营目标,还是公司级的重大经营策略,都是本部门需要完成的任务。因为任何宏伟的目标和设想,都需要建立在最基层的具体工作之上。为了更好地分解公司整体目标和策略,我们需要先了解公司级经营目标和策略与部门功能之间的关系。如图4-1所示。

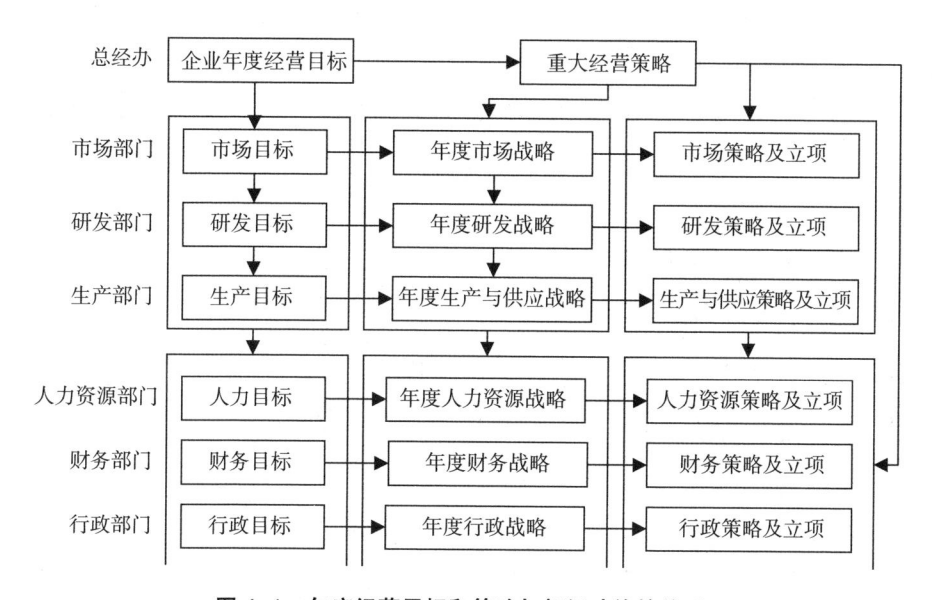

图4-1 年度经营目标和策略与部门功能的关系

首先是经营目标的分解。按照本企业的业务逻辑，将企业整体的年度经营目标分解为市场目标、研发目标、生产目标等事业单位的业务目标；再结合事业单位的业务目标，确定人力资源、财务、行政等部门的目标。

其次是年度职能战略的确定。职能战略的周期可能超过一年，但是作为支撑竞争战略的重要部分，职能战略应当根据年度经营目标和重大经营策略，每年进行动态的调整或滚动规划，确定当年的战略目标和关键战略举措。

最后是经营策略的分解和立项。根据当年的职能战略目标和重点举措，将公司重大经营策略按照部门分工和运作机制，分解到对应的部门，形成部门的经营策略，并将重点策略作为部门重要项目进行立项管理。

一、经营目标和策略的分解逻辑

经营目标和策略的分解，应当按照本行业的规律、本企业的业务逻辑，结合公司的组织架构展开。

行业规律决定了目标的时间周期分解。行业的季节性特征决定了目标划分的阶段及每个阶段的目标值范围。企业的业务逻辑决定了目标项目之间的逻辑关系。企业的组织架构决定了目标体系的层级和数量的多少。如图 4-2 所示。

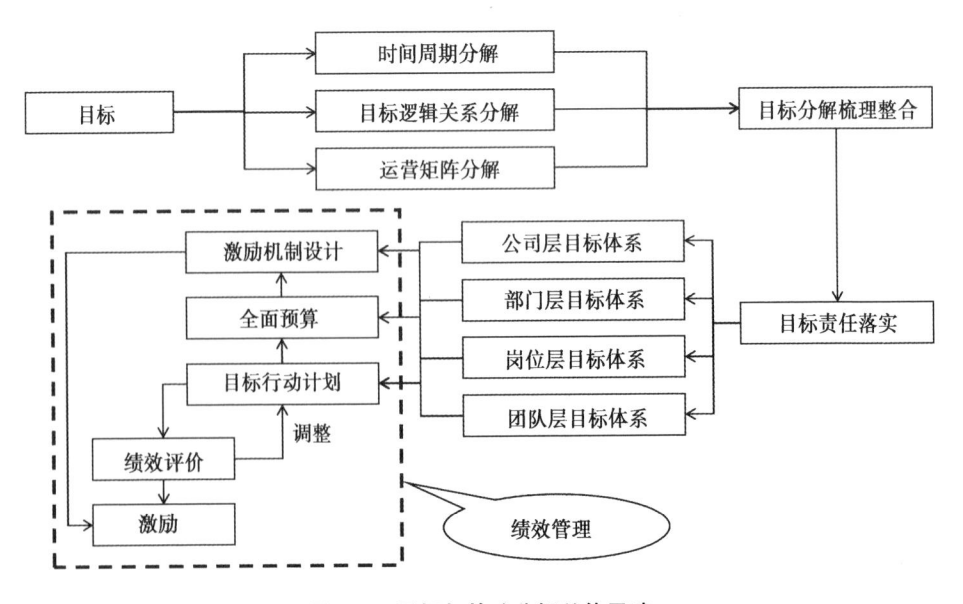

图 4-2 目标与策略分解总体思路

在明确总体分解思路之后，根据业务逻辑，将企业的年度目标逐一分解为子目标和对应的可选策略。例如，企业经营的现金流量目标可以分解为利润、应收账款、库存控制、应付账款方面的目标；应收账款关于现金流的目标关键在于应收周转天数，其对应的可选策略包括缩短收款周期、客户信用管理、逾期账款管理等。如图4-3所示。

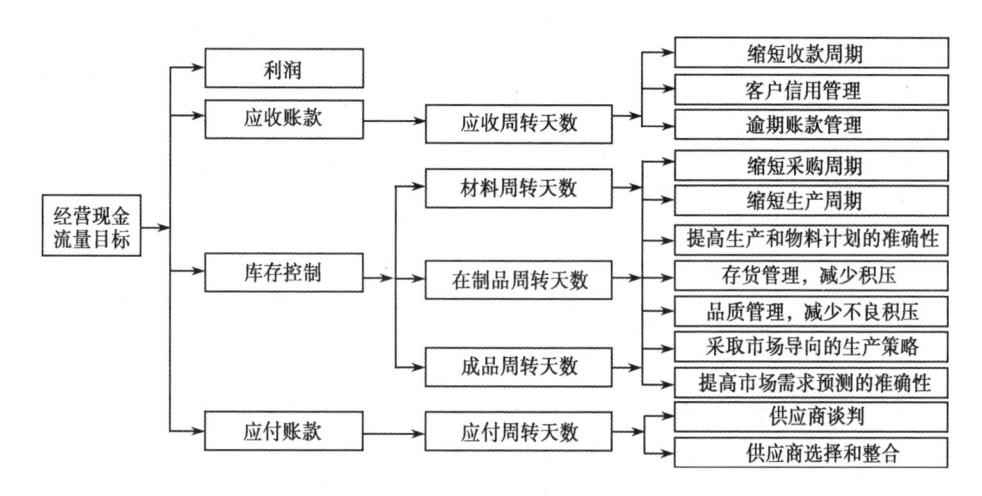

图4-3 企业现金流量目标分解逻辑示例

同理，利润目标可以分解为销售收入、边际收益率、固定成本方面的目标，其对应的可选策略包括市场定位与产品开发、改善产品销售结构、提高生产效率等。如图4-4所示。

在部门目标的制定过程中，部门负责人应当明确自己在以下职责中扮演不可或缺的角色。

（1）目标转化：部门存在的价值是实现公司目标，将公司目标转化为部门（单位）目标是部门负责人不可授权的工作。

（2）部门组织建设：根据部门所制定的目标，建立部门架构，选择团队成员是部门负责人不可授权的工作。

（3）关键策略立项：区别于事务性工作，建设性工作是以项目方式展开的，项目立项是部门负责人不可授权的工作。

（4）部门年度资源配置：根据高效率、高品质、低成本的准则，对部门所需资源进行配置是部门负责人不可授权的工作。

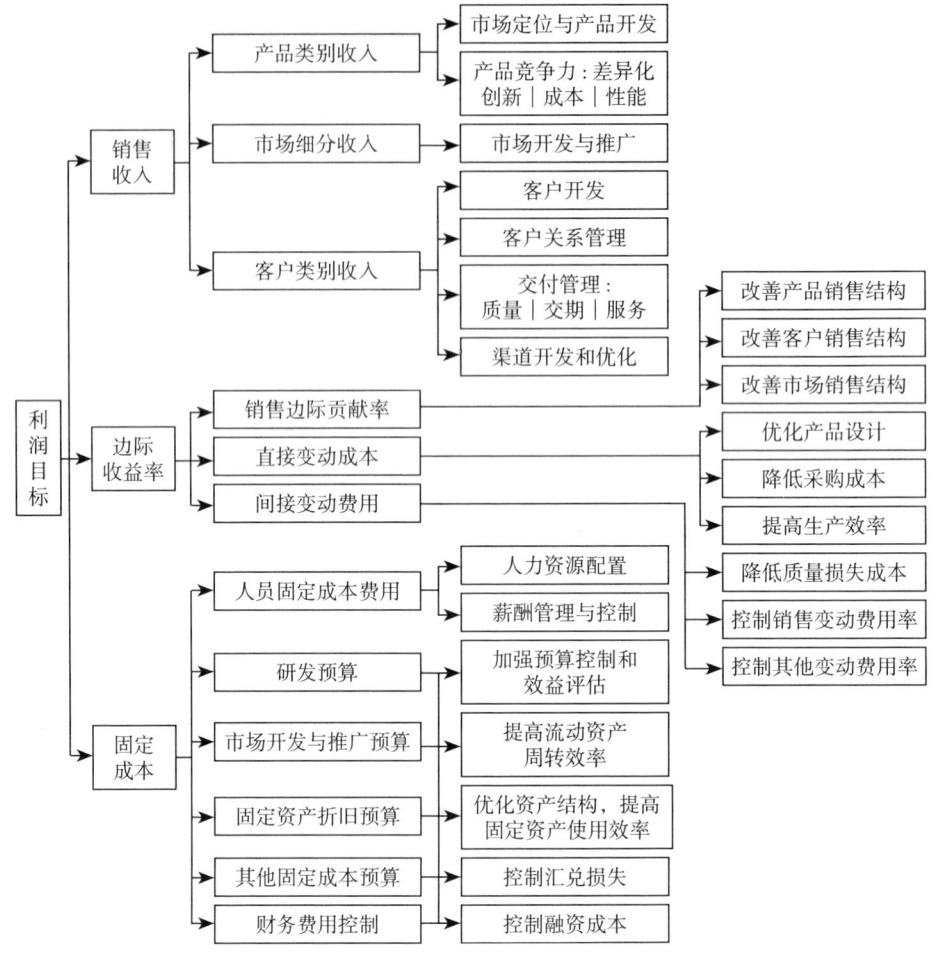

```
                    ┌─ 产品类别收入 ─┬→ 市场定位与产品开发
                    │                └→ 产品竞争力：差异化
          ┌ 销售收入 ┤                   创新｜成本｜性能
          │         ├─ 市场细分收入 ──→ 市场开发与推广
          │         │                ┌→ 客户开发
          │         └─ 客户类别收入 ──┼→ 客户关系管理
          │                          ├→ 交付管理：
          │                          │  质量｜交期｜服务
          │                          └→ 渠道开发和优化
          │
          │         ┌─ 销售边际贡献率 ─→ 改善产品销售结构
利润目标 ─┤ 边际收益率┼─ 直接变动成本 ──→ 改善客户销售结构
          │         └─ 间接变动费用 ──→ 改善市场销售结构
          │                              优化产品设计
          │                              降低采购成本
          │                              提高生产效率
          │         ┌─ 人员固定成本费用 ┬→ 人力资源配置    降低质量损失成本
          │         │                  └→ 薪酬管理与控制  控制销售变动费用率
          │         ├─ 研发预算 ──────→ 加强预算控制和    控制其他变动费用率
          │         │                   效益评估
          └ 固定成本 ┼─ 市场开发与推广预算→ 提高流动资产
                    │                     周转效率
                    ├─ 固定资产折旧预算 → 优化资产结构，提高
                    │                     固定资产使用效率
                    ├─ 其他固定成本预算 → 控制汇兑损失
                    └─ 财务费用控制 ──→ 控制融资成本
```

图 4-4　利润目标分解逻辑示例

二、职能战略的调整

组织的职能战略由特定职能的各模块战略组成，目的是支撑竞争战略和经营目标的实现。企业应制定职能战略的推行策略和实施计划。职能战略内容如图 4-5 所示。

职能战略的制定和调整是企业发展战略和竞争战略得以实现的保障，其具体工作如下。

第一，职能战略目标的调整。根据各职能战略的年度检讨和回顾分析，结合当年度的经营目标，对当年度各职能战略的具体目标进行调整和修正，以确保本年度的经营策略能够支撑战略目标的达成。

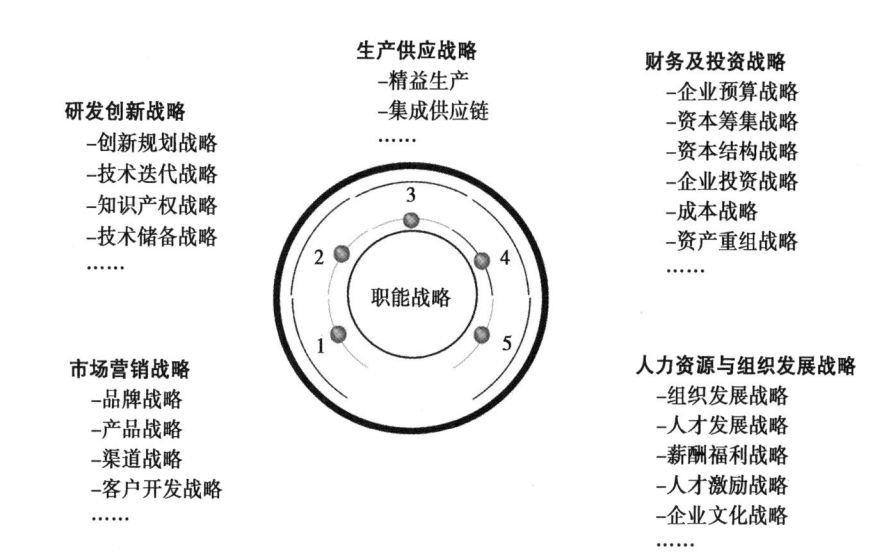

```
研发创新战略              生产供应战略              财务及投资战略
  -创新规划战略            -精益生产                -企业预算战略
  -技术迭代战略            -集成供应链              -资本筹集战略
  -知识产权战略            ……                      -资本结构战略
  -技术储备战略                                      -企业投资战略
  ……                                                -成本战略
                                                    -资产重组战略
                                                    ……

市场营销战略                                        人力资源与组织发展战略
  -品牌战略                                          -组织发展战略
  -产品战略                                          -人才发展战略
  -渠道战略                                          -薪酬福利战略
  -客户开发战略                                      -人才激励战略
  ……                                                -企业文化战略
                                                    ……
```

图 4-5　职能战略内容

第二，职能战略实施计划的分解。根据职能战略的总体实施计划，分解当年需要完成的重点战略举措，将其纳入年度经营计划部门项目之中。

第三，职能战略的配套资源规划。根据职能战略实施计划的项目规划，结合年度经营计划的部门行动计划，统计汇总职能战略所需的配套资源，将其纳入资源规划和全面预算之中。

企业的职能战略主要包括以下几种。

（一）市场营销战略

实施市场营销战略的关键在于两个方面：一是确定目标市场；二是制定市场营销组合策略，以满足目标市场的需要，并予以有效实施和控制。市场营销战略的制定和实施程序如图 4-6 所示。

1. 市场细分

市场细分是企业确定目标市场和制定市场营销战略的基础。企业通过分析每一个市场的消费者购买力、需求状况、竞争态势等因素，选择相应的营销战略，并且利用各种资源去赢得市场优势。市场细分包括地理细分、人口细分、心理细分和行为细分。

（1）地理细分。地理细分即按照消费者所处的地理位置、自然环境来细分市场。潜在消费者的需求、偏好和兴趣受不同城市规模、国家、气候带等的影响，

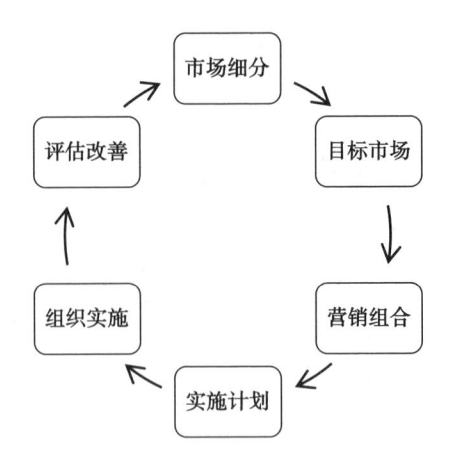

图 4-6　市场营销战略的制定和实施程序

存在或大或小的差异。因此，地理细分可以帮助企业开发更有针对性的产品，发现更合适的营销活动地点，设计更贴近本土文化的促销活动。

例如，美国某知名咖啡连锁品牌为了更好地开发中国本土市场，吸引中国消费者，在北京和上海的店面设计中大量融入了中国文化元素。另外，在产品创新上也力求凸显中国特色，如推出了端午节特色产品"星冰粽"等中国"特供"产品。

（2）人口细分。人口细分是指根据年龄、性别、职业、收入、宗教信仰、民族以及国籍的不同，将总体市场划分为多个消费群体。人口细分的具体标准很多，总体市场可分为几十个甚至上百个细分市场。

例如，西班牙某著名服装品牌针对各个年龄段的男士和女士的需求，设计了不同的产品系列，并且每个系列都有自己独特的标签、广告和风格。

（3）心理细分。心理细分是指根据潜在消费者的社会阶层、生活方式、个性特点或兴趣偏好来划分市场。心理特征可以包括价值观、个性、兴趣、态度、有意识和潜意识的动机与生活方式等。通过有针对性的营销活动来满足每个细分市场的需求，可以确保企业的产品或服务最大化地满足消费者的需求。

（4）行为细分。行为细分是指企业按照消费者购买或使用某种产品的时机、消费者所追求的利益、消费者对某种产品的使用率等行为变量来细分消费者市场。行为细分与心理细分具有一定的相似度，但是行为细分更侧重于顾客的特定反应，更注重分析顾客决策和购买过程的行为方式。

为了保留较高品牌忠诚度的客户，许多公司提供奖励计划以增强这种行为，同时也希望吸引新的忠实客户。我们常见的很多化妆品品牌为忠实的客户提供了奖励和购买激励计划，即客户消费金额越大，积分就越多，通过积分可以兑换礼品、抵现金和享受一系列的优惠政策。

值得一提的是，市场细分的标准并不是单一的选项，企业需结合多种细分类型，从多个维度了解消费者的需求。设立市场细分标准的目的是帮助企业选择有利的目标市场进入，当收集到大量的市场细分数据后，必须进行分析和总结，然后选择相应的市场进入。

2. 目标市场选择

在市场细分的基础上，根据目标市场的差异化程度，可以将目标市场的布局战略分为以下三种。

（1）无差异战略。无差异战略是指将整个市场作为企业的目标市场，用单一的营销战略开拓市场。实施无差异战略的前提条件是所有的潜在消费者都具有相同的特性。该战略一般适用于有足够的资源进行大规模生产和大规模营销，并且拥有广泛而可靠的分销渠道的企业。如图4-7所示。

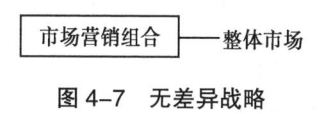

```
市场营销组合 ──── 整体市场
```

图4-7　无差异战略

（2）差异化战略。差异化战略是指企业把产品的整体市场划分为若干细分市场，从中选择两个或两个以上的目标市场进入，设计不同的产品，运用不同的市场营销组合。差异化战略一般是实力雄厚的大型企业的选择。如图4-8所示。

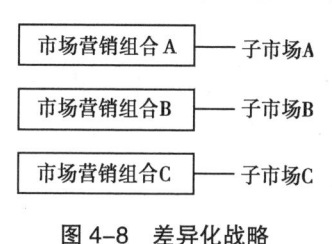

```
市场营销组合A ──── 子市场A
市场营销组合B ──── 子市场B
市场营销组合C ──── 子市场C
```

图4-8　差异化战略

（3）集中化战略。集中化战略是指企业集中资源选择少数几个性质相似的子市场作为目标市场，进行专业化的生产和销售，力求在子市场上占有较大份额。这种战略通常为中小型企业所选择。如图4-9所示。

```
                    ┌── 子市场A
         市场营销组合 ├── 子市场B
                    └── 子市场C
```

图 4-9 集中化战略

以上三种战略中的市场营销组合是指为了满足目标市场的需要,企业对自身可以控制的各种营销要素如质量、包装、价格、广告、销售渠道等进行优化组合形成的职能战略,其重点是产品策略、价格策略、渠道策略和促销策略,即 4P 营销理论。

3. 营销理论

过去 100 多年,营销理论一直在不断进化和发展,在多个时期出现了不同的观点和概念。其大致的进化历程如图 4-10 所示。

"现代营销学之父"菲利普·科特勒(Philip Kotler)说:"如果公司生产出适当的产品,定出适当的价格,利用适当的分销渠道,并辅之以适当的促销活动,那么该公司就会获得成功。"市场营销活动的核心就在于制定并实施有效的市场营销组合。

(1) 4P 营销理论。"市场营销组合"是由尼尔·博登(Neil Borden)所创造,其意是指市场需求在某种程度上受到"营销变量"或"营销要素"的影响。杰罗姆·麦卡锡(Jerome McCarthy)于 1960 年将博登提出的 12 个"营销要素"概括为 4 个,即产品(Product)、价格(Price)、渠道(Place)、宣传(Promotion),也就是著名的 4P 营销理论。

4P 营销理论的提出奠定了管理营销的基础理论框架。为了寻求一定的市场反应,企业对自身可以控制的各种营销要素如产品(质量、外观、包装等)、价格、销售渠道、宣传进行优化组合,从而满足目标市场的消费者需求,实现利润最大化(见表 4-1)。企业自身不可控的因素有社会、人口、技术、经济、政治、法律等,对这些外部环境因素可以用之前提到的 PEST 模型来进行分析。

(2) 4C 营销理论。著名的 4C 营销理论是由劳特朗在 1990 年首先提出的,他从"客户决定市场营销组合"的角度出发,重新设定了 4 个营销要素,即消费者(Customer)、成本(Cost)、便利(Convenience)和沟通(Communication)。

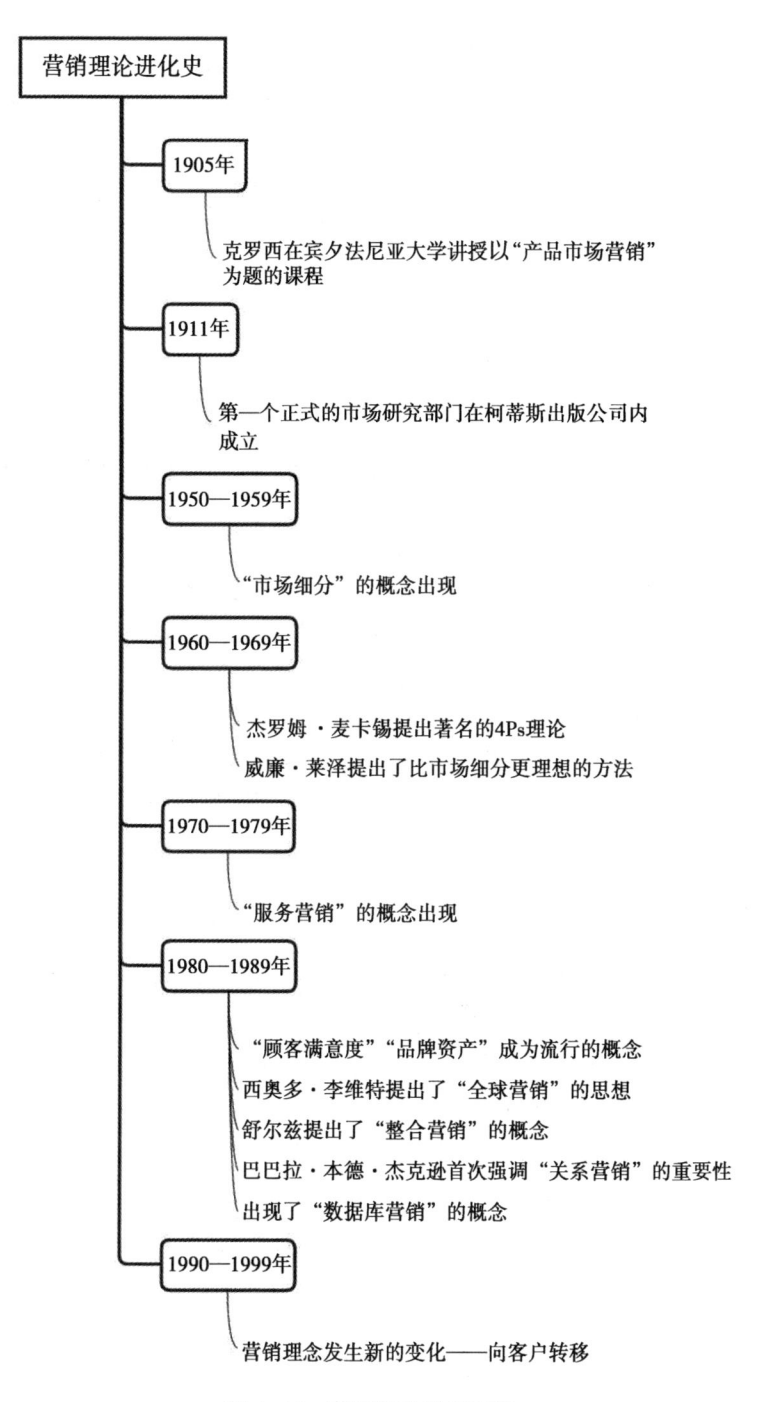

```
营销理论进化史
│
├── 1905年
│     └─ 克罗西在宾夕法尼亚大学讲授以"产品市场营销"
│        为题的课程
│
├── 1911年
│     └─ 第一个正式的市场研究部门在柯蒂斯出版公司内
│        成立
│
├── 1950—1959年
│     └─ "市场细分"的概念出现
│
├── 1960—1969年
│     └─ 杰罗姆·麦卡锡提出著名的4Ps理论
│        威廉·莱泽提出了比市场细分更理想的方法
│
├── 1970—1979年
│     └─ "服务营销"的概念出现
│
├── 1980—1989年
│     └─ "顾客满意度""品牌资产"成为流行的概念
│        西奥多·李维特提出了"全球营销"的思想
│        舒尔兹提出了"整合营销"的概念
│        巴巴拉·本德·杰克逊首次强调"关系营销"的重要性
│        出现了"数据库营销"的概念
│
└── 1990—1999年
      └─ 营销理念发生新的变化——向客户转移
```

图4-10 营销理论进化历程

资料来源：张洪增，高荔.市场营销理论的起源、发展与展望[J].企业改革与管理，2006（5）.

表 4-1 4P 营销理论

营销要素	内容	举例
产品 （Product）	范围、功能、定位和品牌等	• 客户从产品中想要得到什么服务？它满足了客户什么需求？ • 产品的特点是什么？ • 它必须具备哪些功能才能满足这些需求？ • 客户将如何体验它？ • 它的样子、尺寸、颜色、名字是什么？ • 与竞争对手相比如何？其对公司的影响有多大？
价格 （Price）	基本价格、支付方式、佣金、折扣等	• 产品/服务对顾客的价值是什么？ • 该领域的产品/服务的价格区间是多少？ • 价格的小幅下降或增长对客户数量、市场份额和利润额等的影响有多大？ • 定价是否符合公司的竞争战略？ • 应该为顾客或其他特定细分市场提供哪些折扣？ • 与竞争对手相比如何？其对公司的影响有多大？
渠道 （Place）	直接渠道和间接渠道	• 顾客在哪里可以买到公司产品/服务？ • 目前的营销渠道有哪些？ • 对同类产品而言，顾客流量最多的渠道是哪里？ • 与竞争对手相比如何？其对公司的影响有多大？
宣传 （Promotion）	广告、人员推销、营业推广和公共关系等	• 宣传的最佳时间是什么时候？ • 宣传的最佳地点在哪里？ • 公司用何种途径来宣传？（如电视、广告、公关、广播等） • 淡季和旺季分别是什么时候？是否有对应的宣传策略？ • 与竞争对手相比如何？其对公司的影响有多大？

① 消费者：企业必须明确目标消费者及其需求，产品/服务的市场地位取决于消费者认为其产品/服务是有价值的。

② 成本：与4P营销理论从卖方角度考虑成本问题不同，4C营销理论是站在消费者的视角去评估消费者愿意支付的价格，企业必须在成本、消费者愿意支付的价格、利润额之间进行平衡。

③ 便利：产品/服务的便利性直接影响消费者的购买决定，企业应考虑消费者寻找、购买、体验产品/服务的便利性，可能面临的障碍，如何减少或消除这些障碍，以及需要提供哪些客户支持服务。

④ 沟通：企业不仅可以把社交媒体作为一种宣传途径，还可以通过它与消费

者进行沟通和互动，提高消费者的参与度和满意度。

（3）4P营销理论和4C营销理论。4P营销理论专注于从卖方的角度来研究市场营销问题，而4C营销理论提供了更多基于消费者视角的营销策略。但是，越来越多的研究表明它们之间是互补关系，而不是替换关系。例如，在制定价格策略前，要充分了解顾客需求及其愿意付出的成本；在制定分销策略时，要将消费者的便利性作为优先选项。

（二）产品研发战略

产品研发战略是通过研发新产品或改良现有产品来扩大销售量的战略，通常是公司在当前的市场几乎没有新增长机会的情况下采取的。产品研发战略包括领先型研发战略、追随型研发战略、替代型研发战略、混合型研发战略。

（1）领先型研发战略。领先型研发战略的最大特点是企业专注于技术水平的领先性和产品的创新性，使其在市场竞争中处于领先地位。领先型研发战略要求企业具有较强的产品研发能力和雄厚的资源。例如，华为的竞争力来自全球顶尖的技术和专利。截至2017年底，华为在国内外的专利申请数量达到了113000多件，获得授权的专利近75000件，其中90%以上都是发明专利。

（2）追随型研发战略。追随型研发战略是指企业并不抢先研发新产品，而是当市场上出现较好的新产品时，进行仿制并加以改进，迅速占领市场。使用此战略可以以最低的成本竞逐市场。例如，在2018年年中，一款音乐手机FX问世，其独特的全面屏设计一时吸引了众多消费者。同年10月，另一家领导厂商推出竞品M3，该产品与FX具有相似的外观设计，但在价格上占有相对的优势。

（3）替代型研发战略。替代型研发战略是指企业有偿运用其他单位的研究与开发成果，从而替代自己研发新产品。该战略适用于研发能力不强、资源有限的企业。

（4）混合型研发战略。混合型研发战略是指以提高产品市场占有率和企业经济效益为准则，依据企业实际情况，混合使用上述几种产品研发战略。例如，企业有自己的产品研发中心，但仍然选择与其他单位合作研发一些产品或技术。

（三）生产战略

在数字化时代，制定生产战略已经成为一项越来越重要且艰巨的任务。生产战略的核心是以最有效的方式进行生产和交付，并且在提供高质量产品的同时实现效率最大化。生产战略包含追逐战略、平准化生产战略和混合战略。

（1）追逐战略。追逐战略是指紧跟订单需求开展生产的战略。追逐战略中的生产计划基于订单和即时需求制订，生产满足需求，不保留剩余产品。通俗来讲，即顾客需要多少，企业就生产多少，这是一种精益生产战略。

追逐战略的主要优势在于它可以将库存保持在最低水平，这对于某些公司而言，可以节省一笔非常可观的开支。大多数实行"即时生产"的公司都采用追逐战略方法进行总体规划。

但是，在这种战略下，生产稳定性较差。当客户需求降低时，企业会出现设备和人员闲置的现象，在一定程度上造成产能浪费。另外，追逐战略伴随着大量且频繁的雇用和解雇现象，会使员工缺乏安全感，导致员工满意度降低，从而有损员工持续改善的意愿和工作激情。

（2）平准化生产战略。平准化生产战略是指将一个计划周期内的生产总量大致平均分配在工作日，通过合理库存实现"削峰平谷"，从而提升整体资源利用率，并减少大批量订单带来的等待浪费的生产战略。

为了应对客户需求的变化，公司必须提高或降低库存水平。当客户需求量大于产出量时，会产生供不应求的现象；当客户需求量小于产出量时，会形成供过于求的局面。实现平准化生产战略的前提是确保物料和人员的稳定。另外，建立缓冲库也有助于实现平准化生产。

缓冲库的概念是由丰田汽车公司前副社长大野耐一提出的。建立缓冲库可以解决自身产量和市场需求量不同步的矛盾，帮助平准化生产成功实施。他认为，当出现供不应求的情况时，利用缓冲库中的产品可以弥补生产量的不足；如果供过于求，则将多余的产品放到缓冲库，以应对下一次的需求波动。

（3）混合战略。追逐战略和平准化生产战略并不是互相矛盾的。混合战略是这两种战略的结合，并且针对企业实际状况而制定，在某种程度上，可以在成本最小化的情况下，更好地帮助企业实现其目标。混合战略的核心是寻求客户需求和产值的平衡点。在平准化生产战略的基础上，对于超出全年最低需求量的部分，企业也可以结合自身情况决定是否选择短期性分包的方式来补足生产。

(四)供应链战略

供应链战略是从企业战略的高度来对供应链进行全局性规划,它确定了原材料获取和运输、产品制造或服务提供、产品配送和售后服务的方式与特点。一般情况下,企业的供应链战略是由四个要素之间的相互关系决定的,即行业框架(市场环境)、独特的价值主张(组织的竞争地位)、管理重点(供应链流程与业务战略之间的联系)以及内部流程(供应链流程)。如图4-11 所示。

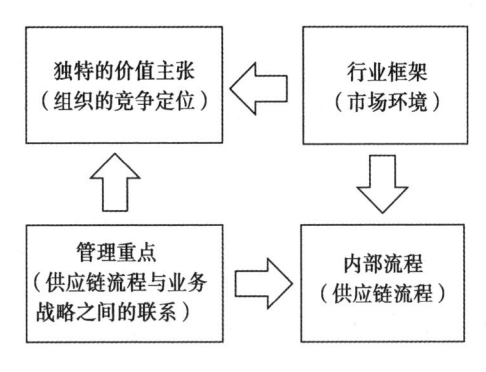

图 4-11 供应链战略四要素

在制定供应链战略时,消费者满意度是必须考虑的关键因素。一个供应链战略是否成功取决于它是否能够协调供应链和消费者需求,并且快速响应内外部变化,帮助企业在市场获得竞争优势。供应链战略分为两类:有效性供应链战略和反应性供应链战略。

(1)有效性供应链战略。有效性供应链战略是指以最低的成本将原材料转化成零部件、半成品、产品,并以尽可能低的价格有效地实现供应这一基本目标的供应链管理方式。

适用有效性供应链战略的产品具有需求相对稳定、周转率高、生产量大的特点。例如,原油、有色金属、钢铁、农产品、铁矿石、煤炭等大宗产品,或产品生命周期较短的快消产品以及货架时间短的奶制品、面包等。另外,选择供应商时需要重点考虑服务、成本、质量和时间因素。

(2)反应性供应链战略。反应性供应链战略分为敏捷型战略、自定义配置型战略和柔性型战略三种。适用反应性供应链战略的产品具有以下两个特点:一是为消费者量身定制；二是产品具有很高的需求不确定性。价格、质量、交货期和可用性将成为此类产品的合格标准，服务水平被视为满足消费者个性化期望和要求的能力，这将成为赢得订单的标准。正因如此，反应性供应链必须能够在保持效率和盈利能力的同时，凭借其快速反应、具有灵活性和创新性的产品，在消费者需求瞬息万变和个性化的情况下进行竞争。

需要强调的是，在选择供应链战略时，必须使其与竞争战略和市场细分战略相互适应和协调，并考虑公司目前和未来的竞争定位。

（五）人力资源战略

人力资源战略作为企业职能战略的一个重要子战略，是以企业战略为前提和基础形成的。在制定或修改人力资源战略的时候，必须先分析企业的内外部环境，确定企业的战略目标和年度经营目标，在此基础上制定出企业的人力资源战略目标。

传统的人力资源管理（HRM）主要是事务性和被动性的。例如，人力资源部门员工根据招聘需求发布招聘广告、回答员工有关福利和薪资的问题、办理入职和离职手续、开展绩效考评等。传统的人力资源管理使用相同的工具年复一年地做着同样的事情，造成对主营业务不熟悉，对公司发展前景和战略目标不明确，与企业发展方向脱轨，这样的人力资源管理最终会被边缘化。

相比之下，战略人力资源管理（SHRM）是积极主动的。人力资源部门的领导者通常参与制定企业战略，是战略方面的合作伙伴。与传统的人力资源管理遵循分散的方法相比，战略人力资源管理遵循一种集成方法，将企业战略与人力资源战略结合起来的。

人力资源战略的影响因素有很多。从外部环境来看，经济环境（经济发展程度、经济形势等）、行业环境（竞争对手的人力资源战略、行业竞争现状和趋势等）、技术因素（技术创新性、产品流程的性质等）、劳动力市场状况（劳动力数量的可用性、劳动力分布、劳动力的供给程度等）影响着人力资源战略的制定。从内部环境来看，企业战略、组织结构（组织规模、资源丰富度等）、企业发展阶段、企业文化是人力资源战略制定的影响因素。

人力资源战略以企业战略为依据，支持企业战略目标的实现。战略人力资源管理必须与企业战略随时随地保持一致（见表4-2）。如果一家企业采用价格领先战略，则人力资源战略必须考虑将人员流动比率降到最低水平，并防止不必要的开支，提高成本领先的程度，其中包括招聘选拔和培训的成本、更换员工的成本等。竞争战略与人力资源战略的对应关系如表4-3所示。

表4-2 企业战略与人力资源战略

企业战略	人力资源战略
我们是什么样的企业	业务中需要什么样的人才
我们的目标	为达到目标需要什么样的资源
强项、弱项、机会、威胁	强项、弱项、机会、威胁与人力资源能力素质的关联如何
完成任务的重要影响因素	员工的数量、质量、动机、态度和行为有助于还是有害于企业的成功
主要的战略问题	主要的人力资源措施

表4-3 竞争战略与人力资源战略的对应关系

竞争战略	人力资源战略		
	资源化	人力资源开发	薪酬
通过创新获取竞争优势	招聘和保留具有创新技能和良好创新记录的高素质人才	开发战略能力和提供为提升创新技能和组织智力资本所需要的激励与设施	提供物质奖励，奖励并认可成功的创新结果
通过质量获取竞争优势	通过严格的甄选程序来招募能够提供高质量客户服务的人员	鼓励发展学习型组织，开发和实施知识管理过程，提供专业培训来支持全面质量和客户反馈	将薪酬与人员的高绩效和高水平的客户服务联系在一起
通过成本领先获取竞争优势	开发核心/边缘雇员结构；招聘能够增加价值的人员；如果不可避免，人性化地进行裁员	提供改善生产率的相关培训；举办与企业需求紧密联系和能够有效提高成本效率的及时培训	检查所有的奖励措施，保证奖励物有所值，从而避免不必要的开支
通过雇用比竞争对手更优秀的人才获取竞争优势	严格地分析组织所需要的特殊能力，从而建立严密的招聘和甄选程序	开发组织学习过程；鼓励通过个人发展计划以及绩效反馈进行自我学习	开发绩效管理过程，将物质激励和非物质激励与胜任力和技能相联系；保证薪酬水平的竞争力

资料来源：赵曙明.人力资源战略与规划［M］.4版.北京：中国人民大学出版社，2017.

戴尔和霍德（Dyer & Holder，1988）提出了综合性的人力资源战略，即吸引战略、投资战略和参与战略（见表4-4）。

表4-4 综合性的人力资源战略

	吸引战略	投资战略	参与战略
适用企业	处于竞争激烈的环境，有快速增长需求的企业	实施差异化战略的企业	实行分权和采用扁平组织结构的企业
实施策略	不自己培养员工，通过丰厚的报酬（高薪酬、高福利）去吸引员工	以自己培养的方式来获取高素质的员工	谋求员工有较大的决策参与机会和权力
费用情况	人工成本较高，对员工的培训费用较低	对员工的培训费用较高	投入产出比较高
工作重点	严格控制员工人数，重点是吸引高质量的员工，从而形成高素质的员工队伍	聘用数量较多、多种专业的员工，形成现实和备用人才库	重视沟通技巧、解决问题的方法、团队建设和授权
企业与员工的关系	主要是金钱关系	注重良好的劳资关系，注重培养员工的归属感	互相尊重与平等的关系
员工稳定情况	流动率较高	流动率较低	流动率较低
管理方式	以单纯的利益交换为基础的严密科学管理模式	采用开发式的管理	管理人员更像教练；重视团队建设、自我管理和授权管理

资料来源：DYER L, HOLDER G W.Toward a strategic perspective of human resource management [M] //DYER L.Human resource management:evolving roles and responsibilities. Washington DC:Bureau of National Affairs，1988.

由此可见，人力资源战略不仅仅是企业战略的"职能战略分支"，它们之间更多的是"合作"的关系。人力资源战略的意义就是人力资源管理人员赋予员工有价值、不可转移的能力，与此同时激发员工的内在动力，提升组织绩效。

（六）财务战略

财务战略是对企业资金和财务能力的全局性规划，是企业从财务角度实现竞争优势的总体规划，主要包括投资战略、筹资战略和利益分配战略三个方面的内容。

（1）投资战略。投资战略是企业对一定时期内的重大投资方向所做的全局性规划，它是企业实现发展战略目标的重要途径。制定投资战略时需要考虑到对企业竞争战略的影响，以及投资战略与其他职能战略的关系。

① 发展型投资战略。发展型投资战略着眼于公司或市场的成长潜力，将企业的资源配置到开发新产品、开拓新市场中，采用新的生产方式和管理方式来扩大企业的产销规模，增强企业的竞争能力。

② 稳定型投资战略。当企业的市场规模达到瓶颈或较难继续扩张的时候，适合采用稳定型投资战略，也就是在扩大企业规模的基础上鼓励创新，寻找新的投资机会来保持市场占有率，与此同时，最大限度地降低成本并改善现金流，为将来的可持续发展做准备。

③ 退却型投资战略。退却型投资战略的核心是"以退为进"，通过内外部的撤资、减少生产和研发的投入，甚至裁员来保留实力，帮助企业渡过难关。例如，在出现现金流不足、资源紧张、营业额下降严重、产品滞销等重大问题时，可以采用退却型投资战略。这一战略多用于发展较为困难，并且财务问题较为严重的企业。同样，该战略也适用于对外部环境反应较大的企业。另外，退却型投资战略的适用对象不仅仅是企业，还可以是企业的某个事业部，甚至是某条产品线。

（2）筹资战略。筹资战略与投资战略、利益分配战略密切相关，投资战略决定了筹资战略所需要筹集的资金，同时要兼顾利润分配时保留盈余的数量。筹资战略是企业根据总体发展规划，对未来一定时期内所需资金的数量、来源及融资方式进行的全盘规划和统筹安排。例如，增资发行股票、发行大笔债券、与银行建立长期合作关系等都是筹资战略所涉及的内容。制定清晰的筹资战略对于实现资金的可持续性至关重要。

（3）利益分配战略。利益分配战略是指企业对利益分配进行谋划，以保证利益相关者的长远利益和实现企业的长远发展。利益分配战略涉及的内容包括企业重大的留用利润方案、资本收益管理、股利分配政策等。利益分配战略必须以投资战略和筹资战略为制定依据，且为企业整体战略服务。

三、经营目标体系的形成与评审

通过对公司整体经营目标的分解，经营目标体系正式形成。目标体系是一个包含了总目标和分目标的网络结构，其核心是目标之间的复杂耦合关系，这种耦合关系因每个企业的业务流程和组织架构的不同而不同。

1. 目标体系

在年度经营计划工作中，目标体系以年度经营管理目标一览表及目标分解表的形式确定。其中，年度经营管理目标一览表确定了企业总目标及部分关键经营管理指标；目标分解表包括两部分：一部分明确了企业总目标分解路径；另一部分确定了分解后的各部门和各岗位目标。如表4-5至表4-7所示。

表4-5　XX公司年度经营管理目标一览表

序号	责任部门	目标指标项目	目标值	统计部门	计算公式/定义	统计频率	负责人签字
1	公司	营业额		财务	主营业务收入	每月	
2		毛利率		财务	（主营业务收入 - 成本）/主营业务收入 ×100%	每月	
3		净利润		财务	主营业务收入 - 成本 - 税收	每月	
4	营销中心	销售额		财务	主营业务收入	每月	
5		新增客户数量		财务	新增的有效客户数量（产生业绩）	每月	
6		渠道覆盖率		财务	新增的有效渠道数量（产生业绩）/计划覆盖的渠道数量 ×100%	每月	
7		货款回收及时率		财务	实际回收货款金额/应回收总金额 ×100%	每月	
8	研发中心	新产品研发完成数量		市场	正式立项并计划年内完成的新产品数量	每季	
9		专利申报/授权数量		总经办	已经完成的专利申报和授权数量	每季	
10		工艺优化节省成本		财务	在现有工艺基础上通过开发和优化创新降低的成本金额	每月	
11		新建研发中心		总经办	自建和联合建设的研发机构数量	半年	
12	生产中心	产量目标达成率		PMC	当月实际产量目标/当月计划产量目标 ×100%	每月	
13		成本控制目标达成率		财务	当月实际成本/当月计划成本 ×100%	每月	
14		人均产量		财务	实际出货产量/（期末人数 + 当期离职人数）×100%	每月	
15		产品直通率		品质	直通合格数/投产总数 ×100%	每月	
16		订单准交率		市场	当月准交订单批次/当月应交订单批次 ×100%	每周	
17		物料库存周转天数		财务	实际库存金额/销售金额 ×30天	每月	

续表

序号	责任部门	目标指标项目	目标值	统计部门	计算公式/定义	统计频率	负责人签字
18	人力资源中心	核心人才引进数量		财务	部门负责人及关键岗位人员引进数量	每周	
19		人均利润率		人资	利润总额/员工总数×100%	每月	
20		人才培养数量		总经办	完成人才培训计划并评估合格的人员数量	半年	
21		员工满意度		总经办	调查满意的员工/参与调查的员工×100%	每季	
22		人员流失率		总经办	当期离职人数/（期初在职人数+当期新进人数）×100%	每月	
23		员工纠纷		总经办	员工与员工之间、员工与公司之间发生的产生费用的纠纷	每月	
24	采购部	采购到料及时率		制造中心	准时到料批次/计划到料总批次×100%	每周	
25		采购物料合格率		制造中心	进料检验合格批次/进料检验总批次×100%	每周	
26		潜在供应商开发目标		总经办	指有合作意向的供应商	每周	
27		合作供应商开发目标		总经办	指有打样或已经下单开始合作的供应商	每周	
28		采购成本下降率		财务	（采购谈判后的单价×当月采购量－年初单价×当月采购量）/（年初单价×当月采购量）（注：市场波动引起的价格变化不予计算）	每月	
29	财务中心	流动资产负责比率		总经办	流动资产/流动负债	每月	
30		融资计划		总经办	实际融资总金额	每月	
31		预算达成率		总经办	实际费用/计划费用×100%	每月	
32		内控体系建设		总经办	建立健全内部风险控制体系	每月	

注：所有分值计算截止小数点后一位，四舍五入。

批准/日期：

表4-6 目标分解表1（分解路径）

目标项目	组织目标分解			年度目标值	期间目标分解			
	中心	部门	直接效益岗位	目标项目		第一季度	第二季度	第三季度	第四季度
营业额	营销中心	国内销售	销售员	销售额					
		国际销售	销售员	客户数量					
		计划部	计划员	订单准交率					
		计划部	计划员	物料齐套率					
		采购部	采购员	来料及时率					
	生产中心	各工厂	厂长、生产工人	产量目标达成率					
		品管部	品质工程师	产品直通率					
				客户满意度					
	研发中心	研发部	工程师	新产品研发完成数量					
			工程师	工艺、材料等新技术研发完成数量					
			负责人	专利申报/授权数量					
			负责人	新建研发中心					
	人力资源中心	人力资源部	招聘负责人	招聘入职率					

续表

目标项目		组织目标分解			年度目标值	期间目标分解			
	中心	部门	直接效益岗位	目标项目		第一季度	第二季度	第三季度	第四季度
利润率	营销中心	市场部/销售部	负责人	营销费用					
		销售部	客户经理	报价的准确性					
		售后部	负责人	售后费用					
	研发中心	研发部	负责人	研发费用					
		品管部	品质主管	品质失败成本控制					
	生产中心	工厂	厂长	制造成本控制					
		采购部	负责人	采购成本控制					
	人事行政中心	行政部	负责人	管理费用控制					
		人力资源部	负责人	人力费用控制					
	财务中心	财务部	负责人	预算达成率					
				财务费用控制					
发展目标	人事行政中心	人力资源部	负责人	人才培养数量					
				培训课程开发数量					
	研发中心	研发部	工程师	新技术研发					

表 4-7 目标分解表 2（部门、岗位）

营销中心目标分解

经营周期：2019 财年

序号	责任部门	责任岗位	目标/指标项目	年度目标	目标说明	分解目标 第一季度	分解目标 第二季度	分解目标 第三季度	分解目标 第四季度	备注
1	一级区域销售分部	区域总监	销售额		实际回款金额					
2			重点客户中标数量		公司重点客户名单年度中标项目数量					
3			新增客户数量		新增的有效客户数量（产生业绩）					
4			销售费用占比		销售费用/销售额 × 100%					
5			货款回收及时率		实际回收货款金额/当期到期应回收总金额 × 100%					
6			渠道覆盖率		新增的有效渠道数量（当期到期应回收总金额/计划覆盖的渠道数量 × 100%）					
7			坏账率		坏账金额/到期应回收总金额 × 100%（到期一年内未收回的金额为坏账）					
8			人均销售额		销售额/累计在册人数（期末人数 + 当期离职人数）					
9			净增销售团队数量		新增的有效团队数量（产生业绩）- 流失团队数量					

续表

序号	责任部门	责任岗位	目标/指标项目	年度目标	目标说明	分解目标 第一季度	分解目标 第二季度	分解目标 第三季度	分解目标 第四季度	备注
10	各办事处	区域经理	销售额		实际回款金额					
11			新增客户数量		新增的有效客户数量（产生业绩）					
12			渠道覆盖率		新增的有效渠道数量（产生业绩）/计划覆盖的渠道数量×100%					
13			坏账率		坏账金额/到期应收金额×100%（到期一年内未收回的金额为坏账）					
14			货款回收及时率		实际回收货款金额/当期到期应回收总金额×100%					
15			净增销售团队数量		新增的有效团队数量（产生业绩）−流失团队数量					
16		销售员	销售额		实际回款金额					
17			新增客户数量		新增的有效客户数量（产生业绩）					
18			客户满意度		根据客户满意度调查结果计算					

目标体系是企业年度经营的航向和灯塔，其合理性、科学性直接影响着企业的经营成果、经营成本。因此，在形成目标体系的同时，需要对目标体系进行评审。

2. 目标体系的评审

目标体系的评审是对目标值、目标项目关系的综合评审，核心在于评审目标是否符合SMART原则。如表4-8所示。

表4-8 SMART原则

原则		含义
S（Specific）	明确性	指目标设定要切中特定的工作指标，不能笼统
M（Measurable）	可衡量性	指目标表现是数量化的，验证这些绩效指标的数据或者信息是可以获得的
A（Attainable）	可实现性	指目标在付出努力的情况下可以实现，避免设立过高或过低的目标
R（Relevant）	相关性	指目标与其他指标的关联情况可以证明和观察
T（Time-based）	时限性	注重完成目标的特定时限

目标体系的评审通常以专家评审结合集体讨论的形式进行。评价一个目标是否科学合理，除了考察其是否符合上述SMART原则的特征描述外，还需要评审其关联支撑条件。

明确性：承载目标的相关岗位人员是否明确自己的目标？是否认可目标的合理性？对于后续新进员工，如何确保其快速明确本职岗位的目标？

可衡量性：目标有无对应的考核指标？某些不能量化的目标是否通过其他方式进行了界定，让员工能够清晰地知晓当前状态与目标状态的差距？企业是否有完善的数据系统？对目标考核所需基础数据是否有统一的填报平台和表格？

可实现性：目标及其实现策略是否形成部门和岗位的工作计划？该计划是否能够支撑目标的达成？

相关性：目标项目之间的联系是否符合组织和业务的运行逻辑？纵向的目标是否能够自下而上形成支撑？横向的目标是否能够形成合力？

时限性：目标设定的时限是否考虑到了业务的季节性特征？是否预留了宽放时间？总目标的阶段分解是否考虑了并行负荷及转化成本？

第二节　部门行动计划的制订

部门行动计划应由各部门最高负责人牵头制定，向上衔接部门目标与策略，向下对应部门各岗位工作职责，具体内容包括项目任务、资源需求、责任人的确定。部门行动计划制订后，经部门分管副总和年度经营计划委员会审批通过后生效。

一、部门行动计划的编制步骤

（1）明确制订计划的依据，具体包括部门目标、关键策略、部门项目、日常工作四大方面。

（2）评估可用的时间期限，由于时间是最不可改变的资源要素，因此要充分考虑宽放时间。

（3）针对每一个具体目标，分解其关键结果，制定实现关键结果的具体任务，这项工作需要由非常熟悉本部门业务的人员来完成。

（4）明确上述任务所需要的资源，如人力资源、资金、设备工具、技术、信息等。

（5）明确每个具体任务的责任人、工作标准、审核人及其需要输出的具体成果。

（6）以书面形式输出部门行动计划，提交决策机构审核，如表4-9所示。

表 4-9　××部门年度经营计划

主要目标	工作项目	具体任务	资源需求	完成标志	起止时间	责任人

编制：　　　　　　　审核：　　　　　　　批准：

二、计划编制的经典工具：OKR

OKR 是 Objectives and Key Results 的缩写，即"目标与关键结果"，最初由英

特尔公司发明，随后被包括谷歌在内的知名公司广泛应用。从计划的角度看，它是一个很好的目标分解工具，也是一种制订行动计划的思维方式。

Objectives，即未来一段时间内要达成的预期业绩，包括部门在一年、半年、每个季度、每个月要达成的目标，如交期达成率提升至 100%、产品不良率下降 5% 等。

Key Results，即实现目标的关键过程或结果描述，但必须基于具体数据，或具有明确的可衡量性。例如，对于"交期达成率提升至 100%"这一目标，Key Results 就不能直接写成"交期达成率先提升至 90%、95%……"，而应为"产能提升计划完成验收，供应商品质合格率提升至 100%……"

作为计划制订工具，OKR 成功的一大关键在于准确地描述目标，并分解出合理、科学的关键结果，这个过程需要非常熟悉本项工作的资深人士参与。

三、部门行动计划的评审推演

部门行动计划需要进行周详的评审，以确保计划的可行性。评审方法需要根据计划本身的内容来确定，常见的评审方法如表 4-10 所示。

表 4-10　部门行动计划评审方法

评审方法	操作要点
专家评审	• 组织内部专家或外部专家对计划进行评审 • 评审方式为单独评分或集体讨论
质询答辩	• 由部门负责人陈述计划，公司领导和外部专家就计划的严谨性提问、论证
团队列名	• 评审人员各自独立提出评审意见，每次发言只提出一条意见，且不能与已经提出的意见重复，以穷尽所有的意见
沙盘推演	• 借助特定的卡片、场景或计算机软件系统，对相关数据进行推演论证
双盲评测	• 计划的评审者与制订者互不相识，制订者并不知道将来是由谁评审自己的计划，评审者也不知道自己评审的是谁的计划。通常在具体事项的 OKR 论证中效果显著
实战演练	• 在实际工作场景中展开计划的演练，检验计划的严谨性。通常对应急预案和具体操作层面的计划而言十分必要

四、激励体系的形成与评审

目标体系的实现需要激励体系的支撑。激励体系由物质激励和精神激励两个方面的多种激励措施构成。从年度经营计划的角度，我们将激励分为经营激励和管理激励，如表4-11所示。

表4-11 激励的分类

激励类型	激励对象	典型激励措施	备注
经营激励	直接承担经营责任的人员，一般为高层管理者，如总经理、副总经理、部门负责人、重大经营项目负责人	年度分红 股权激励 定制型专项奖励	专项奖励适用于非常规性质的项目激励
管理激励	不直接承担经营责任的人员	薪酬 荣誉 晋升	—

对于由多种激励措施构成的激励体系，需要综合评估其是否能够推动年度经营目标的实现。主要从以下几个方面进行考虑。

1. 激励措施的多样性

激励体系应当包括多样化的激励措施，既要有实现最终目标的年度奖励，还要有实现过程目标的半年度、季度甚至月度奖励。只对长期目标进行激励，人们在短期内的动力就不足，在时间临近截止日期的时候才会真正紧张起来；反之，只对短期目标进行激励，会导致人们的短视，最后可能导致激励的成本上去了，但是最终目标却没有达成。

激励的多样性还包括既要有经济性激励，还要有非经济性激励。同一个激励措施，对不同年龄阶段、不同性格特征的人而言，其激励效果不完全相同。在经济性激励方面，应当评估不同级别的激励金额是否能够真正起到触动作用，奖金占整体收入的比例是否科学合理；在非经济性激励方面，应当评估激励措施对应的成本预算是否在合理范围内，非经济性激励措施是否是员工真正看重的回报方式。

2. 时机和兑现周期

对于定制型专项奖励，需要结合其预期效果，评审激励方案的时机是否适当，兑现周期和兑现条件是否合理。激励的恰当时机一般是在预计挑战出现的时间之前强调和宣布，在取得突破性的成就之后兑现回报。一项有吸引力的激励回报如果能够及时兑现，则会产生更大的激励效果；若兑现周期过长，则可能会产生相反的激励效果。

3. 激励措施与绩效的关联程度

激励的目的是实现组织绩效。因此，需要评审组织绩效与个人奖励的关系，确保组织绩效增长的成果必须有一定的份额能够惠及实现它的员工，组织绩效的衰退应当有一定的责任体现在能够左右它的员工身上。

4. 激励体系的外部竞争性

激励计划的激励对象很多都是骨干人才，一项激励计划是否有效，在很大程度上取决于外部的市场水平。如果激励回报水平高于市场，则其激励措施可能发挥更大的作用；反之，如果激励回报水平与市场持平，则其激励措施可能不会发挥明显的作用。

总之，部门行动计划是对公司目标、策略、资源在实施层面的延展，是年度经营由宏观计划走向行动方案的关键。有了各部门的具体计划和激励方案，才能将资源需求转化为更加精准的预算。

前沿动态：全球扩张战略中的国际劳工管理（以韩国为例）

在全球化的大背景下，海外扩张是大多数企业的必然选择，这对企业的人力资源战略管理工作提出了新课题。

1. 国际人力资源问题

（1）招聘和选拔问题。在全球扩张战略中，企业希望整合多样化的劳动力，这是国际人力资源管理的一大挑战。首先，从东道国招聘员工并不容易。以韩国为例，在大多数国民的观念中，社会地位和收入同等重要。因此，著名的大公司是韩国求职者的首选工作场所。如果一家企业仍处于起步或发展的初级阶段，品牌知名度还在提升阶段，那么如何在招聘中提高竞争优势是公司需要提前考虑的问题。

（2）语言问题。当前，英语是全球性的商业语言。虽然中韩两方员工都受过不同水平的英语教育，但不懂韩语的商人在韩国的职业发展还是会受到很大限制。韩国是一个重视人际关系的国家，没有人际关系，将很难开展业务。由于韩语的特殊性，它有很大一部分不能精准地翻译成英语。因此，不懂韩语的商人会失去很多重要的商业机会，甚至无法建立合作伙伴之间的信任。

（3）薪酬管理问题。在韩国，绩效已经成为决定员工薪酬的一个重要因素。在过去的旧制度中，薪酬有三个组成部分：基本工资（占总额的50%）、津贴（占10%）和奖金（占40%）。基本工资和津贴主要取决于职位和资格，奖金一直取决于业绩。新制度将基本工资分为两部分：基本工资和绩效工资。基本工资取决于职位和资格，而绩效工资取决于个人的绩效等级。此外，韩国的大公司每年会支付一定数额的奖金。因此，企业需要建立一个适合的以及满足当地需求的薪酬体系。根据公平理论，员工会倾向于与同行业的同等级员工比较工资和福利。那么，海外员工如果没有达到期望，就会降低工作满意度，从而影响工作绩效。

2. 可行性建议

（1）开展必要的培训。

① 商务文化及商务礼仪培训。在接洽见面阶段，不仅需要遵守国际通行的商务礼仪，还需要对东道国的社会文化有足够的了解，理解一些基本商务活动在东道国文化背景下是否存在差异。例如，韩国人受到儒家文化的影响，更愿意与有私人关系的人做生意。因此，企业可以通过中间人介绍潜在的商业伙伴。中间人的社会地位越高，就越有可能接触到合适的人。国际化团队初次见面时，提前学习表达友好的动作也非常重要，尤其是要了解异性之间是否可以拥抱、握手，因为这在欧美国家、儒家文化圈国家和伊斯兰国家有完全不同的习俗。

在建立关系阶段，需要了解在东道国，稳固可靠的合作关系是建立在何种基础之上的。一般在欧美国家，合作关系的基础更重要的是契约、合同与规则，双方的约定事项与关系界限十分重要；而在儒家文化圈国家，良好的合作更加依赖基于私人关系的情感因素，这种私人关系会模糊正式与非正式社交的界限，而且非正式的社交活动实际上发挥了更大的作用。此外，建立关系阶段中的"送礼"行为，在不同国家的意义也大不相同，甚至其正当性也完全不同。

在合作共事阶段，需要了解解决冲突的逻辑。团队之间的矛盾，员工与客户之间的冲突，在全球任何地方都在所难免。有的国家崇尚直截了当的沟通，追求的是问题的有效解决，即便沟通的过程是不愉快的，也没有关系；而有的国家则习惯含蓄委婉的方式，追求的是在保持和谐局面的前提下，寻找各方满意的解决方案。

② 宗教信息培训。大多数国家都有不止一种宗教文化，对于企业来说，充分了解东道国的宗教信息，评估其世俗化程度，尤其是全面掌握宗教禁忌，是制定人力资源政策的基础。

③ 工作安全和健康培训。不同国家对职业安全与健康的重视程度不同，侧重点也有所区别。当今时代，大多数国家都在国际标准的基础上制定了本国的职业安全与健康法案，其中对企业应当履行的管理责任也规定得越发明细。

在职业安全风险方面，除了关注传统的物理伤害隐患外，还要特别关注跨文化工作者可能面临的压力、孤独和挫折。这些挑战无疑会影响他们的情绪，损害他们的身心健康，甚至酿成更大的事件。

因此，在国际人力资源的安全风险管控中，必须不断评估并完善国外潜在风险的解决预案，推行有效的预防措施。例如，为所有员工提供工作场所急救知识，提供营养讲座，实施心理援助计划，让员工以更好的状态去工作。

（2）职业发展。企业在外派员工出国之前需要做一个遣返计划，并且在员工确认回国日期的前6个月，重新审视和修改该计划。有研究表明，当员工回国后遭遇"逆向文化冲击"时，员工可能会失去他们的工作积极性。该计划包括确定回国后的职位和期望，跟踪他们的国际任务进程并给予相应的奖励。此外，公司鼓励员工与母公司的同事保持联系。职业规划也同样适用于外国本土员工，这有利于提高公司在招聘过程中的竞争力，有利于公司业务在当地的长远发展。

（3）招聘和选择最合适的员工。在国际竞争环境中，只以本国员工为中心的公司可能会失去获得优秀人才的机会。另外，只使用外籍员工也会给公司的管理带来负担。因此，对于很多企业来说，人员配置多元化是国际人力资源管理的优先选择。通常，最核心的团队负责人由母国派遣，而其他人员则根据情况，更加倾向于从东道国聘用，从而更好地了解当地市场，提高生产率，以及获得更好的政府支持。同时，企业的文化和技术可以很容易地转移到子公司，对协调和沟通是有益的。

企业可以通过各种渠道招聘外国本地员工，包括就业中心、职业介绍所、猎头、网络、媒体广告等，但是需要先向标杆企业了解哪些是母国公司进入当地市场时的主流招聘渠道，哪些是进入后扩张阶段的主流招聘渠道。大多数在韩国的外资公司更倾向于前期依靠猎头，后期依靠大学招聘会来招聘高素质员工，而对于母国外派员工，大多数跨国公司选择在内部招聘。

此外，选拔标准也非常重要。国际化人才的选拔标准除了专业知识、专长能力、个人特质等要素外，还包括跨文化的人际交往能力、对多元文化的开放态度、适应新环境的能力等要求。选择合适的外派人员对于海外任务的完成至关重要。一般来说，合适的外派人员需要具备以下能力。

① 高文化智商：外派人员愿意与不同的文化群体交往。他们通常拥有稳定的情绪和高度的忍耐力，愿意尝试新事物，对不同的文化习俗能够转换角度来理解和欣赏。

② 快速学习技能：外派人员需要具备快速学习的能力，能够快速学习东道国的政策、法律、文化和市场规则。

③ 具备全球商业视野：外派人员必须理解和尊重多种文化，能够适应在外国文化中工作和生活，并与外国同事互动，从中洞察国别差异带来的机会和威胁。

④ 熟悉当地法律和政策：外派人员必须熟悉当地与劳动和就业相关的法律法规，并实时关注法律和政策的更新情况。

（4）薪酬管理。不同国家的薪酬和财税政策差别巨大，为了避免纠纷，公司应当聘请专业机构，如咨询公司、律师事务所、会计师事务所进行国际人力资源薪酬方案设计和税务咨询，拟定符合两国法律，并且能够合理控制企业成本的薪酬体系。

在福利管理方面，除了考虑当地的法定福利要求、同行的弹性福利要求外，还要考虑母公司外派员工融入当地工作的便利条件。人力资源部应当扮演好事务专家和员工后盾的角色，提前提供当地的购物、医疗和教育信息，合理安排员工的住宿、接送，重视对外派员工及其陪同家属的照顾，如果有未成年子女跟随外派的，还要考虑子女的教育问题等。

（5）建立连接渠道，提供持续不断的监管反馈。外派员工和母公司之间需要建立顺畅的沟通渠道。这样做的目的是不让外派员工感到与母公司的联系被切断。此外，母公司也需要鼓励员工保持联系并及时提供正负向反馈，这将有助于外派员工跟上母公司的发展步伐。

（6）实施回归计划，避免逆向文化冲击。回归计划的目的是帮助外派人员克服逆向文化冲击，并使其在回国后适应新的变化。回到母国后，外派人员可能会遭遇逆向文化冲击，加上业务变化，对人际关系网络不熟悉，他们会感到陌生、沮丧，并且与同事保持距离。

外派人员会因为融入度差而缺乏合适的职位，再入职时的高离职率是一个非常普遍的现象。根据布鲁克菲尔德全球移民服务公司（Brookfield Global Relocation Services）的一项调查，只有五分之一的公司在开始执行任务前与外派员工讨论过回归事宜。在外派员工流动率较高的公司中，有三分之二没有与职业生涯相关的规划。

在海外扩张过程中，一些潜在的人力资源问题也不容忽视。无论是薪酬体系、培训还是招聘选拔标准，本土化是战略核心。因此，预估海外扩张可能存在的问题，并且提前制订计划和进行有效的风险管理至关重要。

第五章　全面预算

公司经营所需的各项有形资源和无形资源，从货币的角度，可以用资金预算来统一表示。科学合理的预算让经营责任人清晰地知道经营目标是什么，现状与目标的差距有多少，以便寻找策略来缩小差距。因此，全面预算是一种有效的管控方式，也是一种对经营班子的约束机制。

第一节　资源配置政策

资源配置政策是对经营资源获取方式的指导意见。在明确资源需求的基础上，需要考虑资源获取的成本和综合效益。如图 5-1 所示。

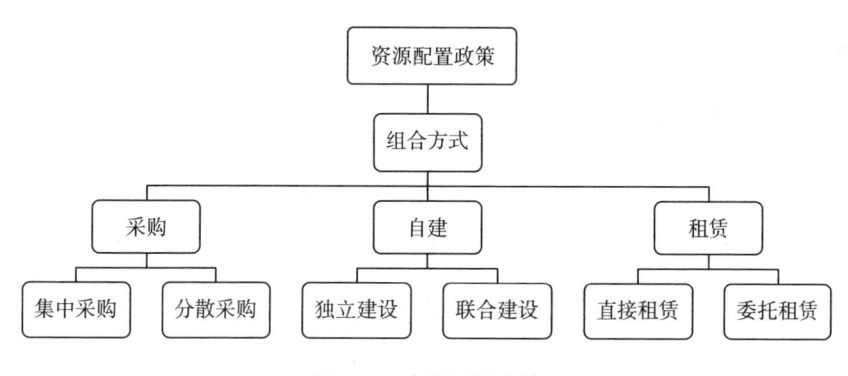

图 5-1　资源配置政策

资源配置政策的本质是资源获取方式的组合策略，需要考虑的因素如图 5-2 所示。

通常情况下，企业会综合考虑资源配置的成本和效益，从战略定位出发选择资源配置方式，不会简单地选择成本最低的配置方式。例如，对于工艺复杂、成本高昂的重要设备，有的企业会采用租赁的方式来配置，以便用最少的资金投入

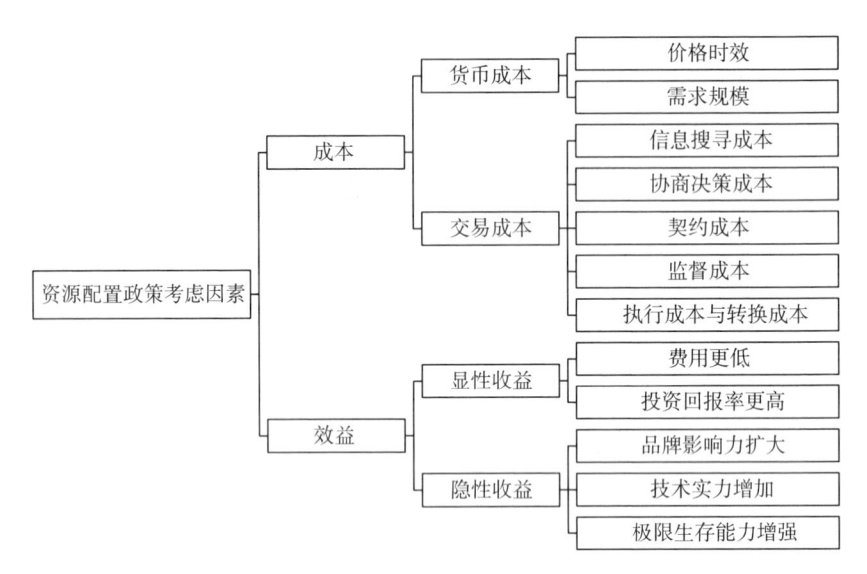

```
                                    ┌─────────┬─── 价格时效
                         ┌── 货币成本┤
                         │          └─── 需求规模
                  ┌── 成本┤
                  │      │          ┌─── 信息搜寻成本
                  │      │          ├─── 协商决策成本
                  │      └── 交易成本┼─── 契约成本
资源配置政策考虑因素┤                 ├─── 监督成本
                  │                 └─── 执行成本与转换成本
                  │      ┌── 显性收益┬─── 费用更低
                  │      │          └─── 投资回报率更高
                  └── 效益┤          ┌─── 品牌影响力扩大
                         └── 隐性收益┼─── 技术实力增加
                                    └─── 极限生存能力增强
```

图 5-2　资源配置政策考虑因素

来获取价格优势；也有的企业会投入巨资来采购或者干脆自主研发，虽然在短期内可能会产生一定的利润下滑，但会帮助企业获得未来的产能保障和抗风险能力。

确定资源配置政策的基本步骤具体如下。

一、汇总整合资源需求

由于集中采办可以发挥规模优势，有效降低采办成本，因此在年度经营资源规划中，需要将各项资源汇总起来，对同类资源进行集中采办。除内部常规资源外，需引进的外部资源可以分为以下几种类型。

（1）货物：各类硬件、软件，包括各类配件、工具。

（2）服务：需要外部提供的人员和技能支持，包括外包服务、驻场服务等。

（3）人员：需要外部提供的劳动力。

（4）工程：需要外部机构参与建设的软硬件工程，包括厂房、通信等基础设施，也包括系统集成形式的技术工程。

按照以上框架，合并各部门的相同资源需求，分析相近的可替代资源需求，最终将资源需求按照企业采购目录进行整合。

二、成本效益评估与配置政策确定

资源配置政策的制定应遵循成本效益原则。在能够满足资源需求的情况下，企业通常应当选择成本更低的资源配置方式。当然也有例外，如果某项资源是实现企业发展战略所需的必备资源，虽然可能当前并不符合成本效益原则，但是企业出于长远发展考虑也会通过自建或购买方式来获取，而非租赁和外包。

出于成本效益和战略需要的综合考虑，企业最终的资源配置政策是一组配置策略的组合，其总体确定思路如图 5-3 所示。

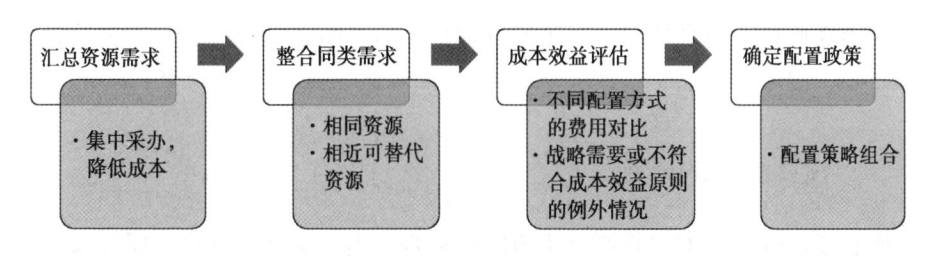

```
汇总资源需求  →  整合同类需求  →  成本效益评估  →  确定配置政策
·集中采办，      ·相同资源        ·不同配置方式      ·配置策略组合
 降低成本       ·相近可替代        的费用对比
               资源            ·战略需要或不符
                                合成本效益原则
                                的例外情况
```

图 5-3 确定资源配置政策的总体思路

资源配置政策指导预算的制定。例如，某新能源汽车厂商根据未来三年的战略研判，决定自主研发设计电池，并于当年开始着手建设自己的电池制造工厂和回收处理产线，那么在采购核心设备的时候就倾向于选择更加先进和耐用的设备，而不一定会选择当前最成熟或最主流、价格最低的设备。因此，该工厂的设备购置是一种战略投资，制定设备购置预算时，应当充分考虑设备的未来价值和战略价值，而非短期内的采购成本和投资回报。

第二节 全面预算的编制

全面预算管理是企业以战略目标为导向，通过对未来一定期间内的经营活动和相应的财务结果进行全面预测和筹划，科学、合理地配置企业各项财务资源和非财务资源，并对执行过程进行监督和分析，对执行结果进行评价和反馈，指导经营活动的改善和调整，进而推动实现企业战略目标的管理活动。

一、年度预算的内容

全面的年度预算包括以下几个方面。

（1）经营预算，即与企业日常业务直接相关的预算，包括销售预算、生产预算、材料预算、设备采购及维修预算、费用预算、人力预算等。

（2）财务预算，即与企业资金收支、财务状况或经营成果等有关的预算，包括资金预算、预计资产负债表、预计利润等。

（3）专项预算，即企业重大的或不经常发生的、要根据特定决策编制的预算，如投资预算、融资预算等。

在年度预算编制过程中，销售预算是整体预算编制的起点，是支出预算的主要依据。

二、预算编制的原则

全面预算的编制不仅要符合法律法规和企业内控制度的要求，还应当遵循预算编制的基本原则。

1. 一致性原则

一致性原则包括目标一致性和计划一致性。目标一致性是指预算目标必须与公司目标相一致，各级预算必须服从公司的战略目标和年度经营目标。年度预算是公司年度行动计划的数字化和价值化表达，部门预算是部门行动计划的数字化和价值化表达。计划一致性是指预算应与计划对应一致，有预算未发生、无预算而发生均是计划不一致的反映，在实施中应当列入预算准确性的考核。

2. 全面性原则

预算的全面性是指做到横向到边，纵向到底，全员控制。应将公司一切生产经营活动纳入预算管理，整合公司资金流、实物流、业务流、信息流、人力流，做到全面覆盖，进行事前、事中、事后相结合的全程监控。全面预算范围应包括企业的所有部门和业务单元；预算编制内容应包括生产经营、资本支出、投融资运作、资产负债表、损益表、现金流预算及关键业绩指标等；预算管理应包括业务经营计划、财务预算、业绩预测、预算执行情况分析、业绩考核等各个环节；预算指标应分解到部门、最小生产单元和个人。

3. 刚性原则

年度预算总额具有刚性，一经批准，在内部具有很强的约束性，除极特殊情况外不得突破，月度出现差异一般不进行调整，如需调整，应编制补充预算，审批流程与编制发布相同。未纳入预算的支出，原则上不予安排，对确实需要支付的预算外支出，必须经严格补充预算审批，由预算管理委员会审定后方可实施。

4. 适度性原则

适度性原则是指预算编制应当实事求是，防止低估或高估预算目标，保证预算在执行过程中切实可行。企业预算管理可以建立适度的弹性预算机制，当预算假设和企业的经营环境发生重大变化时，在集团公司统一规划下，可在年中对预算进行适当的调整。

5. 权利义务对等原则

落实预算管理责任，坚持谁主事，谁预算；谁控制，谁预算；谁受益，谁承担；先计划，后预算；先预算，后做事；没预算，禁付款。预算编制和控制以各部门（各级责任中心）为基本单位，预算指标要分解落实到各级责任中心。预算执行单位对预算的实现和实际差异负责。

6. 持续改进原则

一方面，不断提升预算准确率，强化投入产出意识、运作效率意识，推进精细化预算；另一方面，通过预算管理，推动各项财务指标持续改进，提升总体盈利能力。

7. 奖罚分明原则

预算管理应定期考核，奖优罚劣。预算的执行情况应列入当期绩效考核，通过绩效考核的指挥棒，不断激励各级责任中心提升预算管理水平。

三、常见的预算管理误区

企业常见的预算管理误区主要体现为对预算的认识不到位，具体如下。

1. 将预算与计划割裂开来

许多企业高管认为，预算是财务的事情，而计划是各个部门自己的事情。实际上，预算与计划不可分割，预算是计划的财务语言，预算与计划天然是一体的。

预算也是业务部门强有力的管理工具。预算的基础是各项业务数据，制定预算的过程就是发现问题的过程，预算的管控分析就是排除目标障碍，寻求解决方案的过程。

2. 认为预算是一成不变的

不少企业对预算不重视，总觉得"计划赶不上变化"，预算做起来费时费力，到头来却总是与现实存在出入，还不如不做。实际上这是对预算管理的意义认识不足。

企业作为一个组织，其一切行为都是经过事先设计的，作为组织血液的资金收支更是如此。如果没有设计思维，企业的行为就不能保证理性，就无法发挥团队的合力。

不仅预算的编制必不可少，预算的管控和调整也同等重要。预算体现的是一种预见性，但是世上没有绝对完美的预见，科学的决策是在预见的基础上，结合当下的情况找出最佳选择。如同作战一样，没有作战计划的出兵必败无疑，但固守作战计划也十分危险，应在作战计划的基础上，根据战场环境灵活调整，在战争中动态调整计划。

对于从未做过预算的企业，应当及早着手预算的编制，第一年的预算也许会缺乏许多基础数据，不够完善，但是预算在不断的编制、管控、调整中会越来越完善，预算也会由大概估计走向精准预测。

四、预算管理机构及预算编制流程

对于实行全面预算的企业来说，为了防止预算的编制和管理流于形式，应当设置专门的机构，制定专门的管理制度和流程来进行预算的编制和管理。

（一）预算管理的组织机构设置

在机构设置方面，通常需要设置全面预算管理决策机构、工作机构和执行单位三个层次的基本架构。

1. 决策机构：全面预算管理委员会

全面预算管理委员会是全面预算管理的决策机构和总体管理机构。全面预算管理委员会成员由企业负责人及内部相关部门负责人组成，总会计师或分管会计工作的负责人应当协助企业负责人进行企业全面预算管理工作的组织领导。具体而言，全面预算管理委员会一般由企业负责人（董事长或总经理）任主任，总会计师（或财务总监、分管财会工作的副总经理）任副主任，其成员一般包括各副总经理、主要职能部门负责人，以及分（子）公司/SBU负责人等。

全面预算管理委员会的主要职责一般包括以下几个方面。

（1）制定企业全面预算管理制度，包括预算管理的政策、流程、措施、具体要求等。

（2）根据企业战略规划和年度经营目标，拟定预算目标，并确定预算目标分解方案、预算编制指南等。

（3）组织预算编制，综合平衡预算草案。

（4）批准并下达正式的年度预算。

（5）协调解决预算编制和执行中的重大问题。

（6）审议预算调整方案，依据授权进行审批。

（7）审议预算考核和奖惩方案。

（8）对企业全面预算的总体执行情况进行考核。

（9）其他全面预算管理事宜。

2. 工作机构：全面预算管理工作小组

通常情况下，全面预算管理委员会并非常设机构，企业应当在全面预算管理委员会下设立预算管理工作机构，即全面预算管理工作小组，以履行全面预算管理委员会的日常管理职责。全面预算管理工作小组一般设在财务部门，其组长一般由总会计师（或财务总监、分管财会工作的副总经理）兼任，小组成员既包括财务部门预算管理相关人员，也包括市场、销售、计划、生产、研发、人力资源、行政等部门负责预算管理的人员。

全面预算管理工作小组的主要职责一般包括以下几个方面。

（1）根据法律法规及政策变化，结合内外部经营环境变化，起草或优化全面预算管理制度草案，并提交全面预算管理委员会审批发布。

（2）拟定年度预算总目标分解方案，起草年度预算编制指南，报全面预算管理委员会审定。

（3）牵头组织各级预算单位开展预算编制工作，并给予专业的方法指导和咨询。

（4）预审各预算单位的预算初稿，进行综合平衡，并提出修改意见和建议。

（5）汇总编制企业全面预算草案，提交全面预算管理委员会审查。

（6）检查企业预算执行情况，监测预算管理制度的有效性。

（7）定期汇总、分析各预算单位的预算执行情况，并向全面预算管理委员会提交预算执行分析报告，为委员会下一步决策拟定建议方案。

（8）受理各预算单位的预算调整申请，根据企业预算管理制度进行审查，并制定年度预算调整方案，报全面预算管理委员会审议。

（9）协调解决企业预算编制和执行中的有关问题，并给予专业指导意见。

（10）起草预算考核和奖惩方案，报全面预算管理委员会审议。

（11）组织开展企业内部各职能部门、所属分（子）公司等二级预算执行单位的预算执行情况考核，给出考核结果和奖惩建议，报全面预算管理委员会审议。

（12）全面预算管理委员会安排的其他工作。

3. 执行单位：各部门

全面预算执行单位是在企业经营中承担相应经营责任，并享有相应权力和利益的企业内部单位，包括企业内部各部门、所属分（子）公司、SBU等。全面预算执行单位的划分应当遵循分级分层、权责利相结合、责任可控、目标一致的原则，并与企业的组织机构设置相适应。根据权责范围，全面预算执行单位可以分为投资中心、利润中心、成本中心、费用中心和收入中心。全面预算执行单位在预算管理决策机构和工作机构的指导下，组织开展本单位全面预算的编制工作，严格执行批准下达的预算。

全面预算执行单位的主要职责一般包括以下几个方面。

（1）提供编制预算的各项基础资料和数据。

（2）负责本单位全面预算的编制和上报工作。

（3）将本单位预算指标层层分解，落实到各部门、各环节和各岗位。

（4）严格执行批准的预算，监督检查本单位预算执行情况。

（5）及时分析、报告本单位的预算执行情况，解决预算执行中出现的问题。

（6）在内外部环境发生变化时，综合考量预算基础条件变化情况，结合企业预算管理制度，提出预算调整申请。

（7）组织实施本单位内部的预算考核和奖惩工作。

（8）配合预算管理决策机构和工作机构，做好企业总预算的综合平衡、执行监控、考核奖惩等工作。

（9）执行预算管理决策机构和工作机构下达的其他预算管理任务。

综上所述，全面预算执行单位负责人应当对本单位预算的执行结果负责，预算管理工作机构应当对本企业预算管理工作的总体过程负责，预算管理决策机构应当对本企业预算管理工作的总体结果负责。

（二）预算编制流程

从预算管理的组织机构分工可知，预算编制是"上下结合、分级编制、逐级汇总、综合平衡"的过程，在集团公司框架下，我们称为"两上三下预算编制流程"，如图5-4所示。

1. 目标下达与分解

企业董事会或总裁办根据战略规划和年度经营分析预测结论，提出下一年企业预算总目标，包括销售目标、成本费用目标、利润目标和现金流量目标，并确定预算编制政策，由全面预算管理委员会下达子公司/SBU等各级预算执行单位。

子公司根据全面预算管理委员会下达的政策和目标，将本公司的预算目标分解到更下级的基层业务单位。

2. 一稿编制上报

各基层业务单位按照逐级分解后的预算目标和政策，结合本单位特点，提出本单位的详细预算方案，上报子公司汇总。

子公司汇总各基层业务单位的预算方案，结合子公司目标预测和执行条件，整理形成子公司第一稿预算方案，并上报集团全面预算管理工作小组审查。

集团全面预算管理工作小组对各预算执行单位上报的预算方案进行审查、汇总，提出综合平衡建议，报全面预算管理委员会审议。

3. 一稿审查平衡

全面预算管理委员会在对第一稿预算方案进行充分讨论的基础上，根据发现的问题，提出初步的平衡调整意见，并反馈给各级预算执行单位修正。必要时，可召开预算评审会进行质询讨论。

4. 二稿修正审议

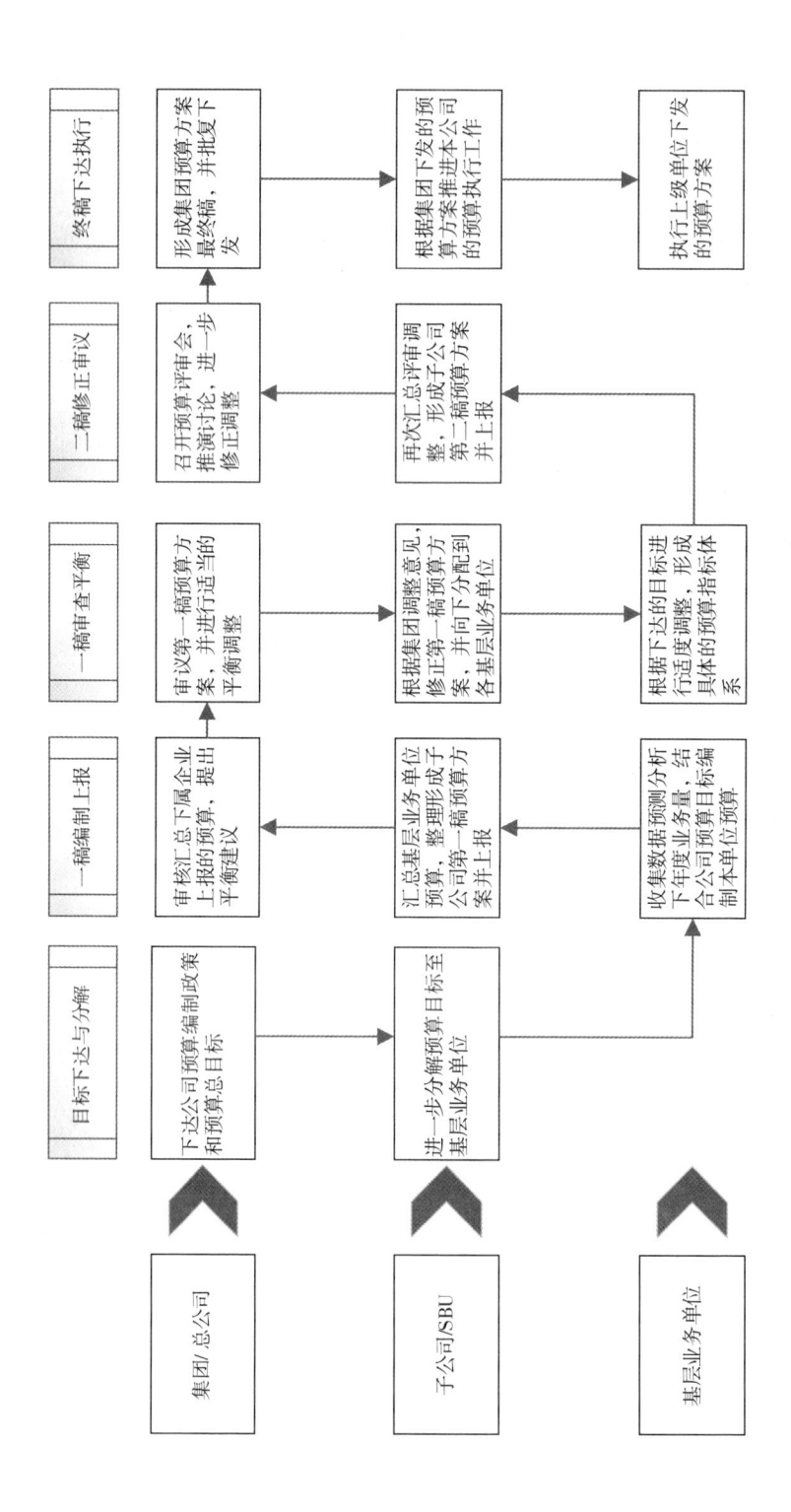

图 5—4 集团公司年度预算编制流程

各级预算执行单位对第一稿预算方案按照平衡调整意见修正后，再次汇总形成第二稿预算方案，上报全面预算管理委员会审议。全面预算管理委员会召开预算评审会进行详细讨论，并对预算进行模拟推演。对于不符合企业发展战略或经营目标的预算事项，责成有关预算执行单位进一步修正调整，直至评审推演通过。

5. 终稿下达执行

集团全面预算管理工作小组根据评审通过的预算方案，整理编制最终的企业年度预算方案，形成预算终稿，提交董事会或总裁办审批下发。子公司和基层业务单位按照正式下达的年度预算方案执行。

五、预算编制指南

在年度预算编制之前，全面预算管理工作小组应当制定一份预算编制指南，随预算目标下发给各级预算执行单位，以便统一预算编制的方法和文件格式。

（一）编制方法

企业全面预算编制方法按照编制经验和起点，分为增量预算法与零基预算法；按照业务量基础的数据特征，分为固定预算法与弹性预算法；按照预算周期特征，分为定期预算法与滚动预算法。企业应当根据自身特征，确定统一的预算编制方法和数据统计口径。其中，增量预算法、固定预算法和定期预算法操作简单，工作量较少，但是面对当今快速变化的内外部环境，其适应性正在降低。因此，这三种预算编制方法不是本书推荐的重点，下面仅对其基本含义和缺陷做简要介绍。

第一，增量预算法。增量预算法是以基期成本为基础，结合预算期业务预测和降低成本的重要举措，调整有关费用项目来编制预算的方法，其最显著的特征是：以过去的费用水平为基础，且在费用项目上不进行大的调整。

增量预算法适用于业务稳定的行业，且企业的业务模式在较长时间内都不会发生大的变化，企业的业务流程也是经过多年优化，达到了最佳状态。否则，对于业务模式和业务流程都比较容易发生较大调整的企业，采用增量预算法编制的一些支出项目将难以有效保证其科学性，容易造成有些经营活动资金紧张，而有些经营活动资金闲置的情况。

第二，固定预算法。固定预算法也称为静态预算法，它是以预算期内的一个固定业务量为基础来编制预算的方法。在经营管控中，固定预算能够很清楚地对比业务量是否达成（生产量、销售量等），但是当实际业务量与预算业务量出现较大差异的时候，预算项目的费用水平就失去了编制依据，在经营分析的时候无法对成本管控的绩效差异进行对比，现实中也往往出现这样的情况：某业务量远未达标的部门比业务量达标的部门在成本控制方面的绩效数据更好，这显然是静态预算法本身的缺陷所致。

第三，定期预算法。定期预算法是将会计周期（一般为一年）作为预算期的一种预算编制方法，其优点是能够将预算期与会计周期对应，便于考评预算执行结果。其缺陷体现为以下几点。一是受预算期间的限制。在编制预算时，需要提前对将来一整年的经营活动做出精准预测，这一点很难实现，往往导致预算比较模糊，执行困难。二是缺乏根据实际情况进行调整的灵活性。在预算期间，如果业务发生较大调整，预算就会出现滞后性。三是客观上鼓励了经营者的短视。经营班子的视野会局限在预算周期内的规划上，决策会优先考虑本期任务的完成情况，而忽视下期或更长远的利益。一旦本期预算提前完成，人们就会松懈下来，导致业务的连续性受到影响。

针对上述三种传统方法的不足，另外三种预算编制方法虽然工作量相对较大，但是有效地消除了原有的缺陷，下面做具体介绍。

1. 零基预算法

零基预算法又称为零底预算法，全称为"以零为基础编制计划和预算的方法"，最早在德州仪器公司成功应用。这种预算编制方法不考虑以往实际发生的费用项目和费用金额，也不会参照上个周期的预算来简单调整，而是一切从零出发，根据实际需要重新研究分析每一项预算的支出必要和支出数额。在审查每项活动对实现组织目标的意义和预期效果的基础上，根据成本效益分析，重新确定各项管理活动的优先次序，在综合平衡的基础上编制预算。

与增量预算法重点关注预算资金额的高低不同，零基预算法的着眼点是业务活动的重要性，是"投入－产出"的效益，这一突出特点决定了零基预算法的编制程序如下。

（1）确定基层预算单位。传统预算往往由财务专业人员结合往年预算完成，但零基预算法的特点决定了预算编制应当是全员参与的。因此，需要根据业务价值流程和组织架构，划分并确定基层预算单位。一个基层预算单位是能够独立核算且无下属单位的组织。

（2）编制各单位费用项目与金额。各预算单位根据企业经营总目标，详细讨论为实现目标所需的各项费用及金额，以及每笔费用的开支目的、价值和理由。

（3）综合平衡预算方案。在各单位编制本单位预算的基础上，上一级的预算单位应当对基层预算方案进行综合平衡。首先，应当划分不可避免费用项目和可避免费用项目。对于不可避免费用项目，必须保证资金供应；对于可避免费用项目，应展开成本效益分析，根据分析结果决定是否纳入预算项目，以及资金分配。其次，应划分不可延缓费用项目和可延缓费用项目，优先安排不可延缓费用项目的支出。最后，综合各项目的轻重缓急，确定各项费用是否列入最终预算方案及其金额。

2. 弹性预算法

弹性预算法又称为动态预算法，是在成本性态分析的基础上，依据业务量、成本和利润之间的关系，按照预算期内可能发生的不同业务量水平，分别确定其预算额的预算编制方法。在实际工作中，常用来编制成本预算、利润预算，为投资决策提供参考依据。其显著特点是：预算业务量是一个范围，而非只有一个固定数值，因此在预算执行过程中的适用性和指导性更强。

编制弹性预算的基本程序如下。

（1）确定业务量单位，如人工工时、机台工时等。

（2）确定业务量范围。一般以正常情况下的历史最高值和最低值为业务量范围的上下限，也可以按正常生产能力，结合行业特征和企业历史数据，上下浮动一定的比例来确定业务量范围。

（3）确定成本项与业务量的关系。分析固定成本、变动成本的构成项目，以及其与业务量的关系，一般表示为 $y=a+bx$，其中，y 表示预算成本总额，a 表示固定成本额，b 表示变动成本额，x 表示预计业务量。

（4）计算不同业务量水平对应的成本项目数据，并用公式或列表来呈现。

下面以某制造型企业（以下简称 A 企业）为例来说明弹性预算的编制（数据仅作示例）。如表 5-1 所示。

表 5-1　A 企业制造费用预算

业务量范围	8000~11000（机台时）（产能利用率 80%~110%）	
费用项目	固定费用（元/月）	变动费用（元/机台时）
折旧费	15000	
保险费	10000	
人工费	16000	0.5
维修费	2000	0.1
材料费		1
燃油费		2
合计	43000	3.6
备注	当业务量超过上限后，维修费将上升为 2500 元	

从上表可以得出：

固定成本费用总额 a=15000+10000+16000+2000=43000（元）；

变动成本费用率 b=0.5+0.1+1+2=3.6（元/机台时）；

成本性态模型 $y=a+bx$=43000+3.6x。

通过该模型公式，可以预测业务量 x 在 8000~11000 机台时之间时，任意一点对应的制造费用预算。例如，当产能利用率为 100% 时（业务量 x 为 10000 机台时），制造费用预算 y=43000+3.6×10000=79000（元）。其他费用项目的预算以此类推。

公式表达的方式简洁易用，但是前期成本分解工作量大，涉及阶梯成本和曲线成本的，还要先用数学方法修正为直线，才能应用公式计算。若企业无扎实可靠的成本核算基础，往往难以提炼出精确的成本性态公式。因此，为了降低成本分解难度，可以在确定业务量范围后，进一步将总的业务量范围细分为多个更小的业务量范围，然后根据细分的下一级业务量范围编制预算，并汇总编入一个表格内。如表 5-2 所示。

表 5-2　A 企业制造费用预算列表

单位：元

业务量（机台时）	8000	9000	10000	11000
产能利用率	80%	90%	100%	110%
1. 固定成本	25000	25000	25000	25000

续表

折旧费	15000	15000	15000	15000
保险费	10000	10000	10000	10000
2. 混合成本	22800	23400	24000	24600
人工费	20000	20500	21000	21500
维修费	2800	2900	3000	3100
3. 变动成本	24000	27000	30000	33000
材料费（$b=1$）	8000	9000	10000	11000
燃油费（$b=2$）	16000	18000	20000	22000
合计	71800	75400	79000	82600

在上表中，混合成本中的阶梯成本和曲线成本直接通过成本性态模型计算得出，而不用再通过数学方法修正为近似的直线成本。根据实际需要，可以列出更多不同水平的业务量范围。

当实际发生的业务量不在上表所列数字的近似值附近时，可以使用插值法来计算实际业务量对应的混合成本金额，再加固定成本和变动成本，即可得到实际业务量对应的预算成本总额。例如，当产能利用率为95%时（业务量为9500机台时），各项成本数据如下：

固定成本（折旧费 + 保险费）=25000（元）；

变动成本（材料费 + 燃油费）=9500×1+9500×2=28500（元）；

混合成本（人工费）介于20500~21000元，设人工费为L，则（9500-9000）÷（10000-9000）=（L-20500）÷（21000-20500），则L=20750（元）；

混合成本（维修费）介于2900~3000元，设维修费为M，则（9500-9000）÷（10000-9000）=（M-2900）÷（3000-2900），则M=2950（元）。

综上，业务量为9500机台时的情况下，制造费用预算为25000+28500+20750+2950=77200（元），其他费用预算的编制以此类推。需要注意的是，并非所有的成本都同业务量成同比例关系，故需将混合成本与变动成本分开按各自的原理计算，而不能用总成本直接按比例计算。

3. 滚动预算法

滚动预算法又称为连续预算法或永续预算法，是指将预算期与会计年度脱离开，随着预算的执行不断延伸补充预算，逐期向后滚动，使预算期始终保持为一个固定长度（一般为一年）的一种预算编制方法。

滚动预算法的优点是显而易见的：一是始终关注未来一定时期的长远发展，不至于为了眼前的计划和业绩而错失了未来的机遇，或者忽视了潜在的风险；二是预算的"滚动"过程既是对远期的补充规划，也是对近期原有规划的修正，从而保障预算更加贴近实际情况。

由于滚动预算的编制是一种高频活动，所以对于编制人员而言，其缺点是工作量大。按照滚动的时间单位不同，可以分为逐月滚动、逐季滚动和混合滚动。

（1）逐月滚动。逐月滚动是指以月份为预算滚动编制单位，每个月修订调整一次预算，并补充编制延展月份预算的一种方法。例如，某企业2020年底编制了2021年1月至12月的预算，在预算执行过程中，2021年1月底应根据当月预算执行情况，修订2021年2月至12月的预算，同时补充编制2022年1月的预算；2月底，再根据当月预算执行情况修订2021年3月至2022年1月的预算，同时补充编制2022年2月的预算；以此类推，每月滚动。逐月滚动编制的预算精准度高，但是工作量大。

（2）逐季滚动。逐季滚动是指以季度为预算滚动编制单位，每个季度修订调整一次预算，并补充编制延展季度预算的一种方法。逐季滚动的原理与逐月滚动相同。逐季滚动的工作量相对较小，但是预算精准度不如逐月滚动高。

（3）混合滚动。混合滚动是指同时以月度和季度为预算滚动编制单位的方法，即总体上以季度为单位滚动编制未来一年的预算，但最近一个季度的预算以月度为单位来编制。例如，某企业2020年底编制2021年预算，其中2021年第一季度（1月至3月）按月编制，第二、三、四季度则按季编制；在2021年3月底，应当根据第一季度预算执行情况，修订2021年4月至6月的第二季度预算，同时补充编制2022年第一季度预算；6月底，再根据第一季度和第二季度预算执行情况，修订2021年7月至9月的第三季度预算，同时补充编制2022年第二季度预算；以此类推。如表5-3所示。

表 5-3 全年制造费用预算（编制时间：2020 年 12 月）

预算年度	2021 年度							
项目	第一季度	1月	2月	3月	第二季度	第三季度	第四季度	合计
……								
……								
……								
合计								

2021 年第一季度结束后，滚动编制的预算表如表 5-4 所示。

表 5-4 全年制造费用预算（编制时间：2021 年 3 月）

预算年度	2021 年度						2022 年度	
项目	第二季度	4月	5月	6月	第三季度	第四季度	第一季度	合计
……								
……								
……								
合计								

在计划工作中，人们对越近、越短的未来预测越准，而对越远、越长的未来很难精准预测。混合滚动预算法正是充分运用了这一原理，对未来一个季度按月份进行具体的预测，而对更远的时间段则以季度为单位预测，让经营者在对长远目标保持关注的同时，对近期目标的实现给予更贴近实际的研究和调整，从而增强了预算的适用性和指导性。

（二）预算模板

在预算目标下发前，企业应结合自身的业务，预先设计一套完整的预算文件模板，以明确本企业预算管理的全部内容用何种形式来呈现。如表 5-5 所示。

表 5-5 预算目录

项目	序号	具体内容
一、总体说明	1	预算编制方法及条件假设
	2	预算年度公司整体规划及目标
	3	公司组织架构与部门设置
	4	公司人力资源配置

续表

项目	序号	具体内容
二、业务预算	1	销售预算
	2	生产预算
	3	直接材料预算
	4	直接人工预算
	5	制造费用预算
	6	产品成本预算
	7	销售及管理费用预算
三、专项预算	8	专项预算
四、财务预算	9	现金预算
	10	利润表预算
	11	资产负债表预算

上表中的第一部分"总体说明"是本书前几章内容的概括，企业根据实际情况，对关键信息总结概括即可。下面重点介绍业务预算、专项预算、财务预算相关的表格模板。

1. 销售预算

销售预算是对未来一年销售量和销售收入的保守预计。预计销售收入 = 预计销售量 × 预计销售单价。其中，预计销售量是根据本书第三章第一节"经营目标的制定"中介绍的市场预测方法，结合企业生产能力和策略确定的；预计销售单价是根据营销战略中有关定价的策略确定的。此外，销售预算还应包括预计销售货款回收情况，如表 5-6 所示。

表 5-6　销售预算

单位：元

项目	1月	2月	3月	4月	5月	6月	……	12月	全年
预计销售量									
预计销售单价									
预计销售收入									
预计回收货款									
其中，上年应收账款									
其中，第一季度									

续表

项目	1月	2月	3月	4月	5月	6月	……	12月	全年
其中，第二季度									
其中，第三季度									
其中，第四季度									

注：销售预算是编制其他预算的基础，通常需要按产品品类、交付周期、销售区域、销售人员来详细编制，再进行汇总。

2. 生产预算

生产预算是对预算期内的生产数量和分布方式进行的统筹安排，它是为了满足预算期内的销售量需求和期末存货需求，在销售预算的基础上编制的。如表5-7所示。

表5-7 生产预算

单位：件

项目	1月	2月	3月	4月	5月	6月	……	12月	全年
预计销售量									
加：预计期末成品库存									
合计									
减：预计期初成品库存									
预计产量									

注："预计销售量"来自销售预算。其他数据计算方式如下。①预计期末成品库存 = 下月销售量 × 库存比例（根据企业产品特性决定）。②预计期初成品存货 = 上月期末成品库存。③预计产量 = 预计销售量 + 预计期末成品库存 – 预计期初成品库存。

3. 直接材料预算

直接材料预算是为了规划预算期内的直接材料采购金额，在生产预算的基础上编制的。其中，"预计产量"根据生产预算确定；"单位产品材料用量"根据成本核算后的标准成本确定；生产需用量 = 预计产量 × 单位产品材料用量；"预计期末存量"和"预计期初存量"根据当期的销售预测和生产能力确定；预计采购量 = 生产需用量 + 预计期末存量 – 预计期初存量。如表5-8所示。

表 5-8　直接材料预算

项目	1月	2月	3月	4月	……	12月	全年
预计产量（件）							
单位产品材料用量（克/件）							
生产需用量（克）							
加：预计期末存量（克）							
减：预计期初存量（克）							
预计采购量（克）							
单价（元/克）							
预计采购金额（元）							
预计现金支出（元）							
上年应付账款（元）							
其中，第一季度							
其中，第二季度							
其中，第三季度							
其中，第四季度							

4. 直接人工预算

直接人工预算是对预算期内人工工时消耗水平和人工成本的规划，是以生产预算为基础编制的。其中，"预计产量"来自生产预算；"单位产品标准工时"和"每小时人工成本"来自标准成本核算；属于人工预算的"人工总成本""预计福利费"直接在现金预算中汇总即可。如表5-9所示。

表 5-9　直接人工预算

项目	1月	2月	3月	4月	……	12月	全年
预计产量（件）							
单位产品标准工时（小时/件）							
人工总工时（小时）							
每小时人工成本（元/小时）							
人工总成本（元）							

5. 制造费用预算

制造费用预算是指除直接材料、直接人工以外的其他一切生产费用的预算。

制造费用预算一般按照成本性态，分变动制造费用和固定制造费用来预算。如表 5-10 所示。

表 5-10　制造费用预算

单位：元

项目	1月	2月	3月	4月	……	12月	全年
变动制造费用							
间接人工费用（元/件）							
间接材料费用（元/件）							
维修维保费（元/件）							
水电费（元/件）							
小计							
固定制造费用							
维修维保费							
折旧							
管理人员工资							
保险费							
财产税							
小计							
制造费用合计							
减：折旧							
现金支出费用							

注：制造费用合计＝变动制造费用小计＋固定制造费用小计；现金支出费用＝制造费用－折旧。

6、产品成本预算

产品成本预算主要依据生产预算、直接材料预算、直接人工预算、制造费用预算等汇总编制，其主要反映的是产品的单位成本和总成本。如表 5-11 所示。

表 5-11　产品成本预算

项目	单位成本			生产成本	期末存货	销售成本
	每千克或每小时	投入量	成本（元）			
直接材料费用						
直接人工费用						

续表

项目	单位成本			生产成本	期末存货	销售成本
	每千克或每小时	投入量	成本（元）			
变动制造费用						
固定制造费用						
合计						

7. 销售及管理费用预算

销售费用预算是以销售预算为基础的费用预算，需在分析以往销售费用必要性与合理性的基础上，通过量本利分析，来预计预算期内实现销售预算所需的费用。销售费用预算应当与销售预算一起，结合销售产品的品类、地区等要素来编制。管理费用是企业一般管理活动所必需的费用，是企业正常运转的基础。管理费用预算多属固定成本，可以在对以往支出进行分析的基础上，结合下一预算期可预见的情况进行适当调整。销售及管理费用预算如表5-12所示。

表5-12 销售及管理费用预算

单位：元

项目	金额
销售费用	
销售人员工资	
广告费	
包装、运输费	
保管费	
折旧	
管理费用	
管理人员薪金	
福利费	
保险费	
办公费	
折旧	
合计	
减：折旧	
每月支付现金	

8. 专项预算

专项预算一般是涉及长期投资的、非经常性发生的预算，是编制现金计划和资产负债表预算的基础。专项预算包括固定资产的购置、扩建、改建、更新，以及技术研究开发、设备改造等。专项预算需在投资项目可行性研究的基础上编制。专项预算编制的要点是准确反映项目资金的投资支出与筹资计划。如表 5-13 所示。

表 5-13 专项预算

单位：元

项目	1月	2月	3月	4月	……	12月	全年
投资支出预算							
长期融资借款							

9. 现金预算

现金预算是根据业务预算和专项预算编制的，反映预算期内的现金流转情况，包括可供使用现金、现金支出、现金余缺、现金筹措与运用四部分。如表 5-14 所示。

表 5-14 现金预算

单位：元

项目	1月	2月	3月	4月	……	12月	全年
期初现金余额							
加：现金收入							
销售收入							
税收返还							
票据贴现							
其他营业现金收入							
可供使用现金							
减：现金支出							
直接材料费用							
直接人工费用							
制造费用							
销售费用							
管理费用							
研发费用							

续表

项目	1月	2月	3月	4月	……	12月	全年
应付账款							
财务费用							
专项投资							
股利							
现金支出合计							
现金余缺							
现金筹措与运用							
取得长期借款							
取得短期借款							
归还短期借款							
短期借款利息							
长期借款利息							
期末现金余额							

注：表中项目关系如下。①可供使用现金＝期初现金余额＋现金收入。②现金余缺＝可供使用现金－现金支出。③期末现金余额＝现金余缺＋现金筹措－现金运用。

10. 利润表预算

利润表预算是根据业务预算、专项预算和现金预算编制的，反映企业在预算期内的预计经营成果。如果预算利润与公司年度经营目标相差较远，则需综合评审和调整部门预算，或修正目标利润。如表 5-15 所示。

表 5-15　利润表预算

单位：元

项目	金额
销售收入	
销售成本	
毛利	
销售费用	
管理费用	
研发费用	
利息	
利润总额	

续表

项目	金额
所得税费用	
净利润	

11. 资产负债表预算

全面预算以销售预算为起点，以资产负债表预算为终点。资产负债表预算以计划开始日的资产负债表为基础，结合预算期内的各项业务预算、专项预算、现金预算和利润表预算进行编制。它反映的是企业在计划末期的财务状况，如果通过资产负债表预算发现某些财务指标不佳，则经综合评审可以修改有关预算，以便改善财务状况。如表5-16所示。

表 5-16 资产负债表预算

单位：元

资产	年初余额	年末余额	负债和股东权益	年初余额	年末余额
流动资产：			**流动负债：**		
货币资金			*短期借款*		
应收账款			*应付账款*		
存货			流动负债合计		
流动资产合计			**非流动负债：**		
非流动资产：			*长期借款*		
固定资产			非流动负债合计		
在建工程			**负债合计**		
非流动资产合计			**股东权益：**		
			股本		
			资本公积		
			盈余公积		
			未分配利润		
			股东权益合计		
资产合计			**负债和股东权益合计**		

企业应将以上模板和《预算管理制度》一同下发，并对预算编制流程进行强调说明，对预算编制方法进行必要的培训和宣贯。

第六章 实施管控

年度经营计划的管控机制是否健全,是经营目标能否实现的关键影响因素之一。经营计划的管控包括经营绩效的责任落实、目标宣贯、过程管控、动态调整,以及保障体系的持续优化。

第一节 经营责任的落实

任何宏伟的计划都只有落实到具体的人员身上,才有可能实现对计划的追踪。为了实现责任唯一,企业通常会通过签订年度经营责任书的方式,同高管和重大项目负责人达成经营绩效协议,从而将经营目标落实到日常绩效管理中,如表6-1所示。

年度经营责任书签订后,还需通过一定的仪式对经营目标进行宣贯,通常采取召开年度经营誓师大会的方式进行。誓师大会的主题与目标如图6-1所示。

1. 会议主题

在誓师大会上应当将经营目标向全体管理人员进行宣贯,对目标和策略规划进行解读,确保各部门的人员能够从全局着眼去理解本部门的目标、策略和行动计划,以减少实施阶段的协同障碍,确保全公司在认识和行动上是一盘棋。

2. 会议目标

召开誓师大会的目标在于统一思想,凝聚人心,确保全体人员朝着共同的目标发力;在于激励动员,鼓舞士气,发布目标和激励措施,激起全员经营的热情。为了实现良好的目标发布和动员效果,需要结合企业文化,对誓师大会的会务和议程进行详细的策划,颁发经营责任主体委任状,突出经营责任发布的仪式感。

3. 主要准备工作

由于誓师大会的性质不同于普通事务会议,具有很强的宣传意义,因此除日常会务工作外,誓师大会的准备工作还包括以下内容。

表 6-1　年度经营责任书

XX公司年度经营责任书（编号：　　　　）					
受约人姓名：				职位：	
发约人姓名：				职位：	
受约日期：						
发约日期：						
责任书有效期：　　　年　　月　　日至　　　年　　月　　日					
为使公司＿＿＿＿年经营计划落到实处，经双方商定，同意签订＿＿＿＿年经营责任书。经营责任指标如下：					
关键业绩指标		权重	年度目标	评估周期	备注
财务类		％			
^		％			
客户类		％			
^		％			
营运类		％			
^		％			
学习成长类		％			
^		％			
关键经营项目/重点工作		权重	完成时间	完成标志	备注
项目 A		％			
项目 B		％			
发约人将依据本经营责任书对受约人＿＿＿＿年度经营业绩进行考核，＿＿＿＿年实际完成数以经审计的＿＿＿＿年度公司财务决算为准。发约人根据责任书完成情况，按相应的规定给予奖罚。					
发约人签名：				签署日期：	
受约人签名：				签署日期：	

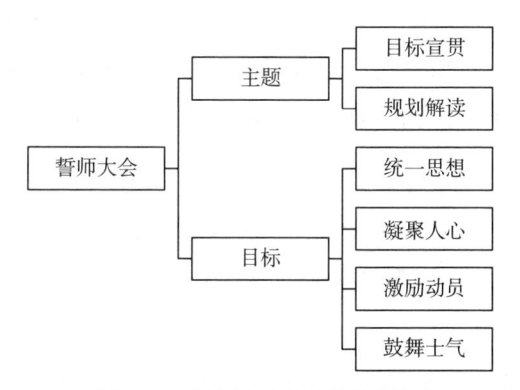

图 6-1　誓师大会的主题与目标

誓师大会
- 主题
  - 目标宣贯
  - 规划解读
- 目标
  - 统一思想
  - 凝聚人心
  - 激励动员
  - 鼓舞士气

（1）宣传标语、宣誓词。

（2）誓师仪式：会议议程、集体宣誓或分团队宣誓。

（3）军令状、签字笔。

（4）背景音乐。

无论是年度经营责任书，还是誓师大会，都是一种增强人们责任感和主观能动性的方式。除此之外，年度经营计划的落实还要靠管理体系的保障。

第二节　年度经营保障体系

许多公司虽然制定了清晰的目标和详细的行动计划，但是年底的业绩却与目标相距甚远。有些公司的经营计划在发布不久后就半途而废，经营目标也不了了之。究其原因，在于对经营过程没有进行有效的管控，缺乏完善的经营保障体系。

经营保障体系是经营计划能够发挥作用的基础，它是以绩效管理为主线，对经营过程进行动态管控的一系列管理机制，如图6-2所示。

图6-2　经营保障体系

一、绩效管理

绩效管理是企业与所属单位（部门）、员工之间就绩效目标及如何实现绩效目标达成共识，并帮助和激励员工取得优异绩效，从而实现企业目标的管理过程。可以说，无论多么宏伟的经营目标和行动方案，只有落实到绩效管理层面，才有实现的可能性。

什么样的绩效管理体系才是科学有效的？这是每个管理人员都关心的问题。笔者认为，科学有效的绩效管理体系应当包含以下四个方面的基本特征。

1. 绩有所明

企业经营的首要问题是搞清楚企业各级人员的产出要求是什么，即明确经营绩效包含哪些指标，指标之间的关系是什么。

对公司来说，需要明确企业的经营业绩指标是什么，如销售额、利润、市场份额、投资回报率等关键指标在一年内要实现的具体目标，在每个季度、每个月份需要实现的阶段性目标或进度。

对部门来说，需要明确本部门在支撑企业经营业绩达成方面需要实现的关键指标，如交期达成率、品质合格率、产品直通率在不同月份的改善目标。

对个人来说，需要明确本岗位在支撑部门关键指标达成方面需要实现的指标，如新供应商开发的数量和完成时间等。

通常，在企业的年度经营计划确定后，由人力资源部牵头组织各部门梳理绩效指标，完善绩效指标库，明确各个岗位的绩效指标、指标值、指标权重，以及指标计算公式等。如表 6-2 所示。

表 6-2 绩效指标库

序号	责任部门	责任岗位	目标/指标项目	指标级别	统计部门	年度目标	计算公式	备注
1	市场部	市场部总监	销售额完成率	2	财务部		当月实际销售金额/当月目标销售金额×100%	
2			品牌建设计划完成率	1	总经办		实际完成的品牌建设任务量/当期计划完成的品牌建设任务量×100%	
3			品牌宣传事故次数	1	总经办		对品牌产生明显负面影响的宣传失误	
4			渠道开发完成数量	1	财务部		已建立正式合作关系的渠道数量	
5			渠道营业目标完成情况	1	总经办		渠道营业额、利润率及增长率完成情况	
6			费用控制目标达成率	1	财务部		当期实际费用/当期目标费用×100%	
7			渠道管理满意度	2	总经办		根据渠道满意度调查结果确定	
8			市场占有率	1	总经办		根据市场调查统计数据评价	
9			新产品销售额	1	财务部		新产品的月销售额	
10			品牌知名度	1	总经办		根据市场调查统计数据评价	

续表

序号	责任部门	责任岗位	目标/指标项目	指标级别	统计部门	年度目标	计算公式	备注
11	市场部	市场部总监	品牌忠诚度	1	总经办		复购客户总数/当期实际购买客户总数×100%	
12			品牌危机处理认可度	1	总经办		根据专案评价结果确定	
13			渠道合作纠纷处理成本	1	财务部		公司为处理合作矛盾或纠纷而付出的额外成本金额	
14			人才培养计划达成率	1	总经办		评估合格人数/人才培养计划目标×100%	
15			品牌宣传活动响应率	2	总经办		响应活动的人数/活动曝光人数×100%	
16			品牌宣传活动转化率	2	总经办		响应并购买的人数/响应的总人数×100%	
17			渠道流失数量	2	财务部		因渠道人员工作原因导致的渠道流失数量	
18			渠道合作纠纷发生次数	2	总经办		需公司出面处理的合作矛盾或纠纷	
19			渠道资料管理缺失项数	2	总经办		在渠道资料的收集、归档等工作中出现的资料缺失或遗失项数	
20			人员流失率	2	总经办		当月离职人数/（月初在职人数+当月新进人数）×100%	

此外，绩效管理体系还应当促进企业各部门之间，尤其是生产单位和职能单位之间的协同，共同完成公司的战略主题，实现战略绩效管理，如表6-3所示。

表6-3 战略绩效管理

公司战略主题	部门	关键举措	绩效指标
缩短新产品上市周期	市场部	更加密切地对用户偏好变化进行监测和分析，及早洞察客户需求变化趋势	每月洞察报告发布不少于（）份 首发份数不少于（）份
	研发部	扩大迭代产品预研规模，扩大创意来源	新产品创意方案得票率不低于（）
	生产部	改善试制车间的生产效率，缩短新产品导入周期	新产品导入周期缩短至（）天 产品合格率不低于（）
	人力资源部	减少适岗人员缺位时间	降低人员流失率至（） 提升招聘及时到岗率至（）
	财务部	调整新产品成本效益分析的周期，及时对新产品投资回报前景做出动态的预测，减少后期调整时间	财务分析报告及时率和准确率

通过分解，企业的经营目标被分解到了每一个岗位上，该岗位上的人员知道每个阶段自己要达成的目标是什么，达不成这些目标将会对企业产生何种影响，从而会将精力放在目标达成策略研究上，实现效率的改善。每个岗位的直属领导会明确日常工作的重点，以及应当辅导下属在哪些方面重点突破。企业里负责稽核的人员也会明确重点稽核对象，保证企业全体人员朝着统一的目标前进。

2. 效有所量

绩效管理的"效"是效果、效率、效价，必须通过科学的尺度才能衡量。绩效有量化评价和定性评价两种衡量方式。量化评价的关键在于建立起经营管理指标基础数据，定性评价的关键在于准确描述评价的标准。量化评价是年度经营绩效的主流评价方法。

量化评价的主要工具是关键绩效指标法（KPI），其核心思想是"二八原理"。即在一个企业的价值创造过程中，20%的骨干人员创造企业80%的价值；在具体的个人身上，80%的工作任务是由20%的关键行为完成的。因此，必须抓住20%的关键行为，对其进行分析和衡量，这样就能抓住绩效评价的重心。

当前世界上有很多绩效评价工具，都各有优缺点。如表6-4所示。

表6-4 绩效评价工具

评价工具	性质	优点	缺点
KPI	选择对业绩产生关键影响力的指标进行评价	1. 目标明确，有利于承接公司战略目标 2. 有利于目标的分解	1. 有些工作的KPI指标比较难以提取和界定 2. KPI并不是对所有岗位都适用 3. 过于注重个体业绩，忽视团队业绩
360度	从多个视角或由多个考核者对一个评价对象进行评价，考核者可以是被考核者的上级、下属、同级和外部考核者，如供应商和客户等	1. 减少考核误差，从行为、能力、业绩、组织、心态、成长、客户、纪律等多方面、多维度进行综合评价 2. 可以激励考核对象全方位提高自身的素质和能力	1. 实施成本较高 2. 定性评价较多，定量评价较少，容易产生主观评价结果

续表

评价工具	性质	优点	缺点
MBO	主要通过绩效目标的设定、确定完成绩效目标的时间框架、比较实际绩效和绩效目标之间存在的差距、弥补差距后再重新设计新的绩效目标这样一个过程来形成目标管理循环	1. 绩效目标易于度量和分解 2. 考核的公开性比较好 3. 促进了公司内的人际交往，以目标为导向，较能提升团队积极性	1. 行为层面的指导性不够充分 2. 目标的设定可能存在异议 3. 太过注重结果，不重视过程
BSC	从四个考核维度（运营、客户、成长、财务）对战略目标进行分解和评价	1. 对战略目标进行分解，形成具体可测的指标 2. 考虑了财务和非财务的考核因素，也考虑了内部客户和外部客户、短期利益和长期利益的相互结合	1. 实施难度较大，考核成本高 2. 不能有效地考核个人 3. BSC系统庞大，短期内很难体现其对战略的推动作用 4. 对企业管理基础要求高

正睿咨询结合各大主流评价工具的优缺点，针对年度经营业绩指标的分解管控，提出了三维绩效管理框架，即对年度经营目标从目标维度、组织维度、业绩维度进行分解，通过岗位责任书、指标库、计划总结、绩效激励方案、绩效统计表、业绩评估报告六大工具，对指标进行管理和评价。如图6-3所示。

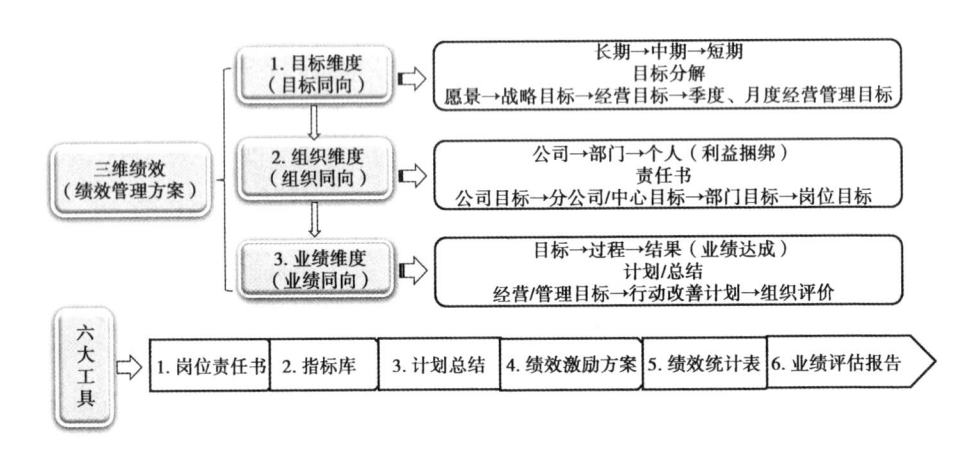

图6-3 三维绩效管理框架

在三维绩效管理框架中，绩效数据的准确度非常重要。为了最大限度地保障数据的可信度，通常的做法是规定任何评价对象的数据都不应当是被考核者或考核者能够控制的部门提供的，而是由第三方部门提供。随着数据技术的发展，尤其是以区块链为代表的分布式存储技术的发展，绩效数据的采集越来越准确。

3. 才有所专

绩效管理在组织层面体现为一种改善活动，通过"目标—计划—行动—结果"这一循环来发现运营问题，实施绩效改进。

绩效管理在个人层面体现为一种能力提升活动，通过"目标承诺—绩效辅导—评价与激励—总结提升"这一循环，实现对员工专业能力的训练。可以将绩效管理工作的重点理解为"成长是主旋律，工作是考试题"，没有能力的提升，就不可能实现绩效的改进。

因此，各级管理者是否具备足够的辅导能力，是年度经营绩效能否达成的关键。各级管理者的辅导重点各有不同，如表6-5所示。

表6-5 各级管理者的绩效辅导

管理层级	管理重点	辅导对象	辅导方式	所需辅导能力
高层管理者	做正确的事情：方向性决策，确保目标同向、组织同向、业绩同向	中层管理者	交流研讨 外部培训 委以重任	人才盘点能力 人才甄选能力 人才配置能力
中层管理者	把事情做正确：突破瓶颈，达成目标	基层管理者	针对性培训 职业规划 研讨分析	工作分析能力 人才甄选能力
基层管理者	正确地做事情	普通员工	面谈沟通 言传身教 方法创新 执行跟进 激励反馈	沟通能力 激励能力

通过自上而下对能力的层层辅导，绩效结果便会自下而上像粮食一样被生产出来。各岗位人员的能力越专业，绩效目标达成的可能性就越高，全员能力的提升就意味着经营绩效的大丰收。

4. 道有所彰

绩效管理中的"道"，是指贯穿在绩效管理规则、绩效目标设定、绩效激励等方面的价值观和行为导向，它既包括通常称为"绩效文化"的业绩文化，也包括企业赖以运行的基本价值观。如表6-6所示。

表 6-6　绩效管理之"道"

类型	内容	具体表现
绩效文化	业绩导向	以贡献为导向，注重绩效改进，关注业绩的持续提高，追求每天进步一点点
	客户导向	绩效目标设置、工作重点、技能提升等均从满足客户需求出发
	团队协作	追求整体的力量大于个人力量之和，不鼓励个人英雄主义；鼓励奉献者，不让雷锋吃亏
	创新导向	鼓励创新和探索，包容建设性的冲突和失败，为创新人员提供个性化的支持和宽松的环境
基础文化	公平公正	以数据说话，奖优罚劣，多劳多得，绩效分数面前人人平等
	言出必行	对绩效目标进行沟通，达成一致，将经营目标变成个人承诺，将过程管控变成承诺兑现
	责任与担当	将目标分解视为业绩承包，将经营责任落实到个人

绩效文化主要通过绩效评价结果的应用来发挥作用。绩效结果应用在什么地方，绩效的指挥棒就会指向什么地方，就会营造出一种对应的文化，这种文化反过来会影响全体人员的行为，从而对绩效结果产生更加深远的影响。

以上是一套良好的绩效管理体系的基本特征。绩效管理将公司目标与个人目标紧紧联系在一起，是年度经营计划能够顺利实施的关键。企业需要建立一套完整的绩效管理机制，确保绩效管理活动顺利进行。绩效管理体系运转的逻辑如图 6-4 所示。

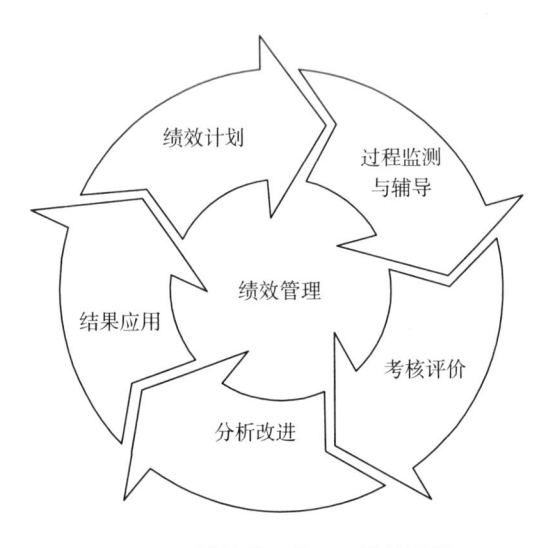

图 6-4　绩效管理体系运转的逻辑

良好的绩效管理体系不仅需要在建设之初就立足全局来设计，还需要根据每年的年度经营计划进行变革调整。

无数企业的探索经验表明，绩效管理体系的建设和变革是一项"一把手"工程，必须由企业的最高掌舵者参与其中，对项目进行把控决策，并充分利用最高领导力来推动各项涉及广泛利益分配的改革措施落地实施。

绩效管理体系建设实施方案如表6-7所示。

二、过程管控

年度经营计划的过程管控是在执行层面对行动方案的控制和调整，旨在确保实际行动按照计划进行，并产出计划设定的预期效益，其基本思路如下。

（1）每日对实际工作进行复盘，总结实际行动是否偏离总体行动计划。

（2）不定时对实际工作的进度和效果进行稽核，确保过程偏差的及时发现。

（3）每周定期对阶段性工作进行分析，检讨计划、结果与现状之间是否脱节，根据分析结果对原计划进行优化调整，形成新的策略计划，以便达成目标。

过程管控可以通过OGSMT过程管控表进行，该表是将目标和行动方案连接起来的桥梁，如表6-8所示。

除了执行层面的管控外，还需在经营层面进行检讨，对年度经营的阶段性结果进行分析。

三、经营检讨

通常，企业会召开月度和季度经营与预算分析会，对一定周期内的经营结果和预算使用情况进行系统分析。经营与预算分析会的主要工作是评审经营与预算分析报告，并根据评审结果制订下一个周期的行动计划。一份完整的经营与预算分析报告应当包括以下内容（以集团公司为例）。

（一）基本情况概述

基本情况概述是对一定周期内重大经营事项的简要说明。

（二）预算执行情况

1. 集团预算完成情况

对集团预算完成情况以及预算差异形成的原因进行具体说明。如表6-9所示。

表6-7 绩效管理体系建设实施方案

阶段	序号	行动项目	产出	主导单位/人	执行单位/人	核准单位/人	计划开始时间	计划完成时间	实际开始时间	实际完成时间	状态
调研分析	1	现状分析	现状分析报告	总经办	人力资源部	总经办					
	2	公司绩效管理方案总体规划	组织架构图/行动计划表/规划报告	人力资源部	人力资源部	总经办					
	3	公司绩效管理体系变革/优化启动说明会	会议纪要(会签)	总经办	人力资源部	总经办					
制度构建	4	公司绩效管理制度版本拟定/更新	《公司绩效管理制度》	人力资源部	人力资源部	总经办					
	5	公司绩效管理实施细则拟定/优化	《公司绩效管理实施细则》	人力资源部	人力资源部	总经办					
	6	公司绩效管理规定与细则培训宣贯	规定、细则、会议签到表、会议纪要	人力资源部	全体员工	总经办					
	7	公司绩效管理作业指导教材制作	公司绩效管理作业指导教材	人力资源部	人力资源部	总经办					
绩效计划	8	公司绩效管理作业指导培训	培训签到表、培训效果评估表	人力资源部	各部门负责人、部门绩效管理员	总经办					
	9	确定并传达公司经营愿景	公司经营愿景说明书	总经办	总经办	总经办					

续表

阶段	序号	行动项目	产出	主导单位/人	执行单位/人	核准单位/人	计划开始时间	计划完成时间	实际开始时间	实际完成时间	状态
绩效计划	10	制定公司经营目标及部门目标	公司经营目标规划表	总经办	总经办/各部门	总经办					
	11	研讨并制定公司经营方针	公司经营方针说明书	总经办	总经办/各部门	总经办					
	12	公司经营方针与策略分解至部门	部门管理项目策略展开对照表	总经办	总经办/各部门	总经办					
	13	分解部门管理项目至岗位	岗位管理项目策略展开对照表	总经办	各部门	总经办					
	14	确定并提报部门及岗位KPI指标	部门、岗位KPI指标管控表	人力资源部	各部门	总经办					
绩效监测	15	定期更新部门及岗位管理项目执行状况	部门、岗位KPI指标变动申请表	人力资源部	各部门	总经办					
	16	定期提报部门及岗位KPI达成状况	部门、岗位KPI指标管控展开对照表	人力资源部	各部门	总经办					
	17	经营绩效阶段总结说明会	会议纪要	人力资源部	各部门	总经办					

续表

阶段	序号	行动项目	产出	主导单位/人	执行单位/人	核准单位/人	计划开始时间	计划完成时间	实际开始时间	实际完成时间	状态
绩效考评	18	填制并提报部门绩效考核表	部门绩效考核表	人力资源部	各部门	总经办					
	19	填制并提报岗位绩效考核表	岗位绩效考核表	人力资源部	各部门	人力资源部					
	20	各层级绩效实绩沟通	绩效沟通记录表	人力资源部	各部门	人力资源部					
	21	绩效考核申诉及受理解决	绩效考核申诉表	人力资源部	各部门	人力资源部					
绩效应用	22	部门及岗位绩效考核结果运用，兑现绩效奖金	部门绩效考核结果运用说明表、岗位绩效结果运用说明表	人力资源部	财务部	总经办					
	23	其他争议的申诉及受理解决	绩效考核申诉表	人力资源部	各部门	总经办					
	24	部门、岗位绩效考核结果存档	部门绩效考核表、岗位绩效考核表	人力资源部	人力资源部	人力资源部					
绩效改进	25	制订员工能力提升计划	制订员工能力提升计划不断提高员工的工作技能	人力资源部	各部门	人力资源部					
	26	对员工进行技能培训	根据考核情况，找出员工的技能薄弱环节，加强培训	人力资源部	各部门	人力资源部					

续表

阶段	序号	行动项目	产出	主导单位/人	执行单位/人	核准单位/人	计划开始时间	计划完成时间	实际开始时间	实际完成时间	状态
绩效改进	27	对员工进行能力测试	测试培训效果，提升培训质量	人力资源部	各部门	人力资源部					
	28	分析数据，持续改进	不断查找管理方面存在的问题，寻求改进机会和途径	人力资源部	各部门	总经办					
	29	绩效总结及反馈改善	绩效总结及改善报告	人力资源部	各部门	总经办					

表 6-8 OGSMT 过程管控表

目的 （Objectives）	目标 （Goals）	策略 （Strategies）	衡量 （Measures）	行动方案 （Tactics）

表 6-9 集团预算完成情况

	本月完成数（万元）	本月预算数（万元）	预算完成比（%）	本年累计完成数（万元）	本年累计预算数（万元）	预算完成比（%）	全年预算数（万元）	预算完成比（%）
销售收入								
销售成本								
毛利								
期间费用								
其中： 销售费用								
管理费用								
研发费用								
财务费用								
营业利润								
其他利润								
净利润								
应收账款								
货款回收								

2. 各成员企业预算完成情况

对各成员企业预算完成情况以及预算差异形成的原因进行具体说明。

(三)关键指标分析

1. 综合性评价指标

表 6-10 综合性评价指标

	集团	成员企业	行业平均水平	对标企业
净资产收益率				
现金流量净值				

2. 盈利能力指标

表 6-11 盈利能力指标

	集团	成员企业	行业平均水平	对标企业
销售毛利率				
费用率				
销售净利率				

3. 运营能力指标

表 6-12 运营能力指标

	集团	成员企业	行业平均水平	对标企业
流动资产周转天数				
应收账款周转天数				
存货周转天数				
人均边际利润				

4. 偿债能力指标

表 6-13 偿债能力指标

	集团	成员企业	行业平均水平	对标企业
资产负债率				
经营性现金流与流动负债比率				

5. 成长力指标

表 6-14 成长力指标

	集团	成员企业	行业平均水平	对标企业
销售收入增长率				
毛利增长率				

6. 现金能力指标

表 6-15 现金能力指标

	集团	成员企业	行业平均水平	对标企业
现金流量净值				
经营性现金流量净值				
投资性现金流量净值				
筹资性现金流量净值				

（四）经营分析

1. 销售分析

（1）按产品分析。

表 6-16 销售分析（按产品）

项目		收入		成本		毛利	毛利率	销售费用
		销售收入	销量	生产成本	产量			
集团	本月完成							
	本月预算							
	预算完成比（%）							
产品 1	本月完成							
	本月预算							
	预算完成比（%）							
	占销售收入比（%）							
产品 2	本月完成							
	本月预算							
	预算完成比（%）							
	占销售收入比（%）							

（2）按地区分析。

表 6-17 销售分析（按地区）

项目		销售收入	销量
集团	本月完成		
	本月预算		
	预算完成比（%）		

续表

项目		销售收入	销量
地区 1	本月完成		
	本月预算		
	预算完成比（%）		
	占销售收入比（%）		
地区 2	本月完成		
	本月预算		
	预算完成比（%）		
	占销售收入比（%）		

2. 产品分析

表 6-18　产品分析

	产品 1	产品 2
销售收入		
减：变动成本		
其中：		
变动毛利润		
变动毛利率（%）		
减：变动费用		
其中：变动销售费用		
变动管理费用		
贡献毛益		
贡献毛益率（%）		
减：固定成本		
其中：固定费用		
经营利润		
销售利润率（%）		

3. 成本分析

表6-19　成本分析

种类	成本项目	项目解释	上月 金额	上月 占比	本月 金额	本月 占比	差异对比 金额	差异对比 占比
变动成本								
固定成本								
合计								

4. 应收账款分析

表6-20　应收账款分析

客户名称	1年以内	1~2年	2~3年	3年以上	收款责任人	收款情况
合计						

5. 存货分析

表6-21　存货分析

项目	1年以内	1~2年	2~3年	3年以上	所在企业	基本情况
原材料						
半成品						
成品						

6. 投资项目分析

表 6-22　投资项目分析

项目	工程进度			资金使用		
	本月预算	本月实际	预算完成比（%）	本月预算	本月实际	预算完成比（%）
合计						

7. 资金使用及筹集分析

表 6-23　资金使用及筹集分析

项目	本月预算	本月实际	预算完成比（%）	本年累计	本年预算	预算完成比（%）
1. 期初现金余额						
2. 经营性现金收入						
3. 经营性现金支出						
4. 经营性现金净额						
5. 资本性支出						
6. 资金的筹措						
其中：流动资金						
中长期借款						
国家政策性资金						
其他						
7. 资金的偿还						
其中：中长期借款						
其他						
8. 利息支出						
9. 期末现金余额						

(五)下月经营计划

1. 重点情况说明

更加明确地强调下月经营的重点方向。

2. 目标

列出全部经营目标项目、目标值,包括但不限于以下方面。

(1)市场预测。

(2)销售目标(销售收入、销量)。

(3)生产(产量、交期达成率、品质合格率等)。

(4)费用。

(5)利润。

(6)收款。

(7)存货。

(8)投资项目。

(9)资金的使用及筹集。

3. 行动计划

落实重点行动计划的预期目标、完成时限、责任人。如表6-24所示。

表6-24 行动计划

序号	行动计划内容	预期目标	完成时限	责任部门/责任人	需要的资源或费用	协助部门/协助人	备注

注:行动计划来源于年度经营计划中本月需完成的事项、原因分析及改善措施事项、会议决议需完成的事项、突发事件列入日常工作计划的事项。

四、文化建设

优秀的企业文化是组织的无形战略资产,是年度经营目标能够顺利达成的重要保障。

1. 企业文化与组织气候

企业文化(Organizational Culture)是一个企业的全体成员关于是非正误的最

高判断标准，是组织内部的一种价值观念、行为规范和行事作风。企业文化明确了企业存在的意义、发展的目标等问题，体现了企业的特色。

组织气候（Organizational Climate）是从企业文化的深层核心发展而来的，但常常被组织忽略，它是指一个单位或部门所存在的群体气氛和员工对该组织的心理认识。由于个体的差异性，员工对组织战略、价值观、组织制度、组织结构、领导方式、人际关系、企业文化、工作作风和心理相融程度等方面的认同度有所不同。这就在一定程度上导致企业的主流气候常常会产生很多支流，增加组织管理的难度。

组织气候决定着员工的组织行为，还影响着培训效果和企业文化的建设。钩心斗角、嘲笑和憎恨他人的努力过程和成果的组织气候，与积极乐观、互帮互助的组织气候相比，其员工的组织行为、保留率和业绩会具有很大的差异。

气候和文化的区别在于，气候比文化更加"直接"和"易变"，正如自然气候的"阴晴雨雪"一样，它是暂时的、模糊的，但也并非不可预知。它的重点是"处境"及其与员工的看法、感觉和行为的联系。气候是对发生的事情的经验描述或理解，而文化有助于解释为什么这些事情会发生。此外，文化代表了一种嵌入系统中的进化环境，比气候更稳定，在企业历史上具有很强的根源，具有集体控制性，并且不易被操纵。

因此，在建设企业文化的时候，需要将两者融合起来，将主流的组织气候清晰、明确地展示给员工，最大限度地防止支流产生，这要求管理者以"教练"的身份指导和帮助员工适应组织气候，通过无数次沟通交流和互动，使员工逐渐认可企业文化，并最终成为企业文化的"信仰者"。

Ostroff、Kinicki 和 Muhammad（2012）在其组织文化和气候的多层次模型（见图 6-5）中展示了组织文化和组织气候对组织绩效的影响。

（1）行业及环境，民族文化，组织的愿景、战略和目标，以及创始人的价值观决定组织文化。

（2）组织中的文化应与组织结构、实践、气候相融合，并且相互影响。

（3）组织实践影响员工对气候的感知，是塑造态度、反应和行为的一种方法。

（4）领导者不仅要在创造和塑造文化和气候方面发挥关键作用，还要在文

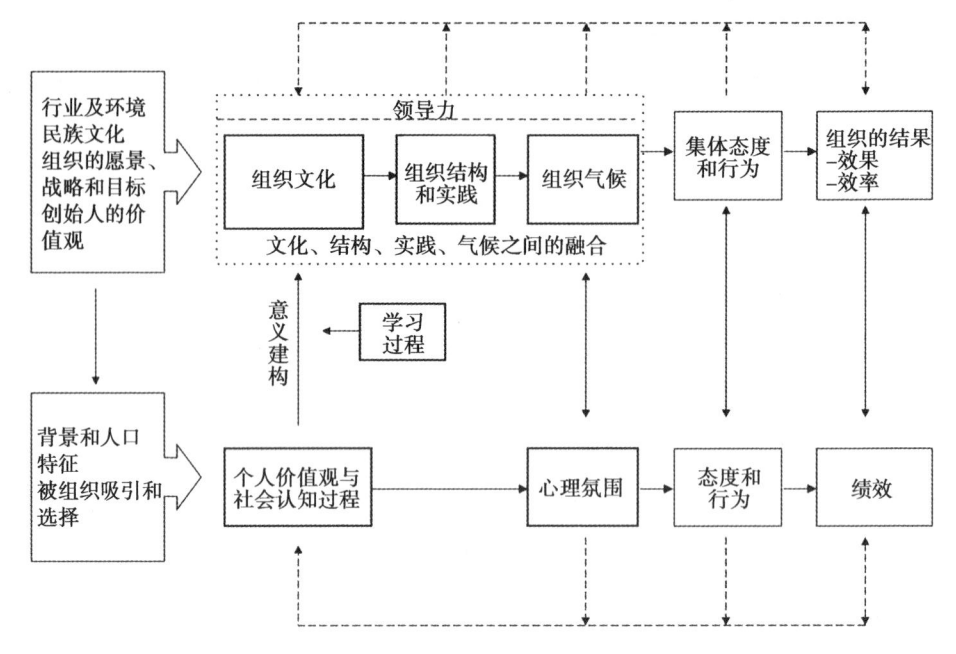

图 6-5　组织文化和气候的多层次模型

资料来源：OSTROFF C，KINICKI A J，MUHAMMAD R S. Organizational culture and climate [J].Handbook of psychology，2013（12）.

化、结构、实践和气候之间进行协调。

（5）集体的态度和行为受到组织气候的影响，然后影响组织绩效。

（6）个人价值观和社会认知过程由个体的背景特征和组织环境决定，而个人价值观和社会认知过程影响个人心理状态。个人心理状态与群体共享后，就会形成组织气候，并影响集体的态度和行为，最终影响组织绩效。

（7）若周围的群体没有被同化，个人心理状态将会对气候产生微妙的影响，长此以往，将会导致个人态度和行为的广泛变化，最终影响组织绩效。

2. 企业文化与战略的关系

在很多企业，某种程度上是企业文化决定了企业战略，支持了企业战略的执行，且企业战略需要根据企业文化来做调整。

"现代管理学之父"彼得·德鲁克（Peter Drucker）曾说过一句有关企业文化的名言——"Culture eats strategy for breakfast"。字面的意思是"文化能把战略当早餐吃掉"，隐喻为战略能否成功地执行在很大程度上取决于企业文化，事实上也的确如此。

假设战略是早餐、技术是午餐、产品是晚餐，一个失败的企业文化不仅可以"吃掉"战略，还可以"吃掉"技术和产品，让一个精密、周全的战略计划功亏一篑。例如，从1995年开始，索尼逐渐推行的"绩效主义"瓦解了团队的战斗力、创造力和工作氛围。索尼自己的高管认为，绩效主义将员工看作绩效产出的"机器"，而忽视了日本文化所发挥的深层次作用，即忽视了关系、面子以及"激情团队"的重要性，最终加快了企业的衰落。

另外，成功的企业文化为组织输送持续不断的、无法复制的核心竞争力，保障战略目标的实现。例如，海尔是中国最早建立"组织文化中心"的公司。海尔认为，企业保持长久活力的关键在于人，必须让每位员工参与进来，形成公司利益共同体和命运共同体。企业需清楚地认识到，人是资本，不是工具，企业文化不是工具，而是一种共同的精神。海尔的企业文化在很长一段时间保障了海尔的竞争地位——产品和服务质量处于世界领先水平。

3. 组织气候建设

调查是量化组织氛围的基本方法。应通过对组织成员进行调查，尝试测量组织的当前环境，评估工作场所的当前状态，并确定如何最佳地实施人力资源战略以对其进行改善。调查方法通常有访谈调查法、问卷调查法和抽样调查法。

公开认可、表彰和奖励员工是改善组织气候的最简单方式，这也同样适用于打造创新型企业文化。如达到绩效目标后予以奖励、庆祝工作周年纪念日等，都有利于改善组织气候，降低员工的流失率。

另外，建立清晰的组织架构有利于组织气候的改善。应清晰地将年度经营目标传达到每位员工的身上，并且需明确员工角色，规划员工未来的职业发展道路，进行有针对性的培训，同时明确晋升的机会和条件。

在人口红利下降的大环境下，鼓励员工实现工作与生活的平衡，提升工作效率和质量，也正变得越来越重要。安排员工加班不仅需要考虑管理的合规性，而且需要考虑工作安排的科学性与综合产出。在知识经济时代，单纯的加班不仅导致员工过度劳累和效率低下，还是对组织气候的破坏和人力资源的浪费。平衡和健康的工作环境有助于营造积极的组织气候，减少员工对工作的倦怠感，提高员工的工作效率和敬业度等。可以在不影响结果的情况下允许员工远程上班、实施工作场所健康计划等。

4. 组织文化测量工具

美国加利福尼亚大学的 Chatman 教授为了从契合度的途径研究人－企业契合和个体有效性（如职务绩效、组织承诺和离职）之间的关系，提出七个维度的组织文化剖面图（OCP）。七个维度分别为创新性、稳定性、以人为本、结果导向、注重细节、进取性和团队导向。如图 6-6 所示。

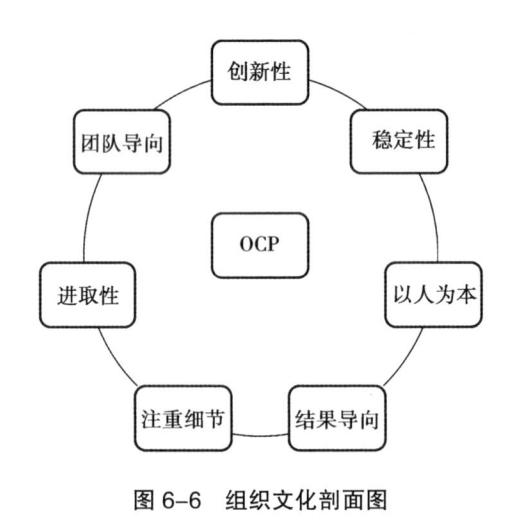

图 6-6　组织文化剖面图

OCP 对企业价值观设计和建设有积极的影响。OCP 可以判断出企业目前重视的价值观有哪些、员工对价值观现状的感受程度以及与他们理想的价值观的差距，并且对价值观进行有针对性的改善。

（1）创新性。具有创新文化的公司较为灵活，适应性强，管理风格扁平化，不那么重视头衔，并且愿意尝试新的想法。创新性企业文化表现为公司不仅鼓励创新精神，还向员工提供各种各样的资源和创新平台，并且拥有完善的新激励机制来激发创造性思维。创新文化不仅仅局限于颠覆式创新（研发新技术、新产品等），还体现在增量创新上，如对客户价值和员工价值进行不断的丰富和调整。

（2）稳定性。稳定性文化是可预测的。当环境稳定时，这种文化可以通过提供稳定的产出来帮助组织有效运作。但是，这种文化在一定程度上阻碍了公司的创新，可能不适应不断变化的环境。

（3）以人为本。以人为本文化的特色是重视公平、重视个人的权利和尊严，并且为员工提供广泛的福利。星巴克是践行以人为本文化的典范。它为全职和兼职员工提供医疗保健和学费偿还福利,还为所有员工每周提供免费的咖啡。在这种文化的熏陶下,员工往往具有较高的忠诚度和敬业度,在组织层面上具有较低的流失率。

(4)结果导向。拥有结果导向文化的公司强调绩效结果和成就,并且将绩效指标与奖励相关联。家用电器和电子产品零售集团百思买(Best Buy)就是一个践行结果导向文化的范例。百思买拥有强大的以销售业绩为导向的文化,每天都会要求部门进行收益以及其他相关数据的统计。另外,百思买还注重员工的培训和指导,为员工实现绩效目标提供保障。百思买在实施ROWE(Results-OnlyWork Environment,即"以成果为标准的工作环境")计划后的6~9个月,生产力指标上升了35%。该计划以结果为导向,实施弹性工作制,由员工自主安排办公时间和地点,根据工作结果对员工进行评估。

(5)注重细节。专注细节的公司在一定程度上赢得了更多的竞争优势。例如,四季酒店保留了所有客户的"要求",记录了顾客偏爱的报纸类型、顾客对床上用品的使用偏好等细节,并将这些信息录入计算机系统中,以此来提高服务质量和顾客的忠诚度。

(6)进取性。具有进取文化的公司重视竞争,强调超越竞争对手。但是,这种进取文化往往使公司陷入法律纠纷中,并且在一定程度上会给企业声誉带来负面影响。微软公司(Microsoft)是较为典型的案例,尽管进取文化使其业绩保持良好水平,但微软与竞争对手发生过较多关于反垄断的纠纷。

(7)团队导向。具有团队导向文化的公司强调员工之间的协作,鼓励员工互相帮助。例如,西南航空通过对员工进行交叉培训来体现团队导向文化。另外,在招聘和选拔过程中,团队合作能力是胜任力评估的重要指标,且占有较大的权重。在具有团队导向文化的企业中,同事、上下级之间的关系表现得较为牢固。

需要注意的是,现实中企业的不同部门和不同团队往往表现出不同的文化。例如,研发团队更具有创新文化,销售部门更倾向于进取文化,人力资源部更多地表现出以人为本的文化。我们可以将这些不同的文化称为组织的"亚文化"。只要有利于组织发展且不会给组织的共享文化带来威胁,"亚文化"是可以被组织容忍的。企业需要结合自身情况,培育"最适合"的企业文化,而不是一味地追求"最佳"的企业文化。

5. 企业文化建设的其他建议

建设企业文化的过程就是将个人信仰和组织追求相融合的过程，其中需注意的关键点包括以下内容。

（1）明确公司的定位。①我们是谁？②我们工作的意义是什么？③我们要去哪里？这三个问题是企业做任何业务决策都需要考虑的问题。

（2）每位员工都需要参与企业文化建设。一个很好的例子是，在 2002 年，IBM 的处境十分艰难，新任首席执行官对企业文化进行了改革，建设了一种强大的、内部共享的文化，使其与新的品牌承诺保持一致并相互融合。他的做法是从每位员工那里收集关于 IBM 品牌价值观的信息，并整合成最重要的核心价值观，然后将这些核心价值观分享并传授给每位员工，从而使公司最终顺利渡过难关。

（3）招聘最合适而不是最优秀的员工。"与公司的价值观相一致"应该成为招聘选拔的标准之一。正如美国管理学家吉姆·柯林斯（Jim Collins）曾说的，如果企业拥有了合适的人才，那么如何激励和正确管理人才的问题就会消失。

（4）加强传播与领导力。公司需要通过强有力的方式传达所需的价值观和行为，如故事、歌曲、特定仪式等。员工会关注和学习领导者表现出来的情绪和对重大事件的反应，并进行积极的传播，相比之下，领导者的负面情绪会传播得更快更远。因此，在企业文化建设中，领导者的态度和行为至关重要。例如，沃尔玛的核心价值观之一是"节俭"，其创始人萨姆·沃尔顿（Sam Walton）避免了所有不必要的开支，不仅自己不使用奢侈品和豪华轿车，在商务出差中住在普通旅馆或共用房间，还要求高管养成在工作中注重节俭的习惯。他把"节俭"传播到了整个公司，努力降低开支，使用价格领先战略击败竞争对手。

（5）奖罚分明。认可、奖励和惩罚是管理者对员工的态度和行为发出的重要判别信号，使员工对正确的态度和行为进行效仿，并避免错误的态度和行为。西南航空公司的"欣赏文化"就是一个成功的例子。该公司热衷于表彰和奖励每位竭尽全力为他人的生活带来有意义变化的员工，鼓励员工互相表扬，以表示对出色工作的感谢。每个欣赏行为会获得相应的"积分"并有机会进入每月抽奖系统，兑换各种奖品。

五、团队建设

年度经营计划的编制是一种组织行为,相应地,计划的成功实施依赖于团队的优秀而非个别人员的杰出才能。

1. 团队的定义及特征

1994年,斯蒂芬·罗宾斯首次提出了"团队"的概念,即为了实现某一目标而由相互协作的个体所组成的正式群体。团队始于群体,但高于群体,其基本特征如下。

(1)能力的乘数效应:团队整体的实力并不是个人能力的简单相加,而是团队成员能力的乘积。一个优秀的军人可能无法独立击退10个敌人,但是一个优秀的指挥官加上99个普通军人则可能击退1000个敌人。

(2)共同的目标追求:团队目标优于个人目标,个人行为有助于团队目标的实现。

(3)相互的扶持帮助:团队成员通过相互配合取得成绩,胜利了则共同分享喜悦和成果,失败了则互相帮扶以图快速崛起。

(4)整体的绩效荣辱:团队不仅强调个人的成就,而且强调团队的整体业绩。失败的团队中没有成功者,成功的团队中没有失败者。

(5)高度的组织认同:团队成员本着存异求同的精神团结在一起,遵守民主集中的决策原则,服从组织的统一指挥。

团队是成员之间彼此融合升华,发生化学反应后生成的新物质。优秀的团队是不完美的人经过合理的搭配形成的整体精英团队。2004年6月,拥有NBA历史上最豪华阵容的湖人队在总决赛中的对手是14年来第一次闯入总决赛的活塞队,但最终的结果却是以1:4败下阵来。由此可见,人无完人,而一个团队却可以实现更高程度的"完美"组合。

2. 团队角色

贝尔宾博士(Dr. R. M. Belbin)认为:"一个团队并不是一堆有职位头衔的人,而是一群有着被他人所理解的团队角色的个人。团队成员寻求特定的角色,且在最接近他们本质的角色中表现得最有效率。"

贝尔宾团队角色理论在当今企业中被广泛使用,它说明了完美的团队应有的九种角色。这个理论可以用来确定员工行为的优势和劣势,并确保利用他们的优势和管理他们的劣势。贝尔宾团队角色理论在实践中的应用如下。

（1）招聘和选拔标准的制定。

（2）建设完美、高绩效的团队。

（3）实现优势互补,解决工作场所中的冲突。

（4）在工作中建立牢固的员工关系。

（5）自我认知,了解伙伴,提高合作的效率。

（6）组织人才盘点和人才库的管理。

（7）员工职业发展规划的制定。

（8）最大化地发挥员工的优势,实现人岗匹配。

通过团队角色自评（SPI）和他评（OA）两部分问卷可以帮助员工全面地了解自己的日常工作行为,看到团队伙伴对自己行为的评价,从而形成清晰、可识别的团队角色。贝尔宾团队角色类型及其优缺点如图6-7和表6-25所示。

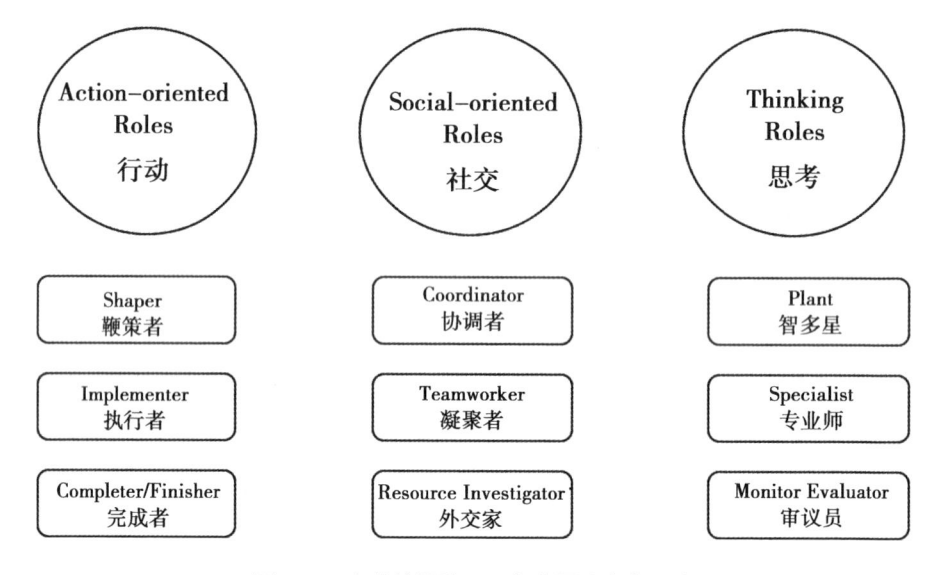

图6-7 完美的团队：贝尔宾团队角色理论

表 6-25　不同团队角色的优缺点

团队角色		优点	可容忍的缺点
行动型团队角色	鞭策者	善于推动，充满活力，能够承受压力；对于挑战拥有强大的驱动力	对人际不敏感，好争辩，可能缺乏对人际交往的理解
	执行者	强大的自我控制力及纪律意识；努力工作，并能系统地解决问题；较少关注个人诉求	可能欠缺弹性，会因缺乏主动而显得一板一眼，面对新机会时反应迟缓
	完成者	坚持不懈，注重细节，苛求完美，善于发现错漏；由内部焦虑所激励，但表面看起来很从容；不太需要外部的激励或推动	过分焦虑，不愿别人介入自己的工作
社交型团队角色	协调者	成熟，自信，能够澄清目标，凝聚众人；知人善用，能够促进团队沟通，避免团队间的摩擦且拥有远见卓识	会被视为玩弄手段，推卸个人责任
	凝聚者	性格温和，擅长人际交往，灵活性和适应性强，观察力强	紧急情况下可能优柔寡断
	外交家	热情，外向，行动力强，好奇心强，乐于在任何新事物中寻找潜在的可能性，善于发展人际关系和获得资源	并没有很多原创想法，若没有他人的持续激励，他们的热情会很快消退
思考型团队角色	智多星	创造力强，为团队的发展和完善出谋划策，不会墨守成规，善于解决疑难问题	想法较激进，并且可能会忽略实施的可能性，不善于与气场不同的人交流
	专业师	专心致志，主动自觉，全情投入；能够提供不易掌握的专业知识和技能	只能在有限的范围内做出贡献，沉迷于个人兴趣
	审议员	态度严肃，谨慎理智，深思熟虑，精于谋略，辨识力强；具有批判性思维，善于在考虑周全之后做出明智的决定，且一般较难出错	做决定较慢，可能欠缺鼓舞他人的动力和能力

运用团队角色理论需要注意的是：在很多情况下，团队成员并非只拥有一种角色，大多数人都是同时具有多种角色且在两至三种角色中表现突出。

3. 团队建设的五大阶段

团队建设无法一蹴而就，一般需要经历五大阶段，如表 6-26 所示。只有正确理解每个阶段的特征、目标及改善方法，才能更快地打造出优秀的团队。

表6-26 团队建设的五大阶段

阶段	特征	目标	改善方法
初创阶段	• 目标：成员大多不了解组织目标 • 协作：磨合中 • 规范：未建立，人治状态	• 团队稳定运行 • 成员快速融合 • 降低解体风险	• 领导控制 • 快速建立规范
凝聚阶段	• 目标：成员了解团队目标 • 协作：产生默契 • 规范：基本建立，日常事务自主运行，非日常事务依赖请示	• 挑选核心成员进行培养 • 进行更广泛的授权与更清晰的权责划分	• 有限授权，及时跟踪 • 团队成员参与部分规范的制定及决策 • 新员工尽快融入
化合阶段	• 目标：由领导制定转变为成员共同愿景 • 协作：由保持距离转变为坦诚相见 • 规范：由外在限制转变为内在承诺	• 建立愿景，形成自主化团队 • 调和差异 • 运用创造力	• 创造参与环境，以身作则，容许差异 • 营造开放的氛围，鼓励建设性的冲突
成熟阶段	• 目标：目标成为团队成员的内在驱动力 • 协作：形成强烈的一体感 • 规范：形成以潜能激发、成本效益、满足客户、以人为本为导向的团队文化	• 保持成长的动力，避免老化	• 系统思考，综观全局 • 保持危机意识 • 持续学习，持续成长
衰退阶段	• 目标：成员对团队未来感到不确定 • 协作：自我驱动力下降，对团队伙伴的表现较为失望 • 规范：对已形成的制度规范表现得较为麻木	• 重新休整，重新出发	• 庆祝成功 • 对现有的问题进行评估和改善

4. 团队建设的常用方法

团队是推动实现业务结果的引擎。就像引擎需要维护才能有效运作一样，团队建设的意义在于确保团队效率保持最佳状态。

团队建设的主要方法有设定目标、识别角色、确定责任、制定制度、训练发展、团建活动、认可激励、评估改善。而团队精神、沟通、自省将作为一个持续输入机制影响整个团队的建设策略与活动。如图 6-8 所示。

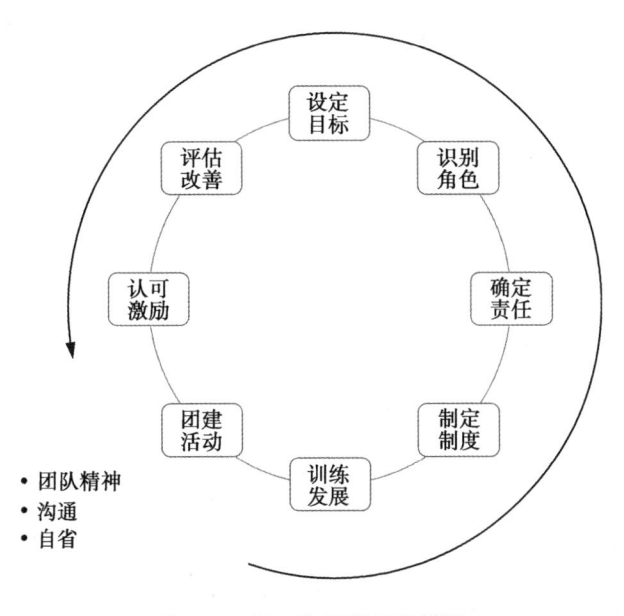

表 6-8 "3+8"团队建设模型

（1）设定目标。设定明确的团队目标和个人目标是团队建设的基本前提。从短期来看，团队目标由年度经营计划分解而来，且分解到个人。从长期来看，目标还包括团队的共同愿景，即想要成为一个怎样的团队。当团队成员明确了自己的目标后，他们就会更有方向感和动力。但是，不管是短期还是长期的目标，其设定需符合 SMART 原则。

（2）识别角色，确定责任。根据贝尔宾团队角色理论的九种团队角色以及角色自评（SPI）和他评（OA）工具，可以识别团队中每个人的角色和责任，了解每个角色的重要性，减少团队合作的模糊性。明确团队角色和责任还有助于建立有效的沟通渠道，培养履行责任所需的技能等。

（3）制定制度。制定灵活的团队制度有助于改善工作质量，确保员工得到同等对待和尊重，形成开放的沟通渠道，实现组织目标。该制度需根据团队成员的需求和团队目标来制定和更改，并且在制定和更改过程中需秉持公平、公开、公正的原则。

（4）训练发展。通过特定的培训来加强达成目标所需的技能，训练员工成为善于发现问题、解决问题且具有批判性思维的人。

（5）评估改善。绩效评估与频繁的反馈对绩效有着显著的积极影响。然而，在很多情况下，个人不愿意接受负面反馈。因此，管理者需要以建设性的方式给予反馈，在与成员保持良好关系的前提下，激励员工接受建设性的反馈，以促进个人和团队的发展。具体措施如下。

① 在反馈的时候，学会先表扬再批评。

② 关注行为和结果，而不是个人。

③ 将反馈与员工的知识和技能联系起来。

④ 确定具体目标，并设定回顾进度的日期。

⑤ 合理使用360度反馈。

⑥ 管理者需要协助和指导员工进行下一步的绩效改善。

"五种行为"模型是团队评估模型之一（见图6-9），它由威利工作场所培训解决方案集团（Wiley Workplace Learning Solutions Group）与畅销书作家帕特里克·兰西奥尼（Patrick Lencioni）合作研发。兰西奥尼认为团队中的五种行为是信任、冲突、承诺、责任和结果。如果每个行为都得到最优化，将最大化提升团队运作的效率。模型中的每个行为都基于前一个行为，并支持其他行为。

图6-9 "五种行为"模型

团队成员之间的充分信任是形成团队凝聚力的基础。充分的信任意味着团队成员可以坦荡地展示自己的弱点，容忍建设性的冲突，有助于形成透明、真诚和安全的团队环境。

建设性的冲突有助于培养团队的创新意识。例如，团队成员乐于分享自己在工作问题上的不同想法和观点，并乐于倾听和接受他人的创意和批判性意见。

兰西奥尼认为，承诺并不代表达成共识，达成共识意味着妥协，而妥协可能不会产生最佳结果，承诺带有明确的目的。在信任和建设性冲突的基础上，一个共同认可和支持的想法或方案就会形成。

责任是团队整体动力的一部分，若每个人都致力于实现明确的行动计划，则他们会更愿意分担彼此的责任。

如果每个先前的行为都运作良好，则团队目标将成为团队成员的优先选项，即每个成员都将专注于实现团队的目标，团队就会取得预期的结果。

（6）认可激励。"高调表扬小成就、低调惩罚小错误"可以有效地增强员工的工作动力。聪明的领导者不会通过威胁或将员工放在尴尬的境地来达成团队目标。最佳的员工激励不在于增强外部驱动力（薪酬、福利），而在于培养员工的内部驱动力。除了奖金以外，赞美和认可是最有意义的东西，公开赞美和认可尤其重要。另外，有更多的文献证明，让员工参与决策能够开发员工的创造力，并大幅提升其工作积极性。

（7）团建活动。斯坦福大学的一项研究发现，具有"团结"意识的团队，其工作时间延长了48%，并更加专注于手头的任务。聚餐、运动会等非正式的工作环境有利于建立信任的工作关系，给员工机会让他们分享遇到的困难、挑战（不一定是工作上的），从而有效地增强团队的凝聚力。

（8）自省、沟通、团队精神。自省和沟通是团队建设的基本方法，团队精神是团队建设的底层目标。

首先，强调沟通的重要性。即使是最科学的团队成员组合，成员之间的冲突也无法完全避免，何况没有任何冲突的团队注定是平庸的。沟通可以有效地解决团队冲突等问题，化冲突为合作，具体方法如下。

① 将沟通技巧作为招聘与选拔的标准之一。

② 借助更高效、更便捷的沟通工具。

③ 积极倾听他人的观点，并理解其形成原因。

④ 着眼于问题的解决和目标的实现，保持冷静的判断力，避免为情绪和不利的组织气候所左右。

⑤为解决冲突积极提供帮助。

其次，团队领导需鼓励员工进行频繁的自我监督和自我评估，及时发现工作中的缺点和漏洞并有效弥补，这对提升任务质量和缩短任务交付时间有着积极的作用。

最后，团队精神是将团队成员的积极性连接起来的纽带，是团队绩效的催化剂。没有团队精神，团队将名存实亡。团队精神不仅是人们相互协作的态度和友善精神、人力资源的关键胜任力要素，还是基于企业文化而发育出来的企业软实力。

5. 虚拟团队建设

虚拟团队是指在不同地域、空间的个人通过各种各样的信息技术来协同工作，实现共同目标的团队形式。虚拟团队建设的核心是消除远程工作的物理距离带来的情感距离，进而消除孤立，建立一体感。

建设虚拟团队的措施如下。

（1）确保团队成员清晰地了解工作目的、工作内容和最终期限。

（2）使用远程项目管理工具，及时分享团队信息和动态。

（3）制定沟通计划书，对团队的交流内容、交流渠道、交流对象、交流频率等进行合理规划。

（4）结合IT工具，以阶段性成果为导向，优化团队和业务的过程控制和监督方式。

（5）将远程办公技能作为招聘与选拔的标准之一。

（6）开展在线团队建设活动，如在线益智游戏等。

由于虚拟团队成员无法参加公司活动，因此将公司的重要事件共享在员工平台上尤为重要。

六、激励体系

激励是指改变人们的思想或行为，影响人们从事某件事情的驱动力的强度和持久性的心理过程。美国管理学家贝雷尔森（Berelson）和斯坦尼尔（Steiner）给激励下了如下定义："一切内心要争取的条件、希望、愿望、动力都构成了对人的激励。它是人类活动的一种内心状态。"

"动机"是激励体系的起点。心理学家丹·阿里利（Dan Ariely）认为，动机是促使人们对所做的事情充满热情的原因。员工采取的每一项行动都取决于动机，年度经营计划能否成功实施的关键之一就是能否激发员工的动机。

根据自决理论（Self-Determination Theory），动机分为内部动机和外部动机。外部动机必须与内部动机相结合，才能使动机不被耗尽。如表 6-27 所示。

表 6-27 动机的类型

动机类型	说明
内部动机	• 一种内在的感觉 • 无论是否获得报酬，都乐于做这件事，如"我想做这个事情" • 建立在自身之上，并且有一种自然前进的感觉，而不是停滞不前
外部动机	• 由外部诱因所引起的动机 • 当受到外部压力时，处于非自决状态，动机将被消耗

员工激励是一种有助于员工高效工作的社会心理过程。对于管理者来说，调动员工的工作积极性和激发他们的创造力是较高层次的管理目标。科学的激励制度不仅在吸引优秀的人才和降低员工流失率方面效果显著，还能最大化地开发员工的潜能和提升其工作效率，对年度经营目标的达成有着积极的影响。

1. 激励机制

激励机制的建立需要与年度经营目标相结合，与员工的需求相结合。激励机制主要包括行为刺激、行为导向、行为制约、行为维持和行为同化五大内容。如图 6-10 所示。

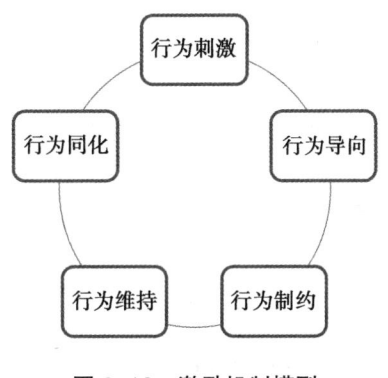

图 6-10 激励机制模型

（1）行为刺激。刺激形式的设计需要建立在员工需求调查、分析和预测的基础上。常见的刺激形式为奖酬形式，其中包括经济性奖酬（绩效奖金、利润分红、升职加薪、一次性奖励等）和非经济性奖酬（管理层对员工的态度、舒适的工作条件、参与企业管理过程、旅游、公费培训、荣誉、更好的工作机会、更大的授权等）。

需要注意的是，奖励和惩罚都是刺激形式。奖励需差异化，即为解决特定任务设置特定类型的奖金，且解决的任务越多，员工的奖金金额就越高。而惩罚的做法一直以来都颇具争议性，在实践中，惩罚并不总是导致"纠正"的结果，很有可能会降低员工工作的积极性，产生反作用，而且越是在经济活跃发达的地区，惩罚的作用被证明越有限。但是事关企业核心利益的重大规则边缘应当架设起"高压线"，这时候的惩罚不能完全缺位，而是应将其宣示为严重违规的必然后果，并通过严格的实施，形成企业的红线。

此外，对于中小型企业来说，非经济性奖酬容易被忽视。根据马斯洛需求理论（见图6-11），不同需求层级的刺激方式需不同，只有这样才能有效地起到激励作用。对处于较高需求层级的员工来说，社会地位、认可度变得非常重要，这就是为什么赋予其权力，使其参与企业管理过程的激励效果更好。

图 6-11 马斯洛需求理论

（2）行为导向。行为导向使员工有明确的方向去完成企业目标所要求的任务，并产生积极的效果。行为导向强调长远性、全局性和集体性。勒波夫（M. Leboeuf）在《如何激励员工》一书中提出了"企业应该奖励的10种行为方式"，可以将其作为员工行为导向的参考。

① 奖励彻底解决问题的，而不是仅仅采取应急措施。

②奖励冒险，而不是躲避风险。

③奖励使用可行的创新，而不是盲目跟从。

④奖励果断的行动，而不是无用的分析。

⑤奖励出色的工作，而不是忙忙碌碌的行为。

⑥奖励简单化，反对不必要的复杂化。

⑦奖励默默无声的有效行动，反对哗众取宠。

⑧奖励高质量的工作，而不是草率的行动。

⑨奖励忠诚，反对背叛。

⑩奖励合作，反对内讧。

（3）行为制约。行为制约是对活动过程中可能出现的错误行为进行调查、分析和改善，主要是通过研究绩效目标、结果和员工对结果的重视程度来对个人行为加以分析和引导。

（4）行为维持。当员工达到某一阶段的目标并得到想要的结果后，其工作积极性可能会有所降低。为了避免这一现象，有必要对员工的需求、动机进行重新调查、分析和预测，设定更具挑战性的绩效目标。

（5）行为同化。行为同化是指对员工的行为进行持续不断的刺激、制约、纠正、评估、改善，使其最终拥有自我调节、自我监督、自我激励的能力。

2. 几种主流的激励理论

激励机制需要建立在特定的人性假设之上。激励理论从人性深处探寻组织成员绩效增长的动力来源，是制定激励措施的基本原理。

（1）X理论和Y理论。根据美国心理学家道格拉斯·麦格雷戈（Douglas McGregor）的X理论和Y理论，工作场所中可能存在两种人——X型人和Y型人。X型人很懒惰，缺少进取心，需要在指导下才能进行工作。对于Y型人来说，即使没有外界的压力和处罚的威胁，他们一样会自发地去完成工作（见表6-28）。

因此，企业的管理者需要密切关注员工的行为和工作方式。对于X型员工需严格加强自上而下的规章制度，降低员工的工作消极性，而对于Y型员工需强调人性激发的管理作用，确保他们在工作中获得适当的支持和认可。另外，应赋予Y型员工更多的权力，充分发挥他们的才智，以激发该类型员工的工作积极性。

表 6-28　X 理论和 Y 理论

X 理论	Y 理论
• 一般人的本性是懒惰的，工作越少越好，可能的话会逃避工作 • 大部分人对集体（公司、机构、单位或组织等）的目标不关心，因此管理者需要以强迫、威胁处罚、指导、金钱利益等诱因激发人们的工作动力 • 一般人缺少进取心，只有在指导下才愿意接受工作，因此管理者需要对他们施加压力	• 人们在工作上的体力和脑力投入就跟在娱乐和休闲上的投入一样，工作是很自然的事——大部分人并不抗拒工作 • 即使没有外界的压力和处罚的威胁，他们一样会通过努力工作来达到目的——人们具有自我调节和自我监督的能力 • 人们愿意为集体的目标而努力，在工作上会尽最大的力量，以发挥创造力和才智——人们希望在工作上获得认同感，会自觉遵守规定 • 在适当的条件下，人们不仅愿意接受工作上的责任，还会寻求更大的责任 • 许多人具有相当高的创新能力去解决问题 • 在大多数的机构里，人们的才智并没有被充分发挥

资料来源：维基百科。

（2）双因素理论。双因素理论由美国行为科学家弗雷德里克·赫茨伯格（Fredrick Herzberg）所提出（见表 6-29）。它通过调查员工的工作满意度来确定其对动机的影响。他发现，工作满意度高的员工和工作满意度低的员工的反应截然不同。

表 6-29　双因素理论

激励因素	保健因素
• 成就 • 赏识 • 挑战性的工作 • 增加工作责任 • 成长和发展机会	• 公司规章制度 • 管理措施 • 监督 • 薪资福利 • 物质工作条件 • 人际关系

激励因素是指那些能带来积极态度、满意和激励作用，并且能够满足个人自我需求的因素。具备这些因素后，员工会增加工作的积极性。保健因素代表工作的消极因素，如沮丧、工作倦怠，其与积极感情无关。

赫茨伯格得出的结论是：①补救保健因素不会产生满意；②增加激励因素也不会消除对工作的不满。

例如，一家公司的物理工作环境恶劣，给员工升职不会令他感到满意。此外，传统的激励因素如薪酬、物质工作条件等并不是激励员工的关键因素。单纯的金钱激励对于员工来说作用有限，只有在金钱激励的同时认可、赏识员工的成就才会产生激励效果。

该理论对企业管理的意义在于在实施年度经营计划的时候，为了调动员工的积极性，管理者不仅要重视公司政策、薪酬福利、人际关系等保健因素，还应该专注于人的精神激励，对员工的成就进行认可、表扬。能力水平高的员工应被赋予更多的权力和更高水平的责任，因为如果一个人的能力不能被充分利用，那么就会出现动机问题。

另外，工作设计应具有挑战性以充分发挥员工的能力。员工的工作设计方式多种多样。例如，工作扩展，即将难度相当的任务结合起来，使员工的工作更加多样化；工作轮换，即把员工从一个工作岗位转移到另一个，这有助于增加员工的知识、技能和工作的灵活性等。

最后一点，并且至关重要的一点是，成长、发展和晋升的激励效果越来越明显。因此，员工培训计划、发展计划、晋升计划等成长性计划的重要性不容忽视。

根据双因素理论，可以采取以下激励方法，如表 6-30 所示。

表 6-30　激励方法

激励因素	保健因素
• 提供能实现个人成就的机会 • 对员工的成就进行认可、表扬 • 赋予能力高的员工更多的权力和更高水平的责任 • 授权给员工，并委派有意义的任务，以增强自主性 • 与员工技能和能力相匹配的工作设计 • 通过内部晋升为公司发展提供机会 • 提供培训和发展机会等	• 修改和完善公司规章制度 • 建立科学的制度流程 • 提供有效的监督机制 • 建立员工认可的企业文化 • 关注人际关系管理 • 领导的行为很重要 • 有竞争力的薪酬福利 • 通过工作设计来建立积极的工作状态等

（3）期望理论。根据著名心理学家和行为科学家维克托·弗鲁姆（Victor H. Vroom）的期望理论，动机（M）= 期望值（E）× 工具性（I）× 效价（V）。如图 6-12 所示。

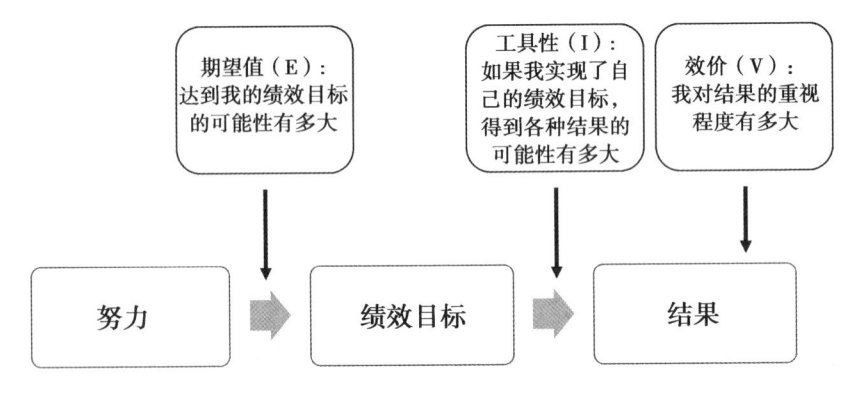

图 6-12　期望理论的主要元素

期望值是指激励对象认为该目标实现的可能性大小，它并非客观的平均概率，而是当事人主观判断的概率，它与个人的能力、经验以及愿意付出努力的程度有直接的关系。

效价可以是精神的，也可以是物质的，同一项活动和同一个激励目标对不同人的效价是不一样的。设计激励措施之前，了解目标对激励对象的效价至关重要。

当 E、I、V 这三个元素都很高时，员工的动机就会很高。如果任何元素接近于零，动机就会降低。对管理者来说，要想有效地激励员工，必须让员工明确：①工作能提供给他们真正需要的东西；②他们欲求的东西是和绩效联系在一起的；③只要努力工作就能提高他们的绩效。管理者还必须同时考虑：①绩效目标必须与奖励挂钩；②行为刺激形式必须是透明的；③刺激形式必须符合员工的需求。

管理者经常会寻找员工绩效不佳的根本原因，如在与员工交流后，发现整个团队士气低落，主要原因是他们认为设定的目标不可能达到，或是即使自己努力工作，也不会从中受益，抑或是达到目标后的奖励不是自己想要的，表现为对管理的信任度低、工作积极性低。因此，管理者需要对设立的目标进行重新评估，对员工的需求进行调查、分析和预测，设立科学的绩效评估机制并且恪守承诺，建立团队信任感。

期望理论的应用如表 6-31 所示。

表 6-31　期望理论的应用

管理层面	组织层面
• 确保结果是员工所期望的 • 奖励优秀的表现和正确的行为 • 确保员工能够达到目标绩效水平 • 将期望的结果与目标绩效水平联系起来 • 确保结果的变化足够大，足以激励员工付出更大的努力 • 对奖励制度进行监督，防止不公平	• 对达成绩效的员工进行奖励，奖励制度需公开透明 • 设计有挑战性的工作 • 将奖励与团队成就联系起来，建立团队精神，鼓励合作 • 通过访谈或匿名问卷调查来监测员工的动机 • 制定差异化的激励方案

总之，企业激励机制的目的是提高劳动生产率，同时留住最有价值的员工。每个组织都有自己的激励政策，它受人员组成、地区、市场薪酬水平等因素的影响。

七、组织保障

增强组织有效性是一种在提高公司效率的同时，又不降低产品或服务质量的组织策略。当有了年度经营计划后，组织的高效运作就成为实现其目标的关键。

前文所描述的业务流程、组织结构设计、企业文化、激励机制等因素对组织的运作效率具有至关重要的影响。除此之外，建立高效的组织还涉及但不局限于以下方面。

1. 最大化人力资源的价值

人力资源部在高效组织的建立中起着关键的作用。人力资源管理对企业的整体运营具有决定性的影响，但很多管理者忽略了这一点。

在企业经营中，人力资源部需要持续地、全面地参与年度经营计划的设计和实施。《福布斯》杂志认为，人力资源管理者通过帮助组织设计新的商业战略、确定合适的专业人员、留住优秀的人才，使组织运作更加高效。

人力资源管理与企业战略的关系如图 6-13 所示。

2. 正确地使用信息技术工具

随着物联网、大数据、云计算、区块链等信息技术的快速发展，组织形态也正在发生变化。正确地使用信息技术工具可以改善工作流程，提升数据洞察力，增强员工培训效果，以及整体改善业务运营效率。

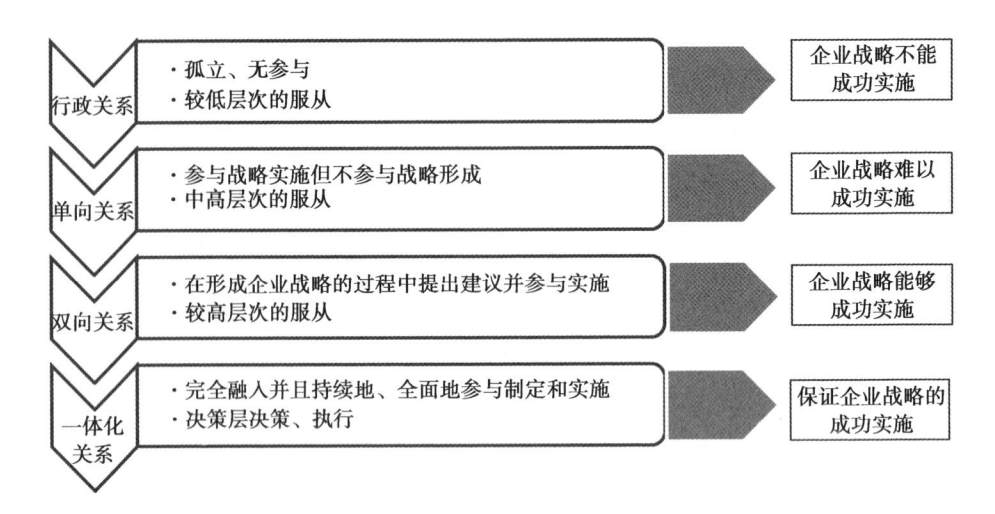

行政关系	·孤立、无参与 ·较低层次的服从	→	企业战略不能成功实施
单向关系	·参与战略实施但不参与战略形成 ·中高层次的服从	→	企业战略难以成功实施
双向关系	·在形成企业战略的过程中提出建议并参与实施 ·较高层次的服从	→	企业战略能够成功实施
一体化关系	·完全融入并且持续地、全面地参与制定和实施 ·决策层决策、执行	→	保证企业战略的成功实施

图 6-13　人力资源管理与企业战略的关系

信息技术加快了组织中的沟通过程，使整个组织内的沟通更加有效和准确，如使用项目管理软件可以快速处理任务、共享文件、开展讨论、查看项目进展，实现团队的轻松协作。在智能化程度较高的企业，可以通过大数据算法提供最优化的时间和路径计算与调度，根据提供的项目内容和限制条件快速设计最佳路径和资源分配方案。

信息技术对组织的生产成本也有重大影响，极大地提升了资产盘点、成本核算的效率。在会计核算领域，华为就是一个标杆，它将标准业务场景的会计核算工作交由机器完成。目前，华为年平均约 120 万单的员工费用报销由员工通过智能设备自主完成，员工在自助报销的同时，机器根据既定规则直接生成会计凭证，大大提高了组织效率。

正确地使用信息技术工具需要考虑以下几点。

（1）确定公司的需求。实施新技术以提高公司的整体绩效必须是一项战略决策。换句话说，不能"随大流"或是"拍脑袋"来决定引进和使用哪种新技术。应确定公司的需求以及员工的需求，以选择能够满足这些需求的正确技术，具体考虑以下几点。

① 公司是否落后于竞争对手？
② 评估公司目前的绩效和效率，并且思考改进的可能性。
③ 评估员工的敬业度、积极性和工作效率，并且思考改进的可能性。

④ 现有技术能否满足公司的需求？

⑤ 如果将新技术引入公司可以解决问题吗？如果是，那么哪种技术最能解决问题？

（2）投资于新技术培训。错误地使用信息技术工具不仅不能解决问题，还会降低组织效率。仅凭新技术并不能在一夜之间解决所有问题，新技术培训也不是在一夜之间就能完成的。成功地将新技术引入并整合到公司的工作流程中需要周密的计划，并且投入金钱、时间和人力。强迫员工在一夜之间立即采用新技术可能会造成很大的压力，导致工作倦怠，降低工作效率和敬业度。

此外，清晰地与员工交流为什么要引入新技术，以及期望的结果是什么，是新技术成功使用的关键，但许多公司在计划引进新技术时并未考虑到这一点。

3. 最大化客户价值

企业的主要目标之一是创造最大的客户价值。如今，面对苛刻的消费者需求，企业的压力日益增加。通过提高客户相关部门的效率，可以增强客户关系并提高客户价值。另外，质量管理与公司的整体效率同等重要，如果没有提供优质的产品或服务，那么客户会根据自己的需求和目标寻找替代方案。

企业可以通过客户匿名问卷调查、电话访谈、邮件回访、社交媒体互动等方式来获得客户的反馈，找出客户的期望值与公司目前提供的产品或服务之间的差距，并使用客户支持和解决方法工具，及时、快速地响应客户的评价和反馈。

各部门领导需要积极参与决策过程，让不同业务领域的专业人员参与进来，讨论在不削减最终产品或降低服务质量的情况下改进产品或服务的方法，以捕获多种建设性观点来优化组织。

4. 提升领导力

为了使组织高效地运作，良好的领导力必不可少，主要表现在以下几个方面。

（1）计划。计划是指领导者确定为实现组织目标而需要执行的各个动作，然后制定适应这些动作的行动方针，设计完成这些动作所需要的角色。良好的计划意味着领导者具有优秀的统筹能力，即以最少的物力、劳动力、时间和其他资源来实现组织的目标。

（2）资源管理。为了提高组织的运作效率，优秀的领导者应根据情况制订合理的资源计划，包括人力资源计划、财力资源计划、物力资源计划等，并且建立或优化有效利用资源的管控流程。

（3）指导。领导者需确定实现年度经营目标所需的能力，然后主抓能力的提升，激励员工最大限度地发挥潜能。同时，根据现实环境的变化，指导行动计划的调整。

（4）监督。监督是发现阻碍目标实现的错误并加以纠正的过程。缺少了监督，组织就无法高效地运作，一个流程延迟的单个错误很可能会中断整个组织的运营。优秀的领导者会主动处理此类错误，查找组织的缺陷并测试其流程，然后在错误发生之前加以改进。

八、风险管理

计划追求的是一种确定性，相对地，风险就是一种不确定性。在相当长的一段时间内，风险特指对业务目标的实现具有负面影响的可能性，但随着国内外对风险研究的深化，人们逐渐认识到，只从影响后果去判定风险是有局限的，相对于业务目标而言，任何性质的不确定性均应视为一种风险。因此，COSO委员会[①]在2017年版风险管理框架（ERM）中将风险定义为：事项发生并影响战略和业务目标实现的可能性。对风险管理体系的定义为：组织在创造、保存、实现价值的过程中赖以进行风险管理，与战略制定和实施相结合的文化、能力和实践。

因此，风险管理被视为战略制定的重要组成部分，是战略制定过程中识别机遇、创造和保留价值的必要考量维度。风险管理不再是战略和运营之外的一个单独活动，而是融入战略和运营当中的有机部分。例如，愿景和价值观不匹配的可能性就是一种风险。

为了保障年度经营计划的最大确定性，我们应当建立起从源头到善后的全面的风险管理体系。为此，可以根据风险是否受控，将风险管理划分为风险定义、风险存续、风险发生三个阶段，根据每个阶段的重点，开展有针对性的风险管控

---

① 美国反虚假财务报告委员会下属的发起人委员会（The Committee of Sponsoring Organizations of the Treadway Commission，COSO）。

工作。如图 6-14 所示。

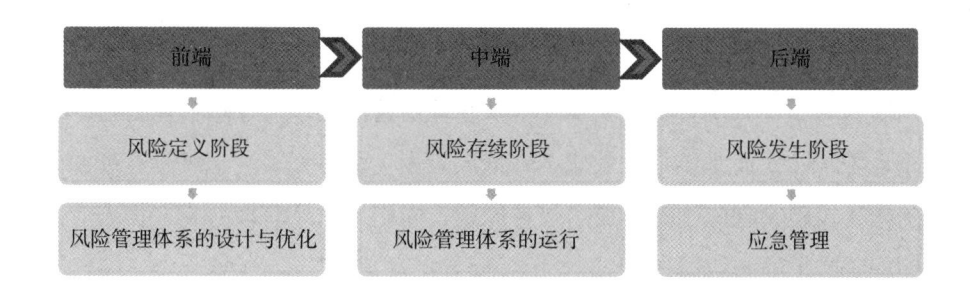

图 6-14 风险管理的三个阶段

1. 风险定义阶段

本阶段的重点为定义什么是企业的风险，即明确有哪些不确定因素可能导致年度经营目标无法达成、企业战略无法实现，或企业运行出现问题，以及从哪些方面着手建立企业的风险管理体系。我们可以参考 COSO 委员会的风险管理框架来设计企业的风险管理体系，如表 6-32 所示。

表 6-32 COSO 委员会的风险管理框架

治理和文化	战略和目标设定	绩效	审阅与修订	信息、沟通与报告
1. 实现董事会对风险的监督 2. 建立运作模式 3. 定义期望的组织文化 4. 展现对核心价值的承诺 5. 吸引、发展并留住优秀人才	6. 考虑业务环境 7. 定义风险偏好 8. 评估替代战略 9. 建立业务指标	10. 识别风险 11. 评估风险的严重程度 12. 风险排序 13. 执行风险应对 14. 建立风险的组合观	15. 评估重大变化 16. 审阅风险和绩效 17. 企业风险管理改进	18. 利用信息和技术 19. 沟通风险信息 20. 对风险、文化和绩效进行报告

COSO 委员会的风险管理框架包括 5 大要素和 20 个原则，为我们提供了一个很好的思维指引。该框架不仅包括了企业经营风险，还涵盖了战略风险、企业治理风险、组织运作的合规性义务等更加广义的范畴。在年度经营计划中，我们着重于框架中的"绩效"要素，追求在风险可控的前提下提升企业绩效。

因此，在对企业整体的风险进行定义的基础上，还需要对影响经营绩效的风险进行识别和防控。

2. 风险存续阶段

风险作为一种客观存在，同步存续于企业经营活动中。风险管控的目标并非是完全消除风险，而是以最小的成本降低风险发生的概率。基于风险管理的"绩效"追求，风险管理应当符合成本效益原则，即用于风险管理的成本投入应当小于风险发生带来的效益损失。

对于现已存续的特定风险，究竟该采用何种防控措施来应对，取决于该风险的成本效益评估。因此，风险防控的总体思路是"风险识别—风险评估—防控实施—监督改进"的循环，如图6-15所示。

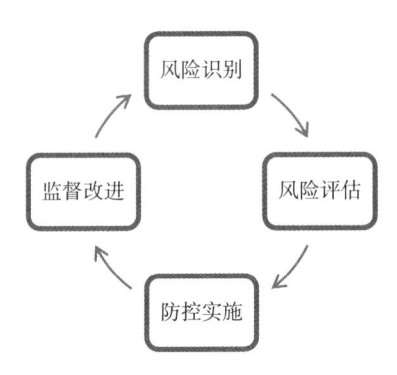

图 6-15 风险防控总体思路

（1）风险识别。在年度经营计划的制订过程中，应对公司全业务流程和职能管理方方面面的风险进行梳理，识别出各类风险点，作为风险评估的基础。企业常见的风险类型如下。

① 市场风险：市场波动对企业运营或投资可能产生的亏损风险，如利率、汇率、股价等变动对相关业务板块损益的影响。

② 信用风险：交易方无力偿付货款或恶意倒闭导致求偿无门的风险。

③ 流动性风险：企业资金周转困难的可能性。

④ 作业风险：作业制度漏洞与操作疏忽带来的风险，如流程设计不良或矛盾、作业执行发生疏漏、内部控制未落实。

⑤ 法律风险：合同规范有效与否对企业可能产生的风险。

⑥ 会计风险：会计处理与税务对企业盈亏可能产生的风险，如账务处理的合规性、税务策划及处理是否完备等。

⑦ 信息风险：信息网络系统的运行导致的风险，如系统故障、宕机、资料泄露或损坏等。

⑧ 策略风险：竞争环境中，企业选择市场利基或核心产品失当的风险。

⑨ 环境卫生健康风险：工作环境或工作方式对人身健康造成伤害的风险。

⑩ 客情舆情风险：企业遭受外部舆论危机的风险。

（2）风险评估。在风险识别的基础上，对每个风险点的潜在损失、应对难度和发生概率进行评估，评估结果将风险划分为不同等级，作为设计风险防控策略的依据。如图6-16所示。

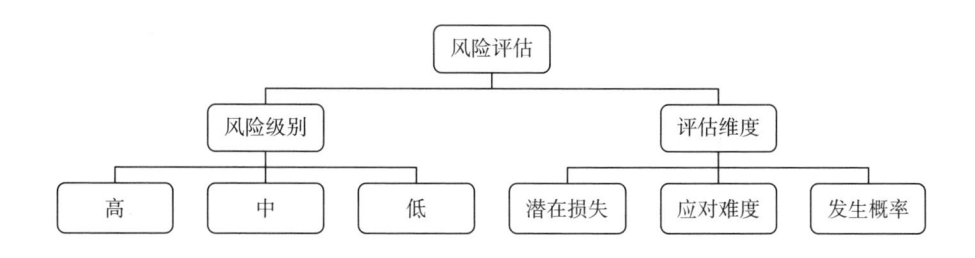

图 6-16 风险评估

在实际评估中，通常将"潜在损失"和"应对难度"合并考虑，通过"影响-概率"矩阵对风险等级进行划分。

首先，通过定性评价，确定风险影响后果等级，如表6-33所示。

表 6-33 风险影响后果等级

严重性等级	等级定义	影响后果描述	典型表现
I	灾难性后果	企业不可承受的后果，恢复难度极大	人员死亡、设备报废、大面积火灾、重大舞弊、关键供应商断供、公司破产或关停
II	严重后果	企业正常运转被打乱，丧失原有优势	机密信息泄露、重大质量缺陷、舆论危机、歇业停产
III	中度后果	显著影响到企业正常运作和效益	设备故障、一般性质量缺陷、多个区域原材料市场价格波动

续表

严重性等级	等级定义	影响后果描述	典型表现
Ⅳ	轻度后果	明显影响到企业正常运作，但可以通过后续整改来弥补	普通设备故障、单个区域原材料市场价格波动

其次，根据国内外的历史数据确定风险发生概率等级，如表6-34所示。

表6-34 风险发生概率等级

等级	概率	单个项目发生概率	总体发生概率
A	频繁	频繁发生	在过去一定时期内连续发生
B	大概率	在寿命周期内多次出现	在过去一定时期内频繁发生
C	偶尔	在寿命周期内不一定出现	在过去一定时期内多次发生
D	小概率	在寿命周期内很少出现	在过去一定时期内偶尔发生，或过去未发生，但有一定理由表明未来可能发生
E	极小概率	在寿命周期内尚未出现过	在过去一定时期内尚未发生，也无充足理由表明未来可能发生

最后，结合上述两个维度，将风险划分为五个等级，如表6-35所示。

表6-35 风险等级

	Ⅰ（灾难性）	Ⅱ（严重）	Ⅲ（中度）	Ⅳ（轻度）
A（频繁）	1级风险	1级风险	2级风险	3级风险
B（大概率）	1级风险	1级风险	2级风险	4级风险
C（偶尔）	1级风险	2级风险	3级风险	5级风险
D（小概率）	2级风险	3级风险	4级风险	5级风险
E（极小概率）	3级风险	4级风险	5级风险	5级风险

风险等级评估是为了有针对性地制定防控策略，将有限的防控资源用在最有价值的地方，达到风险管理"四两拨千斤"的目的。

（3）防控实施。根据企业的风险偏好，可以将风险划分为可忽视风险、低风险、中风险、高风险、不可承受风险五个等级，并制定相应的管控策略。如表6-36所示。

表 6-36 风险级别及相应的管控策略

风险级别		管控策略
5 级	可忽视风险	风险保留策略：不必采取专门的防控措施
4 级	低风险	风险防控策略：定期检查现有的常规防控措施，同时考虑采用成本效益更佳的防控措施
3 级	中风险	风险防治策略：在成本限额内努力采取措施降低风险，令中风险降为低风险。立足长远做好预防，立足当前做好治理
2 级	高风险	风险防治与转移策略：应制定专门的安全管理规范和应急预案对风险进行事前、事中、事后管控。投入大量的资源来降低风险等级，并通过购买保险等方式将风险进行部分或全部的转移、对冲。当正在进行的工作涉及该类风险时，应激励采取应急措施
1 级	不可承受风险	风险规避策略：只有当风险已降低时，才能开始或继续工作。若以无限的资源投入仍不能降低风险，则必须禁止工作

为了实现对风险的动态管控，企业应当每年定期进行风险识别、评估，并更新防控措施，形成企业风险库或风险清单。如表 6-37 所示。

表 6-37 企业风险库示例

XX 公司作业风险库（20XX 年 X 月版）											
第一部分　××工程											
第一章　土建施工											
工种	作业任务	作业步骤	风险名称	风险类别	风险分布、特性及产生条件	风险可能导致的后果	细分风险种类	风险范畴	可能暴露于风险的人员、设备及其他信息	现有控制措施	风险等级	增加措施	控制措施的有效性
第一节　施工前准备											
							人身安全					
							设备安全					
							……					

以风险库为抓手，企业就可以制订风险管理工作计划，有序推进风险的预防、控制、治理。

（4）监督改进。为了确保风险管理工作计划落实到位，企业应当成立专门的监督部门，或者指定专人对风险管理工作的效果进行检查，并督导改进。通常，风险管理监督改进工作分为常规检查和专项检查。

常规检查是指按照风险管理工作计划，对各项工作的落实情况进行稽核，主要检查工作是否按要求落实、责任是否到位、风险措施是否有效。

专项检查主要针对特定时期的中高风险进行全面、系统、深入的检查分析，在检查工作符合性的同时，更加侧重对管理体系有效性的检讨。例如，当企业内发生重大安全生产事故时，该企业内的所有成员都会针对该风险展开内部专项检查，完善风险管控措施。

3. 风险发生阶段

风险一旦发生，就意味着前端和中端的防控工作已经失效，风险带来的影响后果已经出现。此时，需要启动应急管理体系，对业已发生的风险进行控制，通过"围追堵截"，阻止风险蔓延，防止损失扩大，杜绝次生风险的产生。

通过对应急管理体系的研究和探索，针对四大类突发事件，我国初步形成了应急管理体系建设的一般性框架。如图6-17所示。

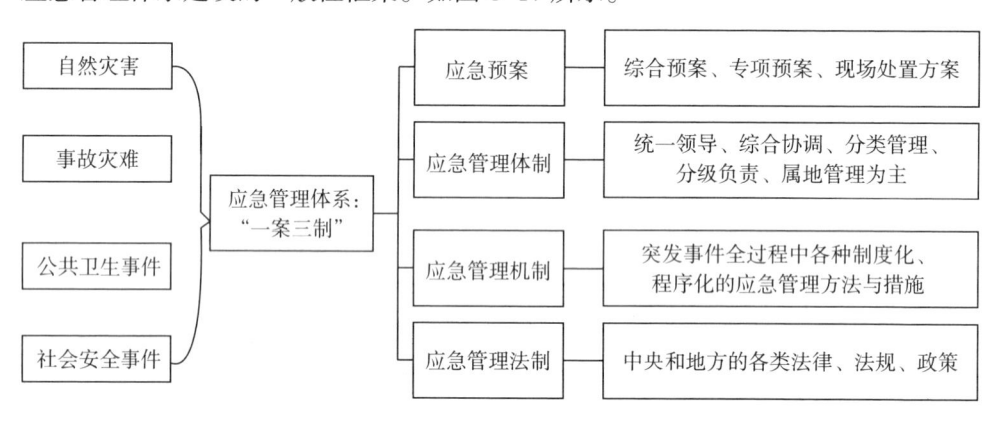

图6-17 国家应急管理体系建设一般性框架

由于应急管理体系所针对的突发事件的影响往往超出了单个企业的内部范围，突发事件的应对也无法仅靠单个企业来完成，因此，一个企业在建立自己的应急管理体系时，必须考虑与外部相关方的联动，尤其是与政府应急管理部门的联动。例如，对于火灾、自然灾害类的风险，企业往往只要做好先期处置，最大范围地减少人员伤亡就可以了，真正的灭火和救灾工作主要由应急管理部门来完成。企业应当在事故发生的第一时间,及时准确地将信息报送给专业部门,从而赢得救援的黄金时间。

对于每个企业而言,建立自身的应急管理体系不仅是必要的,而且是刻不容缓的。与企业的内控体系不同,企业的应急管理体系是与国家的应急管理体系一脉相承的,甚至可以说,企业的应急管理体系是国家应急管理体系的一部分,企业的应急预案也需要通过与外部单位联合演练来检验其有效性。在应急管理体系的建设中,企业应当抓住的重点是应急预案的编制和演练,其中的关键如下。

(1)建设企业应急管理机构,包括应急指挥、处置、监督、教育宣传、后勤保障等。

(2)配置企业应急队伍和人员,包括应急现场指挥人员、专业处置队伍等。

(3)配置企业应急保障装备和物资,涉及物资的采购、存储、调运等。

(4)构建企业应急处置的运作机制,内容包括应急响应的启动、现场处置、信息传送、支援配合、后期评估等。

需要注意的是,完整的应急预案是一套体系:综合预案明确应急管理的方针、总体原则和总体要求;专项预案按照风险类型制定,针对从风险的发生到善后工作的完成这一过程,详细规定相关人员的职责;现场处置方案按照特定场景制定,对各类可能发生的风险进行模拟,并制定风险发生后的应对措施,重在操作程序和技术细节。

由于当今企业面对的外部环境变化更加频繁,企业风险管理已经成为战略和经营计划中必不可少的内容。将风险思维融入经营计划,有助于年度经营目标的达成。

前沿动态:社会责任和商业道德建设

企业作为一个营利性组织,主要通过运用有限的资源来创造经济价值。通常,企业的年度经营计划就是企业的经济活动筹划。

21世纪以来,随着全球经济发展取得长足进步,越来越多的国家和地区摆脱了绝对贫穷,但经济发展给环境和生态安全等事关人类可持续发展的要素造成了较大负面影响。在联合国等国际组织的推动下,全面发展的理念逐渐深入人心,环境保护、消除歧视、保障人权、安全至上等观念已经成为世界各国的基本价值观。在发展经济的同时，提升这些"非经济"方面的水平，也就成为许多领袖企业的战略选项。

今天，在国家法律法规和政策越来越重视绿色发展、可持续发展，以及保障人权的背景下，企业必须将社会责任和商业道德建设纳入企业发展的目标规划中，实现经济价值和社会价值的协同提升。

首先，履行社会责任和坚守商业道德有助于提升企业美誉度，从而丰富企业的品牌内涵，提升企业的品牌价值。我们处在一个商品极大丰富的时代，品牌价值将是企业赢得竞争优势的重要因素。一个履行社会责任和坚守商业道德的品牌，必将是一个有灵魂的品牌。

其次，履行社会责任和坚守商业道德有助于促进企业转型升级，实现行业领先。一个企业如果充分考虑了社会责任和商业道德因素，则在同等生产方式下其成本必然要高于那些不考虑这些因素的企业。因此，唯有从生产方式上变革，突破原有业务模式的局限，从根本上提升利润空间，才能走出一条新的道路。例如，原来采用塑料包装的产品，如果要换作环保材料包装，则其定价、成本结构、工艺都需要重新设计，这种系统变革的需求就是企业重塑竞争优势的良机。

最后，企业最重要的社会责任和商业道德体现在提高产品质量和内部管理水平上。通过人性化的管理提升企业的生产效率，产出质量过硬的产品和服务，就是企业履行社会责任和坚守商业道德的最好方式。

因此，企业履行社会责任和坚守商业道德并不是可有可无的选择，也不是独立于企业经营之外的锦上添花，而是企业战略和年度目标实现的必要条件。

附录　企业年度经营计划编制进程规划

　　企业年度经营计划需要多长时间来编制完成？具体要做哪些事情？需要哪些人员参与？这些都需要结合不同企业的实际情况确定。正睿咨询提出了"企业年度经营计划编制进程五线谱"的理念，认为年度经营计划的编制由时间线、任务线、方法/工具线、组织线以及成果线组成。

　　下面以一家集团公司为例，为大家展示编制进程的轮廓。假定该集团公司财政年度为每年3月至次年2月，预留1月为宽放期，则其年度经营计划的编制进程五线谱如附表所示。

附表　企业年度经营计划编制进程五线谱

时间线	任务线	方法/工具线	组织线 领导机构/人员	组织线 牵头机构/人员	组织线 协同机构/人员	成果线
10月	讨论年度经营计划编制准备工作	• 动议提案	—	总裁办公会	—	• 确定年度经营计划编制工作的启动时间
10月	采购外部专家顾问服务	• 比选谈判	总裁办	采购部	各SBU负责人	• 需求说明书 • 采购方式（招标、竞争性谈判、单一来源采购、邀请等）
10月	召开年度经营计划编制筹备会议	• 年度经营计划同向原理	战略委员会	总裁办/专家顾问	各SBU负责人	• 统一年度经营计划编制思想认识 • 确定年度经营计划编制工作范围 • 成立年度经营计划编制小组
10月	宣传造势	• 标语、海报 • 会议宣贯	总裁办	宣传部门/人力资源部	全体员工	• 各部门提高对工作的重视度和参与的积极性 • 为后续的人才盘点、组织架构和人员调整做好前期吹风 • 号召全员提出有益建议
10月	拟订年度经营计划编制工作计划	• 年度经营计划编制进程五线谱	战略委员会	编制小组/专家顾问	各SBU负责人	• 确定具体工作计划和任务分工
10月	召开年度经营计划编制工作启动会议	• 年度经营计划编制模型 • 培训课件	总裁办	专家顾问	编制小组	• 安排总体工作部署 • 培训年度经营计划编制专业方法
10月	【经营分析】宏观经营环境分析	• PEST模型 • 重大事件影响分析	专家顾问	战略委员会	各SBU负责人	• 宏观经营环境分析报告（含经营策略调整建议）

续表

时间线	任务线	方法/工具线	组织线			成果线
			领导机构/人员	牵头机构/人员	协同机构/人员	
10月	[经营分析]行业环境分析	—	—	—	—	• 行业竞争环境分析报告，含： 　■ 竞争战略调整建议 　■ 职能战略调整建议 　■ 经营策略调整建议
10月	行业集中度分析	• CRn指数	战略委员会	专家顾问	市场部负责人	• 行业集中度曲线 • 市场特征描述 • 竞争战略调整建议 • 市场策略调整建议
10月	行业关键成功要素分析	• 对偶比较法	战略委员会	专家顾问	编制小组	• 行业关键成功要素 • 竞争战略调整建议
10月	竞争分析	• 波特五力分析模型	战略委员会	专家顾问	编制小组	• 行业竞争态势 　■ 竞争对手动态 　■ 供应商议价能力 　■ 客户议价能力 　■ 新进入者 　■ 颠覆替代可能 • 竞争战略调整建议 • 职能战略调整建议 • 经营策略调整建议

续表

时间线	任务线	方法/工具线	组织线			成果线
^	^	^	领导机构/人员	牵头机构/人员	协同机构/人员	^
10月	目标市场分析	• 市场调研方法	战略委员会	专家顾问	市场部负责人	• 市场容量变化趋势 • 市场结构变化趋势 • 市场战略调整建议
10月	客户分析	• 用户画像方法	战略委员会	专家顾问	市场部负责人	• 客户群变化趋势 • 客户需求变化情况 • 市场战略调整建议
10月	【经营分析】企业环境分析	—	—	—	—	年度总结报告，含： ■ 利润瓶颈 ■ 发展瓶颈 ■ 改善立项建议 ■ 战略调整建议
10月	经营复盘——财务绩效	• 杜邦分析法	总裁办	人力资源部	财务部	• 财务绩效评价 • 财务战略调整建议
10月	经营复盘——市场绩效	• 绩效审计	总裁办	人力资源部	市场部	• 市场绩效评价 • 市场战略调整建议
10月	经营复盘——流程利企业成熟度	• PEMM框架	总裁办	人力资源部	各部门	• 流程绩效评价 • 企业成熟度评价 • 流程改善立项建议

续表

时间线	任务线	方法/工具线	领导机构/人员	牵头机构/人员	协同机构/人员	成果线
10月	经营复盘——组织发展与成长性	• 员工满意度测评等	总裁办	人力资源部	各部门	• 组织发展与成长性评价 • 人力资源战略调整建议
10月	利益相关方分析	• 米切尔分析法	战略委员会	专家顾问/总裁办	编制小组	• 利益相关方核心诉求梳理表 • 利益相关方期望与回应措施表
10月	企业竞争力分析——价值链分析	• 价值链理论	战略委员会	专家顾问/总裁办	编制小组	• 价值管控措施表
10月	企业竞争力分析——商业模式分析	• 商业画布 • 壁垒分析	战略委员会	总裁办/专家顾问	各SBU负责人	• 商业模式效率 • 企业壁垒效果 • 竞争战略调整建议 • 运作模式调整建议
10月	企业竞争力分析——核心竞争优势分析	• 七大优势 • 树形图	战略委员会	总裁办/专家顾问	各SBU负责人	• 企业核心优势
10月	资源盘点	• 资源禀赋评价 • 资源结构分析	战略委员会	专家顾问/总裁办	各SBU负责人	• 资源清单 • 潜在资源获取能力
10月	【经营分析】SWOT分析	• SWOT矩阵	战略委员会	总裁办/专家顾问	各SBU负责人	• 企业的优势 • 企业的劣势 • 企业的机会 • 企业的威胁 • 企业的可选策略

续表

| 时间线 | 任务线 | 方法/工具线 | 组织线 ||| 成果线 |
			领导机构/人员	牵头机构/人员	协同机构/人员	
10月	发展战略调整	• 战略滚动规划	战略委员会	总裁办/专家顾问	各SBU负责人	• 发展战略规划（更新版）
11月	【公司级目标与策略】	—	—	—	—	—
11月	产品结构与生命周期分析	• 波士顿矩阵 • 产品销量和利润曲线	战略委员会	总裁办/专家顾问	各SBU负责人	• 产品销量/利润预测表 • 产品战略调整建议
11月	盈亏平衡分析	• 量本利分析	总裁办	专家顾问	各SBU负责人	• 企业盈亏平衡点
11月	市场需求预测	• 回归分析法	战略委员会	总裁办/专家顾问	各SBU负责人	• 市场需求规模
11月	发展战略目标分解	• 价值树分析法	战略委员会	总裁办/专家顾问	各SBU负责人	• 年度发展战略目标 • 年度竞争战略目标 • 年度职能战略目标
11月	制定公司级经营目标	• 统计汇总修正	战略委员会	总裁办/专家顾问	各SBU负责人	• 公司主要经营目标
11月	绘制年度经营战略地图	• BSC战略地图	战略委员会	总裁办/专家顾问	各SBU负责人	• 企业年度经营关键指标 • 公司级关键经营策略 • 公司级行动方案

续表

时间线	任务线	方法/工具线	组织线			成果线
			领导机构/人员	牵头机构/人员	协同机构/人员	
11月	公司组织架构调整	• 组织设计理论	战略委员会	总裁办/专家顾问	编制小组	• 公司组织架构图
11月	公司组织分工运作机制优化	• 多级业务矩阵模型 • 各部门分工运作机制	战略委员会	总裁办/专家顾问	编制小组	• 部门运作流程优化立项
11月	修订胜任力素质辞典	• 胜任力素质模型	总裁办	人力资源部	专家顾问	• 企业胜任力素质辞典
11月	人才盘点	• 人才盘点九宫格	总裁办	人力资源部	专家顾问	• 关键人才名单
11月	关键人才选拔	• 竞聘机制	总裁办	人力资源部	编制小组	• 拟任人员名单
11月	关键人才任命	• 面谈、人才发展计划	总裁办	人力资源部	编制小组	• 关键人才任命通知、仪式
11月	经营策略整合	• 策略分级整合	总裁办	编制小组	各SBU负责人	• 经营策略大纲
11月	发布公司经营目标及策略	• 目标沟通	总裁办	编制小组	各SBU负责人	• 经营目标与策略发布会
11月	【部门经营计划】	—	—	—	—	—

续表

时间线	任务线	方法/工具线	组织线			成果线
			领导机构/人员	牵头机构/人员	协同机构/人员	
11月	职能战略调整	• 职能战略分析工具	战略委员会/专家顾问	总裁办	编制小组	• 市场战略规划（更新版） • 研发战略规划（更新版） • 生产战略规划（更新版） • 供应链战略规划（更新版） • 人力资源战略规划（更新版） • 财务战略规划（更新版）
12月	经营目标分解	• 目标分解逻辑	总裁办	编制小组	各SBU负责人	• 公司年度经营管理目标一览表 • 各部门目标分解表
12月	经营目标评审	• SMART原则	战略委员会/专家顾问	总裁办	编制小组	• 目标分解表（确认版）
12月	行动计划制订	• OKR	编制小组	各SBU负责人	基层预算单位	• 部门年度工作计划
12月	行动计划评审	• 推演评测	总裁办	编制小组	各SBU负责人	• 部门年度工作计划（确认版）
12月	修订完善激励体系	• 激励理论	战略委员会	编制小组	各SBU负责人	• 年度经营利润分享方案 • 股权激励方案 • 定制型专项奖励 • 薪酬管理制度 • 荣誉管理制度 • 人才梯队及晋升与发展管理制度

续表

时间线	任务线	方法/工具线	领导机构/人员	牵头机构/人员	协同机构/人员	成果线
	【全面预算】	—	—	—	—	—
12月	资源需求分析	● 财务分析方法	预算委员会	编制小组	财务部	● 关键资源配置政策
12月	编制预算指南	● 预算编制方法 ● 预算编制模板表格	预算委员会	财务部	编制小组	● 预算编制指南
12月	下发预算目标	● 培训课件	预算委员会	财务部	各SBU负责人	● 预算编制通知
12月	预算编制、评审、修订	● 预算技术	预算委员会	财务部	各级预算单位	● 企业全面预算
1月上旬	【正式发布】编制年度经营责任书	● 绩效计划	总裁办	人力资源部	各SBU负责人	● 年度经营责任书
1月上旬	召开年度经营誓师大会	● 会议议程策划	总裁办	人力资源部	各SBU负责人	● 签署年度经营责任书 ● 发布年度经营计划和激励计划 ● 鼓舞全员士气，增强目标责任感

上表的计划仅供各企业参考，如果以三个月为年度经营计划的编制周期，则基本可以划分为三个阶段（每个阶段用时一个月左右）：第一个月的主要工作是进行经营分析与发展战略调整；第二个月的主要工作是制定公司年度经营目标和策略；第三个月的主要工作是编制部门行动计划与预算。企业在实践中可以以此为基础，结合企业规模制订更加详细的编制计划。

参考文献

[1] 波特.竞争战略[M].陈丽芳,译.北京:中信出版社,2016.

[2] 王磊.有效制订年度经营计划[M].北京:机械工业出版社,2010.

[3] 水藏玺,吴平新.年度经营计划制定与管理[M].3版.北京:中国经济出版社,2018.

[4] 新华社.第十三届全国人民代表大会第三次会议政府工作报告[R/OL].2020-05-22.

[5] 中国信息通信研究院.G20国家数字经济发展研究报告(2018年)[R/OL].2018-12-18.

[6] 国家发展改革委,网信办,工业和信息化部,等.关于支持新业态新模式健康发展 激活消费市场带动扩大就业的意见[A/OL].2020-07-14.

[7] 赵晓飞.营销渠道竞争力评价模型及实证研究[J].市场研究,2008(1).

[8] 石丹璞.格力电器财务分析[J].河北企业,2020(1).

[9] 东方财富网.珠海格力电器股份有限公司2018年年度报告[R/OL].2019-04-29.

[10] 廖建文,崔之瑜.企业优势矩阵:竞争VS生态[J].哈佛商业评论,2016(7).

[11] 陈春花,廖建文.打造数字战略的认知框架[J].哈佛商业评论,2018(7).

[12] 哈默.流程再造新工具:PEMM框架[J].哈佛商业评论,2007(10).

[13] LOCKE E A. Personnel attitudes and motivation[J].Annual review of psychology,1975,26(1).

[14] PARVIN M M, KABIR M M N. Factors affecting employee job satisfaction of pharmaceutical sector[J]. Australian journal of business and management research,

2011, 1（9）.

［15］HOPPOCK R.Job satisfaction［J］. New York: Harper & Brothers, 1935.

［16］FRIEDLANDER M L, KELLER K E, PECA-BAKER T A, et al. Effects of role conflict on counselor trainees' self-statements, anxiety level, and performance［J］. Journal of counseling psychology, 1986, 33（1）.

［17］俞文钊.合资企业的跨文化管理［M］.北京：人民教育出版社，1996.

［18］邢占军，张友谊，唐正风.国有大中型企业职工满意感研究［J］.心理科学，2001，24（2）.

［19］卢嘉，时勘，杨继锋.工作满意度的评价结构和方法［J］.中国人力资源开发，2001（1）.

［20］OSTROFF C. The relationship between satisfaction, attitudes, and performance: an organizational level analysis［J］. Journal of applied psychology, 1992, 77（6）.

［21］RYAN A M, SCHMIT M J, JOHNSON R. Attitudes and effectiveness: examining relations at an organizational level［J］. Personnel psychology, 1996, 49（4）.

［22］HARTER J K, SCHMIDT F L, HAYES T L.Business-unit-level relationship between employee satisfaction, employee engagement, and business outcomes: a meta-analysis［J］.Journal of applied psychology, 2002, 87（2）.

［23］EVANS J R, JACK E P. Validating key results linkages in the Baldrige performance excellence model［J］.Quality management journal, 2003, 10（2）.

［24］SCHNEIDER B, HANGES P J, SMITH D B, et al. Which comes first: employee attitudes or organizational financial and market performance?［J］. Journal of applied psychology, 2003, 88（5）.

［25］VROOM V H. Work and motivation［J］. New York: Wiley, 1964.

［26］BAKOTIĆ D, BABIC T. Relationship between working conditions and job satisfaction: the case of Croatian shipbuilding company［J］.International journal of business and social science, 2013, 4（2）.

［27］贾生华，陈宏辉.利益相关者的界定方法述评［J］.外国经济与管理，2002（5）.

［28］罗珉，李亮宇.互联网时代的商业模式创新：价值创造视角［J］.中国工业经济，2015（1）.

［29］希特，爱尔兰，霍斯基森.战略管理：竞争与全球化（概念）［M］.8版.吕巍，等译.北京：机械工业出版社，2009.

［30］吴贵生.中国企业开放条件下的创新壁垒和破壁之路［J］.清华管理评论，2017（1）.

［31］段磊，王瑞臣.战略规划编制与研究［M］.北京：中国发展出版社，2015.

［32］刘锦雯.企业经营中的"五性"比率分析［J］.企业管理，1996（11）.

［33］王军，李英慧.动态盈亏平衡分析［J］.辽宁石油化工大学学报，2005（12）.

［34］贾俊平.统计学［M］.6版.北京：中国人民大学出版社，2016.

［35］华创证券.从阿里巴巴"中台战略"看共享服务体系价值［R/OL］.2019-03-11.

［36］财政部会计资格评价中心.财务管理［M］.北京：经济科学出版社，2018.

［37］李朝波.团队角色理论在团队建设中的应用研究［D］.南京：南京师范大学，2011.

［38］ZAPPONE C. Supermarket duopoly blamed for soaring food prices［N/OL］. The Sydney Morning Herald，2009-11-09.

［39］KEITH S. Coles，Woolworths and the local［J］.Locale:The Australasian-Pacific journal of regional food studies，2012（2）.

［40］DYER L，HOLDER G W. Toward a strategic perspective of human resource management［M］//DYER L. Human resource management: evolving roles and responsibilities. Washington DC: Bureau of National Affairs，1988.

［41］OSTROFF C，KINICKI A J，MUHAMMAD R S. Organizational culture and climate［J］. Handbook of psychology，2013（12）.

［42］林鸿潮.论我国公共应急体制的再改革及其法律问题［J］.行政法学研究，2010（2）.

[43] 张洪增，高荔.市场营销理论的起源、发展与展望［J］.企业改革与管理，2006（5）.

[44] 赵曙明.人力资源战略与规划［M］.4版.北京：中国人民大学出版社，2017.

后　　记

作为一名咨询老兵，我深爱着这个行业。18年来，我带领正睿咨询的专家团队走遍了祖国的大江南北，深入调研了30多个行业的2000多家企业；同时，通过正睿商学院，和数万名企业家及高管一起交流分享了企业经营管理的智慧。近年来，我们强烈感受到：随着企业经营日益进入专业化时代，战略管理正越来越为有远见的企业家所重视，战略管理的难度也在不断提高。年度经营计划作为战略落地的抓手，已经成为决定企业前途命运的关键。

正睿咨询一直坚持系统化咨询的路线，为企业提供从战略到经营管理的全方位一站式服务。我们合作过的1300多家客户，均取得了全面管理升级的显著效果；200多家在细分行业拥有巨大潜力的企业，经过短短几年的全面管理升级，从普通的参与者一跃成为行业的领导者，成功实现上市梦想。这些成绩的背后，一方面是正睿咨询着眼于企业当前的实际，重视业绩提升，坚守为客户负责的初心；另一方面是正睿咨询着眼于行业的未来，为客户提供战略规划和实施保障，提前布局赢得机会的能力。近年来，正睿咨询紧跟时代变化，不断研发和升级适用于未来企业发展的系统咨询产品。

"年度经营计划和全面预算"是正睿咨询一直以来的成熟产品，是正睿咨询"业绩管理系统"的组成部分。此次我们重新升级了"年度经营计划和全面预算"模型，将战略的年度动态盘点提到了一个新的高度，以适应接下来5~10年可预见的快速变革时代。假以时日，我们还将通过正睿数字化业务，将战略的敏捷管理再向前推进一步，实现实时、快速的战略预测和调整。

在此，我首先要感谢正睿咨询的广大客户。正是因为他们的绝对信任，正睿咨询才能为每一个客户量身定制最适合的项目方案，真正从专业的角度出发去研究企业的利润瓶颈和发展障碍，从而找到解决之道，这也是本书最基本的知识来源。

其次，要感谢正睿咨询的王宝乾老师、强珏老师、庞金森老师、肖锋老师，他们对新一代"年度经营计划和全面预算"模型的最终形成提出了宝贵的意见，并对国内外的前沿学术成果进行了广泛而深入的研究，使得本书的思维和分析模型能够站在巨人的肩膀上为大家服务。

还要感谢多位奋斗在项目一线的正睿咨询专家老师，他们从每个企业的特性出发，提出真知灼见。他们是：涂亚清、余建英、刘川、丁华、李申坤、王枫、杜宜晋、王宏、彭前刚、杜章胜、周邦勇、赵开华、王冬云、曾海明、文正华、蒋凯旋、郑新民、李刚、赵建波、肖成城、王朝晖、李国平、蔡科洪、申刚清、刘彦生、万小军、程春、林应科、周亮、罗勇、牛军、王志鹏。

此外，还要感谢正睿咨询创立以来，伴随我们走过不同阶段旅程的 2000 多名杰出的咨询老师。他们在不同时期的独特见地和创新思维，随着项目成果化为经典案例，永远闪耀着"专业、专一、知行合一"的光芒。这些集体智慧的积累和沉淀，也是本书的重要养分。

最后，我要由衷地感谢多年来的合作伙伴——企业管理出版社，感谢为本书出版尽心付出的每位编辑。尤其是本书的责任编辑，她在本书出版过程中展现出来的敬业精神和专业能力令人钦佩，永远值得我们学习。

放眼未来，我们希望与广大读者一道，更深入地探讨企业经营管理方面的学术成果和实践经验，共同缔造新时代的伟大企业。

当然，本书在写作过程中还有很多不完善之处，恳请广大读者批评指正！

金　涛

2020 年 10 月